Comparative Literature

비 교 문 학

A Critical Introduction

비평적 입문

Comparative Literature

비 교 문 학

A Critical Introduction

비평적 입문

수잔 바스넷(SUSAN BASSNETT) 지음
송진한 옮김

전남대학교출판부

【일러두기】

1. 원문 단어의 나라별 발음을 최대한 존중해 외래어 표기법을 될 수 있는 한 준용했고, 그것이 불가능할 시에는 가능한 한 영국 영어식으로 번역했다.
2. 인명 등 원문의 번역은 다음과 같다.
   1) 같은 쪽에서 인명 등이 여러 번 동일하게 나올 시에는 한 번만 그 원어를 괄호 안에 제시했다. 이는 매 쪽마다 적용했다.
   2) 또한 인명 찾기를 보완하기 위해 저작자 인명 찾아보기를 덧붙여 놓았다.
3. 논란거리가 될 수 있는 원문 번역은 다음처럼 했다.
   1) 원문의 단어가 '~istic, ~ist'로 끝나면서 다음에 다른 어휘가 올 시에는 '~주의'로 번역했다. 그리고 '~ist, ~ism'으로 문장이 마무리되면 '~주의자, ~주의'로 번역했다.
   2) 원문의 단어에 'Post'가 있을 시 '탈'로 번역하고, 그 다음 어휘와 연결하여 번역했다.
   3) 지명어 중에서 서양, 서구, 동방, 동양 등은 그 원문의 문맥과 단어에 따라 선택했다.
   4) 영국이나 미국과 관련된 지명은 그 연원을 따져 잉글랜드, 영국, 대영제국, 영국연합왕국, 아메리카, 미국 등으로 나누어 번역했다.
   5) 번역이 불가능한 원문은 그 원어의 음역을 제시했고, 옮긴이 주를 활용하여 보충이나 정정 사항을 추가했다.
4. 문장 부호 및 기호는 다음처럼 했다.
   1) 원문에서의 문장 부호나 기호를 될 수 있는 한 존중해 그대로 번역했다.
   2) 책 명이나 작품 명은 '≪ ≫'을 사용했고, 원어를 넣고자 했을 때 '( )'를 활용했으며, 그 안의 부연 등은 '〔 〕'을 넣어 설명했다.
5. 이 외의 번역은 일반적이고 상식적인 절차나 방법에 따라 될 수 있는 한 전문 용어를 사용했다.

옮긴이의 말

21세기 초 옮긴이는 런던대학교 소아즈(SOAS: 동양 아프리카 연구 학원)에서 객원 강의와 연구를 한 적이 있었다. 그 때의 정서와 체험은 필자에게 무한한 가능성을 열어주는 기회가 되었다. 이성적인 듯하면서도 정서적이고, 감성적인 듯하면서도 논리적인 판단을 하는 길은 없을까 한참 고민하던 때이어서 영국의 체류는 필자에게 해결의 섬광이 간단하게 오고 가는 시기이기도 했다.

그러는 사이 필자는 워터스톤(Waterstones) 서점을 알게 되었다. 헌 책 마을 헤이 온 와이(Hay-on-Wye)와는 다르지만 그 분위기는 필자의 고민을 풀 수 있는 장소처럼 보여 자주 다니게 되었다. 헤이 온 와이 및 워터스톤의 상징 경계는 무엇이고, 그것을 넘어 새로운 장을 세울 수는 없는 것일까. 단순히 고금과 동서를 넘는 것이 아니라, 새로운 영역을 설정하여 한걸음씩 나아 갈 길은 없는 것일까 나름대로 분투하던 시기였다.

이 때 여기서 발견한 것이 이 번역의 원본이었고, 그 내용 중에 특히 번역연구 분야가 제 연구 목적과 강의 일정에 부합된 듯하여 번역을 출발하게 되었다. 단순한 언어 간의 비교도 관심을 가지지만, 실증주의적이고 형식주의적인 비교보다는 원본 텍스트와 목표 텍스트를 비교해 그 같고 다름을 통찰하는 통시적이고 공시적인 연구 방법이 눈에 띄었던 것이다. 이러한 연구 태도나 방향은 필자가 주된 관심을 가지고 있는 동아시아에서의 경우에도 이와는 크게 다르지 않았다. 비교 주체와 대상 간의 영향과 수수에서 초점이 맞추워져 더 이상 한 걸음도 진척이 없었던 시절이었다. 여기에 이 난관과 한계를 뛰어 넘을 수 있는 방안이 이 번역본에 있지 않을까 여겨진 것이다.

번역을 하는 데 있어서 너무나 많은 도움을 받았다. 특히 영어권이 아닌 언어와 비유는 필자를 곤혹스럽게 만들곤 하였다. 지도와 자문을 해 주었던 언어 관련 여러 과의 교수님들 일일이 밝히지 못할 정도로 수고를 해 주셨다. 대학원생들 역시 그 수고로움이 만만치 않았고, 그냥 말을 못할 정도로 시간을 많이 할애해 주었다. 가족들도 예외는 아니었다. 개정판의 간행을 약속드리며, 다시 한 번 더 언어의 다양함과 글 내용의 호한함에 같이 고민을 했던 모든 분들께 절 올린다. 마지막까지 원고를 다듬느라 고생했던 출판 관계자에게도 고개를 숙인다.

2012년

옮긴이 씀

감사의 말

정말 많은 사람들이 이 책을 만드는데 도움을 주었다. 나는 지난 16년간 워릭(Warwick)대학교에서 나에게 문화를 비교하는 것을 가르치고 내 지식의 빈자리를 끊임없이 일깨워준 학생들에게 감사한다. 그 학생들 중 내가 특별히 많이 빚 진 몇몇 학생들: 카린 리튜(Karin Littau), 하스나 이브라힘(Hasnah Ibrahim), 존 딕슨(John Dixon), 기젤라 펑스(Gisela Funks)는 특별히 언급될 자격이 있다. 나에게 브라질의 번역 이론가들의 작품을 소개해준 엘스 베이라(Else Veira)는 정말로 소중했다. 내 동료 피오트르 쿠히작(Piotr Kuhiwczak)과 사비나 샤키(Sabina Sharkey)는 필요할 때 언제든지 도움 주고 조언을 해주었다. 그리고 이 책 저술에 활용된 생각들은 모두 특별한 친구이자 동료인 토니 펠란(Tony Phelan), 존 스토크스(John Stokes), 존 리그날(John Rignall)과 키스 호스킨(Keith Hoskin)과 함께 토론하였다. 원고는 한결같이 아이린 렌쇼(Irene Renshaw)에 의해 멋지게 작성되었으며 마지막 부분에 크리스 리칠리(Chris Richley)와 발 멜링(Val Melling)에 의해 도움을 받았다. 시종일관 협력적이고 차분했던 블랙웰(Blackwell)의 스티븐 체임버스(Stephan Chambers)에게 특별히 감사한다.

저의 앞의 책과 마찬가지로 이 책은 워릭대학교 탁아소의 직원들, 울비(Wolvey) 마을 놀이 학교 도우미들, 마를렌 로울러(Marlene Lawler), 내 어머니, 에일린 바스넷(Eileen Bassnett), 내 딸 루시(Lucy), 베네사(Vanessa), 로잔나(Rosanna)와 같은 다른 여인들의 많은 도움으로 나올 수 있었다. 내 아들 루크(Luke)는 전혀 도움이 전혀 되지는 않았지만 내 삶에서 그의 존재는 계속된 기쁨이었다. 마지막으로, 이 책을 바칠 클라이브 바커(Clive Barker)에게 감사한다.

차 례

CONTENTS

도입부

오늘날 비교문학이란 무엇인가?

조만간, 비교문학을 연구한다고 주장하는 사람은 누구나 이 불가피한 질문에 대답하여야 한다. 비교문학이란 무엇인가? 가장 간단한 대답은 비교문학이란 다양한 문화에 걸친 글을 연구하는 것이고, 그것은 학제적이며, 시간과 공간을 넘어서 문학의 연결 양식을 연구하는 것이라는 점이다.

대부분의 사람들은 비교문학으로 시작하지 않지만, 다른 출발점에서 결국은 여하튼 비교문학으로 귀결된다. 어떤 때에 이 여정은 너무 제한적이게 보이는 한 주제의 경계선을 넘어서려는 바람에서 시작하여, 다른 때에 다양한 문화에서 온 작가들의 공통점에 주의를 기울이게 된다. 그리고 어떤 독자는 매슈 아널드(Matthew Arnold)가 옥스퍼드(Oxford)에서 1857년 자기의 첫 강의에서 했던 말을 따라가게 된다.

> 모든 곳에는 연관이 있고, 모든 곳에는 설명이 있다. 어떠한 단일 사건, 단일 문학 작품도 다른 사건과 다른 문학 작품과 비교하지 아니하면 충분히 이해할 수 없다.[1]

책에 흥미를 가진 누구든지 비교문학이라는 길을 향해 가고 있다고 주장할 수 있다. 초서(Chaucer) 작품을 읽으면서, 우리는 보카치오(Boccaccio)를 만나고; 라틴어, 프랑스어, 스페인어 그리고 이탈리아어를 통하여 셰익스피어(Shakespeare)의 텍스트에 나오는 자료를 추적하게 된다. 에드가 앨런 포(Edgar Allen Poe)의 풍요로운 저술과 보들레르(Baudelaire)의 매력을 잇는, 비슷한 시기에 유럽을 건너 발달한 낭만주의의 방식을 배울 수 있다. 얼마나 많은 영국 소설가들이 19세기의 러시아 작가에서 배웠는가를 생각해 보라. 제임스 조이스(James Joyce)가 어떻게 이탈로 스베보(Italo Svevo)에게 빌려주고 빌려왔는지를 비교하라. 우리가 클라리시 리스펙토르(Clarice Lispector)를 읽을 때 주나 반스(Djuna Barnes)와 아나이스 닌(Anaïs Nin)을 떠올리게 하는 진 라이스(Jean Rhys)를 연상한다. 우리가 생각할 수 있는 비교문학의 예는 무한하다. 읽으면 읽을수록 더 많은 경계를 만나게 되고 연관을 하게 되고 하나의 단일한 문학을 보는 것이 아니라, 문학이라는 거대한 열린 공간에서 책을 읽게 된다. 괴테(Goethe)는 '외국의 작품에 대하여 알고' 싶어 했고 다른 사람들에게 그렇게 하라고 권장하였다. 그는 '시가 모든 인류의 공통된 재산이라는 것'은 '나에게는 점점 더 확실해진다'고 말하였다.[2]

여기서, 사람들은 비교문학이 상식일 따름이고 독서에 있어서 하나의 단계이고, 책이 국제적으로 판매된 결과이고, 번역이 많아서 그렇다고 가정할 수도 있다. 그러나 우리가 관점을 돌려서 '비교문학'이라는 용어를 다시 보게 된다면, 19세기 초에 시작되어 지금도 계속되고 있는 그 용어의 초기 사용에서 시작되었던 격렬한 논쟁의 역사를 보게 된다. 20세기말의 비평가들은 탈근대주의의 시대에 1세기 전에 제기 되었던 문제를 아직도 논쟁하고 있다. 비교문학에 있어서 연구의 목표는 무엇인가? 어떻게 하여 비교가 어떤 것의 목표가 될 수 있는가? 만일 개개 문학이 어떤 정전이 있다면, 비교의 정전은 무엇인가? 어떻게 비교학자들은 그들이 비교하는 것을 선택하는가? 비교문학도 하나의 학문인가? 아니면 단지 연구의 한 분야인가? 이러한 질문은 아직도 존재하고 1950년대부터 우리는 르네 웰렉(René Wellek)이 '비교문학의 위기'라고 정의한 것에 대하여 너무 자주 들어왔다.[3]

용어로서의 비교문학은 찬성이든 반대이든 간에 강한 열정을 불러일으키는 것 같다. 벌써 1903년에, 베네데토 크로체(Benedetto Croce)는 비교문학은 과목이 아니라고 하면서, 별도의 학문이라는 생각을 가차 없이 일축하였다. 그는 비교문학의 정의를 여러 문학에 걸쳐있는 주제와 문학적 아이디어의 곡절, 변경, 발전 그리고 상호적 차이의 탐구라고 논의하였다.

그리고 그는 이러한 종류의 연구만큼 메마른 것도 없다고 하였다. 크로체는 주장하기를, 이런 종류의 연구는 '순수하게도 박학지식의 범주에 넣어야 한다.'고 하였다.[4] 비교문학이라고 불리는 어떤 것 대신에, 그는 이 연구의 주제가 문학사이어야 한다고 주장하였다.

> 문학의 비교사는 진정한 의미에서 문학 작품의 완전한 설명으로 이

> 해되는 역사이고, 세계적인 문학사의 전체에 복합적으로 널려있고, 모든 그 관계에 포함되어 있다. (그렇지 않다면 어디에 이 모든 것을 위치시키겠는가?) 이러한 준비와 연관이 이것의 존재 이유이다.[5]

크로체(Croce)의 주장은 '비교문학'이라는 용어는 명백한 것을 숨기는 혼돈스런 것이라고 하였다. 다시 말해서, 이 연구의 진정한 목표는 문학사라고 하였다. 막스 코흐(Max Koch) 같은 학자가 독일의 두 비교 학술지 ≪비교문학(*Zeitschrift für vergleichende Literatur* 〔1887-1910〕)≫과 ≪비교문학의 연구(*Studien zur vergleichenden Literaturgeschichte* 〔1901-9〕)≫에서 비교문학에 대하여 한 말을 고려하면서, 크로체는 순수한 문학사와 비교문학사를 구별할 수 없다고 주장하였다. 이 '비교문학'이란 용어는 실체가 없다는 것이다.

그러나 다른 학자들은 비교문학에 대하여 거창한 주장을 하였다. 북미 비교문학의 창시자의 한 사람인 찰스 밀스 게이리(Charles Mills Gayley)는 같은 해에 크로체의 비난처럼 비교문학 연구생들의 작용 전제는 다음과 같다고 주장하였다.

> 사상의 분명하고 필수적인 매체로서의 문학; 인간성을 보통 관습적으로 표현한 것, 개인의 사회적 조건, 인종, 역사적, 문화적 그리고 언어적 영향, 기회와 제약 등으로 차별된 것, 그러나 시대나 구실에 관계없이 인간의 공통적인 필요와 열망으로 생겨난 것, 보통의 능력, 심리적, 생리적인 데서 뛰어 올라, 개인적이고 사회적인 인간성의 물질과 방식에 대한 공통의 법을 따르는 것이라고 하였다.[6]

놀랍게도 1974년에 이와 비슷한 정서로 진술을 한 프랑수아 요스트(François Jost)는 '민족문학'이란 '독단적으로 한정된 관점' 때문에 이해할 수 있는 연구 분야가 될 수 없다고 하였다. 그리고 비교문학은 다음과 같다고 한다.

> 비교문학은 학구적 학문 이상이라고 하였다. 그것은 문학을 전체적으로 보고, 세계 문학을 보고, 인간적인 생태를 보고, 문학의 세계관을 보고, 포괄적이고 종합적인, 우주적인 문화적 세계를 보는 것이라고 하였다.[7]

이러한 주장은 방법론을 훨씬 벗어나고 왜 비교문학에 대한 논의가 씁쓸했는지를 보여준다. 요스트(Jost)는 게이리(Gayley)와 같은 사람처럼 비교문학을 일종의 세계 종교와 같은 것으로 보고 있다. 이 말은 독자가 위대한 작품을 읽으면 문화적 차이가 사라진다는 것을 말한다. 예술은 보편적인 화합의 수단이고 비교문학자는 그 전파를 돕는다고 하였다. 또 비교문학자는 사교적 수완도 있어야 한다. 웰렉(Wellek)과 워런(Warren)은 ≪문학의 이론(*Theory of Literature*)≫이라는 책에서 1949년에 다음과 같이 말하였다.

> 비교문학자들의 언어적 통달에 많은 요구를 할 것이다. 비전을 넓힐 것을 요구하고, 지방적 감정을 억제할 것을 요구하는데, 이는 쉬운 일이 아니다.[8]

비교문학자는 세계 국가의 비교문학을 연구하는 국제 대사와 같은 소명을 갖는 자들이라고 묘사되었다. 웰렉과 워런은 계속하여, '문학은 하나이고 예술과 인간성도 하나다'라고 하였다. 이는 주요 국제적인 위기가 있는 후에 나타난 이상적인 비전이었다. 괴테

(Goethe)는 1827년에 당당히(아주 잘못되게) '민족문학은 별 것이 아니다'라고 하였고, 웰렉과 워런은 2차 대전 후 강력하게 느껴졌던 국제연합총회의 발족을 위한 운동 같은 문화적 등가물을 제안하였다.

비교문학의 그러한 높은 비전은 충족되지 아니하였다. ≪문학의 이론≫이 나온 뒤 10년 후에, 웰렉(Wellek)은 비교문학의 위기를 이야기하고 있었고, 이 주제가 1960년대와 1970년대에 발판을 넓혀갈 때, 보편적 가치와 문학이라는 사상에 결함이 나타나기 시작했다. 구조주의에서 탈구조주의, 페미니즘에서 해체론, 의미론에서 심리분석으로 휩쓸었던 비평적 사고의 큰 물결이, 저자들 간의 문학 비교와 영향력 양식 추구에서 독자들의 역할로 관심을 돌렸다. 새로운 물결이 몰아침에 따라, 단 하나의 조화로운 독서라는 사고는 산산이 부서졌다.

1950년대와 1960년대에, 도도했던 서구의 대학원생들은 급진적인 과목으로서 비교문학을 대하였다. 왜냐하면 그 당시에 단 하나의 문학 연구의 경계를 넘나들고 있는 것으로 보였기 때문이다. 일관된 방법론이 없다는 것은 문제가 되지 않았고, 그 주제가 있는가 여부와 아직도 계속되고 있는가에 대한 토론도 문제가 되지 않았다. '우리는 너무 많은 시간을 비교문학을 토론하느라 보낸다. 문학은 비교도 하지 않으면서,' 라고 1969년에 해리 레빈(Harry Levin)은 고뇌하며 이야기하였다.[9] 그러나 레빈의 말은 때가 지난 것이었다. 1970년대에 서구의 도도한 대학원 세대가 문학 이론, 여성연구, 미디어연구, 문화 연구에 몰입하면서, 비교문학을 자유롭고 인간주의적인 선사시대에서 온 것 같은 공룡 같은 것이라고 하면서 버려 버렸다.

그러나 그 과정이 서구에서 진행되고 있을 때, 비교문학은 세계의 다른 곳에서는 자리를 잡아가고 있었다. 비교문학의 새로운 프로그램이 중국, 대만, 일본 등 아시아 국가에서 나타나기 시작하였고, 이는 보편주의에 근거한 것이 아니고 많은 서구 비교학자가 거부하려 했던 민족문학의 특이성이라는 문학 연구의 측면에 근거한 것이었다. 스와판 마줌다르(Swapan Majumdar)는 말하기를,

> 비교문학이 제3세계 특히 인도에서 뿌리를 내린 것은 민족문학에 대한 선호 때문이다 — 이는 앵글로 아메리카의 비평가들이 하나의 방법론으로서 개탄해 하는 것이다.[10]

가네시 데비(Ganesh Devy)는 더 나아가 인도의 비교문학은 현대 인도의 민족주의와 직접 연관이 있다고 하였고, 비교문학이 민족 문화 정체성을 주창하기 위하여 사용된 것에 주목하였다.[11] 민족문학과 비교문학이 양립하지 못한다는 느낌이 여기서는 들지 아니한다.

인도의 비교문학자들의 연구는 그 특징이 관점의 전이이다. 수십년 동안, 비교문학자들은 서구문학을 연구하면서 외부 쪽으로 지향하였다. 이제 서구는 외부에서 연구되고 있다. 마줌다르(Majumdar)는 말하길, 인도의 비교문학자들이 서구문학이라고 하는 것은 지리적인 정확성과는 관계없이 그리스도교를 통하여 그리스 로마의 틀에서 나온 것을 지칭한다. 그는 영어, 불어, 독일어를 '민족 하부의 문학'이라고 여긴다. 그가 비교문학에 제시하는 것은 매우 상반된 견해이고 '민족적' 문학의 담론을 재평가하는 것이다. 서구에 사는 우리들은 '위대한' 문학 또는 '다수' 대 '소수' 문학의 차원에 익숙

해져 있어서, 마줌다르가 지적한 인도적 견해는 놀라운 것이다. 호미 바바(Homi Bhabha)는 탈식민 문화의 양극성을 논하는 에세이에서 다음과 같이 자기의 강조점을 말하였다.

> 상호 참조하는 대신에, '문화'적 준거와 관련성의 변증적이고 학문적 의미를 지워버리는, 효과적이고 생산적인 횡단의 절단(횡절: 옮긴이 주)이 사회적으로 의미 있는 사이트에 걸쳐있다.[12]

유럽과 북미를 벗어난 비교문학의 발달은 더욱 유럽 중심적으로 여겨져 왔던 문학의 모든 가정을 횡단하여 통과하고 있다. 월레 소잉카(Wole Soyinka)와 아프리카 비평가들은 헤겔(Hegel)의 영향력을 제시하였고, 헤겔은 아프리카 문화가 더 발달한 문화에 비해 '허약'하다고 주장하면서 아프리카에는 역사가 없다고 하였다. 제임스 스니드(James Snead)는 헤겔을 공격하면서 다음과 같이 지적하였다.

> 지난 20세기 유럽문화에 드러난 사실은 흑인 문화와 화합하고 있다는 것이다. 신비로운 것은 잠재적인 흑인 문화의 요소를 감지하는 데 시간이 많이 소요되었고, 문화 간의 간격이 자연스런 것이 아니고 힘에 의한 것이라는 것을 알게 되는 데도 많은 시간이 걸렸다는 것이다.[13]

오늘날 우리가 직면하고 있는 것은 비교문학이 일어나고 있는 장소에 따라 그 모습이 변화한다는 것이다. 아프리카, 인도, 카리브해 비평가들은 문학과 문화 정책 연루의 수수에 대한 많은 서구문학 비평의 거부에 도전하였다. 테리 이글턴(Terry Eagleton)은 '우리가 전수 받은 의미에서 문학은 이념이다'[14]라고 하면서, 영어가 19세기에 학문적 주제로 등장한 것은 명백한 정치적 의미가 있다고 주장하였다. 그는 주장하기를, 대학에서 그 주제가 자리 잡은 것은 1차 대전 후 불어 닥친 엄청난 사회적 변화에 뒤이은 것이라고 주장하였다.

> 제1차 세계대전은 지배 계급의 수사학을 학살시킴으로서 영어가 전에 누려왔던 강력한 맹목적 애국주의를 일으켰다. 영문학은 전시 민족주의를 업고 권좌에 올랐다. 그러나 이는 정체성을 잃은 영국 지배 계급을 위한 정신적 답안을 찾는 과정이다. 문학은 위안이기도 하고 확인이기도 하다. 이로서 영국인은 역사의 악몽을 탐구하고 대체하기 위하여 결집하는 발판이 되었던 것이다.[15]

이글턴의 영어 득세에 대한 설명은 초기 비교학자들의 열망과 맞아 떨어져 문화적 경계선을 넘어 인류를 위대한 문학의 문명화하는 힘으로 결합하려 하였다. 영어가 위기에 처하게 되자 (결국 오늘날 영어는 무엇인가? 문학은 잉글랜드 지리적 경계 안에서 생산된 것을 말하는가? 영국(연합왕국: 옮긴이 주) 내에서 생산된 문학인가? 또는 세계 모든 지역에서 영어로 쓰여진 문학을 말하는가? 한편 문학과 다른 한편 대중 또는 통속 문화의 경계는 어디에 있는가? 예전 영어가 베어울프(Beowulf)에서부터 버지니아 울프(Virginia Woolf)까지의 텍스트를 의미하던 때는 사라졌고, 영어 교수요목에 포함시킬 것인가 제외시킬 것인가 하는 문제는 대단히 짜증나는 것이 되었다), 비교문학도 대체 사상의 출현으로 의문시 되었다. '오리엔탈리즘(orientalism)' 개념의 개척자인 에드워드 사이드(Edward Said)의 연구는 많은 비평가들에게 많은 어휘를 제공하였다. 사이드의 논문은, 에세이를 위해서 근거를 제공한다.

> 동방(the Orient)은 많은 의미와 연상과 함축적 의미를 갖게 되는 단어이다. 이것은 실재하는 동방을 반드시 가리키는 것이라기보다는, 그 단어를 둘러싼 분야를 가리키는 것이다.[16]

이를테면 장 룽시(Zhang Longxi)의 ≪타자의 신화 : 서구의 눈으로 본 중국(The Myth of the Other: China in the Eyes of the West)≫처럼 '중국은 서구 사람들의 눈에는 전통적으로 궁극적인 타자의 이미지를 갖고 있다.'[17] 식민화된 국가가 다른 문화를 '창조해 내는' 체계적 과정에 대하여 비유럽 비평가들이 제기하는 도전은 이념을 문학 연구의 비망록으로 자리 잡게 하였다.

유럽이나 북미의 문학 교수요목은, 최근까지만 해도, 주로 위대한 작가들을 다루었다. 그러나 비유럽문화에서 만들어진 교수요목은, 특별히 서구 세력에 의한 식민화 시대에 겪었던 것과는 , 완전히 다른 주제들을 다루었다. 예를 들어 인도에서 셰익스피어(Shakespeare)에 대한 골치 아픈 질문 이래로, 정전화된 작가는 19세기에 영국 위대성의 전형으로 묘사하였다. 인도학자들은 셰익스피어를 영국 문학의 위대한 인물로 뿐만 아니라, 식민 시대의 가치를 대변하는 것으로 보았다. 그래서 두 가지의 셰익스피어가 사실상 상충하고 있는 것이다. 이 문제를 다루는 하나의 방법은 셰익스피어를 비교적으로 다루고, 인도의 문화 생활에서 셰익스피어의 도래를 연구하고 그의 작품을 인도의 작가들의 작품과 비교하는 것이다.

민족을 의식하고 식민 유산을 초월해야 한다는 의식이 성장한 것은 세계의 여러 곳에서 비교문학의 발달을 초래하였다. 중국, 브라질, 인도 그리고 아프리카 등에서 비교문학이 사용되는 방식은, 고유 전통과 수입된(또는 부과된) 전통을 탐구한다는 점에 있어서 건설적이다. 이러한 형태의 비교문학에는 어떠한 위기도 없다. 비교가 시작되었을 때부터 이 용어에 대한 트집잡기 없이, 그 용어들은 이미 정해졌기 때문이다. 연구되고 있는 것은 민족문화가 수입에 의해 영향 받는 방식이고 그 초점은 민족문화이다. 인도에서 비교문학이 현대 인도의 민족주의 융성과 일치한다고 가네시 데비(Ganesh Devy)가 주장한 것은 중요하다. 왜냐하면 이는 우리에게 그 용어의 기원을 일깨워주기 때문이다. 유럽에서 '비교문학'은 민족적 투쟁기에 생겨났는데, 새로운 경계와 민족문화와 정체성의 논의가, 유럽에서 진행되었고 이에 미국이 세력을 확장하고 있었다. 2장에서 이 용어와 주제의 발전 과정을 엄밀히 살펴볼 것이다.

20세기 말이 다가오자, 우리가 비교문학의 험난한 역사의 새로운 국면에 들어섰다는 주장도 가능하다. 이 주제가 서구에서 위기에 처해있다는 것은 의심할 바 없지만, 동구 유럽 국가들이 그들의 교수요목을 수정하고 있을 때 무슨 일이 일어날 것인가를 생각해 보는 것은 흥미롭다. 왜냐하면 서구 자본주의 국가에서는 이미 사라진 민족주의를 겪고 있기 때문이다. 줄어드는 학생 수, 방어적 논문에서 나타나는 비교학자들의 불안감 또는 면밀히 그 주제를 정의하는 데 대한 거리낌, 즉 두 저자의 연구 또는 두 다른 체제의 텍스트(다른 체제를 어떻게 정의할 것인가의 문제는 복잡하고 풀기 어려운 것이지만)에 대한 이분법적 연구인 비교문학의 묵은 사고의 계속, 이런 것들이 길을 잃은 주제의 모습을 강화시켜 줄 것이다. 문학 이론의 과정과 탈식민 이론은 이 영역에서 표제가 분리되어 출판업자의 목록 자료에 퍼졌다. 그러나 똑같이 또 이 주제가 세계의 여러 곳에서 확장되고 발전되고 있다는 것은 분명하다. 이것들에서는 민족적 문화와 정체성의 질문과 연관되어 있다. 유럽과 미국 외에서 일어나고 있는 비교문학은 새로운 개척을 하고 있으며, 이러한 추이를 따라 가다 보면 배울 점이 많이 있다.

제3세계와 극동에서 비교문학이 그 주제의 내용을 변경시키기는 하지만, 서구에서의 위기는 계속되고 있다. 이 새로운 비교문학은 위대한 유럽의 문호들을 의문시하고 이 과정은 다른 도전과 일치한다. 그 다른 도전의 예는 페미니스트 비평인데 이는 문화적 역사가 남성 편향인 것을 의문시하고 있으며, 탈근대주의자 이론은 독자의 역할을 재평가하고 자크 데리다(Jacques Derrida)와 피에르 부르디외(Pierre Bourdieu)와 같은 작가의 작품을 통하여, 보편적 자유주의의 중심으로 위장하고 있는 제도화된 권력 구조의 하부적인 힘이 수행하는 역할을 노출시키고 있다.

그러나 중요하게도, 서구 독자들은 이 도전을 '비교문학'이라고 불리는 것에 의존하지 않고 접근하고 있다. 1990년 초에 탈식민 문학에 대한 책이 많이 발간된 것은 이때까지 소홀히 되어온 이 연구 분야에 대한 새로운 관심을 반영한다. ≪제국의 다시읽기 : 탈식민 문학의 이론과 실천(*The Empire Writes Back : Theory and Practice in Post-Colonial Literatures*)≫라는 책의 서문은 다음의 구절을 담고 있다. '"탈식민" 이란 말은 최근에 일어나 새로운 문화 간 비평과 이것이 구성하고 있는 담론에 관한 적절한 용어이다.'[18] 비교문학이 다른 이름으로 나타난 것이 아니고 무엇이겠는가?

문학 연구에 있어서 또 하나 확장되고 있는 추이는 '번역연구'이다. 이 용어가 1970년대 중반에 처음 사용된 이래로, 이 주제는 크게 발달(출간, 학회, 대학의 강좌 개설, 연구 프로그램 등)하여 그 자체로 하나의 학문으로 여기는 사람들이 많게 되었다. 번역연구와 번역을 구별하는 것은 이타마르 에번 조하르(Itamar Evan-Zohar)와 기드언 투리(Gideon Toury)가 텔 아비브(Tel Aviv)에서 개발한 다중체제 이론에서 연원한다.[19] 번역연구는 뒤에 다루겠지만, 그것이 확장되고 문학 연구에 입성하게 된 것은 문학을 차별적이고 역동적인 '체계의 집합'으로 강조하기 때문이다. 이 체계의 집합은 내부의 반대와 동적인 전이를 특징으로 한다. 문학을 다중체제로 보는 사고는 개별적 문학 체계를 다면적인 전체로 보고 '다수'와 '소수'의 논쟁 용어를 변경시키고 '위대한' 문학과 '주변' 문학에 대한 것도 변경시키고 있다. 번역연구는 언어학, 문학 연구, 역사, 인류학 등의 학문에서 빌려온 것이 많고, 또 번역은 주변적인 활동이 아니고 문화사에 있어서 주된 역할을 한다고 주장한다. 비교문학은 전통적으로 번역을 하부적인 것으로 여겨왔고 이 가정은 의문시되고 있다. 투리, 르페비어(Lefevere), 헤르만스(Hermans), 람베르트(Lambert)와 같은 학자들의 연구는 번역이 특히나 커다란 문화적 변동기에 의미가 있다는 것을 보여주고 있다. 에번-조하르는 문화가 변환기에 있을 때 광범위한 번역이 행해진다고 주장한다. 또 문화가 굳건히 자리 잡으면 번역은 그다지 중요하지 아니하다. 이 견해는 19세기 초에 유럽의 국가들이 출현되었을 때, 오스트리아-헝가리(Austro-Hungarian) 또는 오스만 제국(Ottoman Empire) 등에 항거하는 자들이 왜 번역을 열정적으로 하였으며, 왜 영어로의 번역이 대영 제국이 확장해 갈 때, 감소하기 시작했는가를 보여준다. 나중에, 영어가 20세기에 국제 외교의 언어(또한 지배적인 세계 상업적인 언어)가 되어감에 따라, 번역할 필요가 별로 없게 되었고 영어로의 번역이 다른 나라 언어로의 번역과 비교해 볼 때 상대적으로 빈곤하게 되었다. 번역이 요구되거나 필요하지 않으면, 그 활동이 낮아지고 무시된다. 제7장 이하에서 보게 되듯이, 우리는 비교문학과 대비하여 번역연구의 역할을 평가하게 된다. 서구에서 번역이 터전을 잃어 가는 과정에 있기 때문에, 번역연구는 그 반대의 과정을 밟고 있다. 언어학이 기호학과의 관계를 다시 생각하는 것이 필요하게 되었듯이, 비교문학이 번역연구와의 관계를 다시 생각할 때가 왔다. 기호학은 한때 언어학의 하위 분야로 여겨졌으며 나중에 사정이 그 반대라는 것이 명확해졌다. 언어학은 사실상 넓은 의미의 기호학의 한 분야이다. 비교문학은 번역연구가 하위 분야라고 주장해 왔지만, 번역연구가 상호 문화 연구를 토대로 한 주제나 철저한 방법론의 제공을 통해 자리를 잡음에 따라, 이론적이고 기술적인 작업에서, 비교문학이 학문이 아니라 다른 어떤 것의 부분으로 보이게 되었다. 이런 식으로 보면, 위기의 문제는 장기적 차원에서 볼 수 있고, 비교문학이 그 자체로 학문이냐 아니냐의 오랫동안 미해결된 문제는 보류될 수 있다.

제1장

비교문학의 성립

●●● 용어의 첫 출현

'비교문학'이라는 이름은 문학 수업을 위해 사용된 일련의 프랑스어 선집, 1816년 출판된 ≪비교문학강좌≫(Cours de littérature comparée)에서 쓰이기 시작했다고 일반적으로 합의한다. 용어의 기원을 논의하는 에세이에서 르네 웰렉(René Wellek)은 이 이름이 '사용되지 않았고 설명되지 않은'[1] 것임을 명시하고, 프랑스에서 1820년대와 1830년대에 이 용어가 어떻게 사용되기 시작했는지를 설명하고 있다. 영국에서 가장 먼저 그 용어를 사용한 사람은 매슈 아널드(Mattew Arnold)로, 그는 1848년의 논문에서 복수 형태인 '비교문학(comparative literatures)'이라는 용어를 언급했다.[2] 한편 비교문학을 뜻하는 독일어 'vergleichende Literaturgeschichte(비교문학사)'는 1854년 모리즈 카리에르(Moriz Carrière)의 책에서 처음으로 사용되었다.

이 용어는 여러 나라에 각 언어로 소개되었는데, 각국에서 사용된 이름이 믿을 수 있는 것이든 없는 것이든, '비교문학'은 하나의 문학세계 이상을 포함한다는 개념이 19세기 초에 유럽에서 유행했음은 분명하다. 이 용어는 과학에 사용되는 방법론적 과정에서 유래한 것처럼 보인다. 과학에서 비교(또는 대조)라는 작업이 가설을 확인하는 방법으로서 사용되는 것처럼 말이다.

필라레트 샬(Philaréte Chasles)은 1835년 아테네에서 ≪외국문학의 비교(*Littérature étrangére comparée*)≫라는 제목으로 가졌던 취임 강의에서, 다음과 같은 용어로 연구의 목적을 정의하였다.

> 사람들이 상호 변화하는 양태, 그들이 주고받는 것 등 생각에 미치는 사고의 영향을 생각해 보자. 또한 개인적인 민족성에 끊임없는 교류 속에서 미치는 영향을 생각해 보자. 예를 들어, 오랫동안 고립되었던 북부 사람들의 기질에 마침내 남부 사람들의 기질이 섞이게 된 것, 즉 영국에 대한 프랑스의 그리고 프랑스에 대한 영국의 매력은 무엇인가, 어떻게 각각 분리되었던 유럽나라들이 한편으로는 자매국들을 지배하고, 다른 한편으로는 그들에게 굴복하게 되었는가, 신학의 나라 독일, 예술적인 이탈리아, 정열적인 프랑스, 천주교의 나라 스페인, 청교도의 나라 영국이 끼친 영향은 무엇인가, 어떻게 따뜻한 기질을 가진 남부 사람들이 셰익스피어(Shakespeare)의 심오한 분석과 섞이게 되었는가, 어떻게 로마와 이탈리아의 기질이 밀턴(Milton)의 가톨릭 신앙을 장식했는가 등이다. 결국에는 매혹, 동정, 끊임없는 진동, 고양됨, 우울함 그리고 표출된 생각들 - 어떤 것들은 즉석에서 나온 것이고, 어떤 것은 연구의 결과-이들 모두 영향에 굴복하면서 선물처럼 그리고 차례로 하나씩 미래에 예기치 못한 영향을 내뿜으면서 받아들여졌던 것이다![3]

위에서 핵심이 되는 말은 '영향'이다. 그리고 실제로 영향에 대한 연구는 비교문학에서 항상 중요한 위치를 차지해왔다. 샬(Chasles) 또한 한 민족 또는 국민의 '기질'을 언급한다. 그리고 그는 다른 문학권에 있는 작가에게 어떻게 그러한 기질이 영향을 끼치는지를 추적할 수 있다고 제시했다. 그는 영향이나 연결의 관련을 역설하지 않고, 역사적인 현실 속에 있는 고정관념을 제시하면서, 세계 문학이 조화를 이룬 이상적인 그림을 그린다.

••• 문화와 민족주의

그러나 국제적인 협동, 즉 한 문화에서 다른 문화에 주는 선물처럼 서로 주고받는 영향에 대한 샬의 이상적인 구도는 이야기의 절반일 뿐이다. 문화를 완전히 다른 개념으로 생각하는 이야기가 더 있다. 바이런(Byron)은 일찍이 1819년 ≪단테의 예언(*Prophecy of Dante*)≫의 서문에서도 언급했듯이, 다른 관점을 깨닫고 있었다.

> 어쩔 수 없는 민족성으로써 이탈리아인들은 한 민족인으로 그들에게 남은 모든 것 — 문학을 특히 지키려고 한다. 그래서 자신들의 추정에서 오류를 찾지 않고, 외국인들이 그들을 받아들이거나 모방하는 것에 비우호적이다.[4]

바이런(Byron)이 볼 수 있었던 것은 민족적 정체성과 문화적 상속 간의 밀접한 관련이다. 그는 독립을 위해 투쟁했던 국가(또는 이탈리아가 그랬던 것처럼 작은 국가들)는 외부인들에 대항하여 필사적으로 문학적 유산을 지켜냈다는 것을 알게 되었다. 차용과

도용 또는 절도 사이의 미묘한 차이를 구분하는 것은 바로 관점의 문제였다.

19세기 초반부의 체코문학 부흥기에서 번역서가 담당했던 역할을 토의하는 에세이에서, 블라디미르 마쿠라(Vladimír Macura)는 번역의 정치학을 강조했다. 왜냐하면 번역은 항상 영향의 유형에 있어서 중요한 역할을 담당해왔기 때문이다.[5] 그는 1846년 '우리의 민족성은 언어에 있다'고 주장한 혁명적 학자이자 애국자인 요제프 융만(Josef Jungmann)의 주장을 인용했다. 융만은 번역이 체코문학의 발전에 중요한 부분임을 깨닫고, 텍스트의 연원보다는 번역의 과정에서 그 텍스트에 일어난 일이 더 중요하다고 주장했다. 융만의 관점에서 본다면, 체코어로 번역한다는 것은 향상의 과정이고 언어와 출현하는 문학의 범위가 확대되는 수단이었다. 자신의 뿌리를 찾고 있는 문화나 외세의 점령으로부터 독립을 갈구하는 문화에 있어서 한 문화가 다른 문화에 끼치는 영향의 문제는 상당한 대가를 요구하는 것이었으며 전혀 순수한 것이 아니었다는 것은 분명한 사실이다.

민족성의 문제가 문화적 발전과 점점 연관됨에 따라 유럽 전체 국가에게 18세기 후반과 19세기 전반은 엄청난 문학적 혼동의 시기였다라고 할 수 있다. 독립을 쟁취하고자 했던 나라들은 문화적 뿌리, 민족의 문화 그리고 과거를 찾기 위해 힘든 노력을 계속했다. 조상의 과거를 구축하는 것이 매우 중요했다. 신생국가들은 전통을 구축하면서 주요 문헌 목록을 작성해야만 했다. 아마도 이러한 뿌리를 찾고자 했던 노력 중에 가장 눈에 띄는 것 중 하나가 바츨러브 헌카(Vaclav Hanka)에 의해 '발견된' 중세 원고일 것이다. 1817년에서 1818년 사이에 헌카와 그의 동료들은 9세기, 10세기, 13세기의 고대 체코어로 쓰인 독특한 원고를 발견했으며 이것은 유럽의 나머지 국가들이 보잘 것 없는 서사시를 가지고 고군분투할 때 체코의 시 분야는 황금의 시기를 누리고 있었다는 증거임을 공표했다. 나중에 이 모든 것이 위조였음이 밝혀졌지만 그 당시 체코 문학에 대한 욕구가 너무나 강렬하여 사람들은 이 사건을 별로 문제 삼지 않았다. 문학에 대한 욕구가 억제되었던 수세기가 지난 다음 체코어는 과거에도 그렇고 현재에도 주요한 유럽의 언어라고 여겨지고 있다. 1822년과 1827년 사이에 ≪슬라브 국가(Slavonic National Songs)≫ 3권이, 그리고 1836년에는 프란티세크 랄라츠키(František Palacky)의 ≪보헤미아의 역사 (*History of Bohemia*)≫ 5권이 출판되었으며 같은 해에 체코 낭만주의의 부활시기의 위대한 시인 카렐 마하(Karel Macha)의 주요 시집 ≪5월(*May)*≫이 출판되었다.

체코의 국가적 소생에 매우 도움이 되었던 이 위조된 중세 원고는 계속되고 있었던 문화적 정치적 노력 속에서 문화적 뿌리를 세우고자 했던 절박한 바람의 극단적인 사례이었다. 하지만 유럽의 모든 민족들은 숨겨진 영광의 과거를 뒤돌아보는 경향이 있다. 18세기 중반부터 계속해서 사람들은 민요와 시, 그리고 동화의 출판에 높은 관심을 보였다. 퍼시(Percy)의 ≪고대 영시의 유산(*Reliques of Ancient English Poetry*)≫이 1765년에 출판되었고 덴마크의 위대한 시인인 요하네스 에발트(Johannes Ewald)은 1771년에 고대 영웅담과 중세 발라드를 토대로 한 중요한 모음집을 출판했다. 헤르더(Herder)의 ≪민요에서의 민족의 소리(*Stimmen der Volker in Lieder)*≫는 1778년에, 야코프와 빌헬름 그림(Jakob and Wilhelm Grimm)의 ≪동화(Fairy Tales)≫는 1812-1813년에,

엘리아스 뢴룻(Elias Lönnrot)이 핀란드의 대서사시를 번역한 ≪칼레발라(*Kalevala*)≫가 1849년에 출판되었다. 문학사의 발전과 맞아 떨어지는 과거와 문헌학, 고고학, 그리고 정치사에 대한 매혹은 유럽 전반의 국가 정체성의 문제와 연관이 되어 있었다. 루소(Rousseau)는 이러한 '국민(the people)'의 집단적 성향에 대해서 논의하였고, 티머시 브레넌(Timothy Brennan)는 다음과 같이 지적하였다.

> 독일에서는 헤르더(Herder)가 루소(Rousseau)의 '국민(people)'의 개념을 *민족(Volk)*으로 바꾸었다. 후자가 가진 개념의 중요성은 루소가 시민의 덕목에 계몽적 중요성을 두었던 것에서 애매모호하게 낭만주의 주장으로 바뀌었다는 것이다. 이 주장은 다른 공동체와 *구별을 짓는* 특징으로서 원시적이고 피할 수 없는 뿌리에 국민성을 두었다. 각 국민은 언어의 '자연적' 특질과 구체적인 *민족정신(Volksgeist)*의 무형적 자질에 의해 출발하였다.[6]

국가가 기초를 두고 있는 집단인들의 '진정한', '진짜의' 목소리에서 유래하고, 국민에서 발생한 문화적 유산의 아이디어는 유럽을 휩쓸던 혁명 시대에 매우 강력한 힘을 지니고 있었다. 모든 신생국가들이 존재하지도 않는 중세문학을 꾸며낸 것은 아니었지만 유럽 전역 사람들의 상상력을 사로잡았고 다양한 언어로 번역되었던 중요한 책, 1762년에 출판된 제임스 맥퍼슨(James Macpherson)의 ≪핑걸(*Fingal*)≫도 역시 위조된 작품이었다는 것은 중요한 사실이다.

●●● 오시안(Ossian)의 영향

맥퍼슨은 그의 시가 고대 아일랜드의 시인인 오시안의 게일어(Gaelic)로 된 서사시를 번역한 것이라고 주장했다. ≪핑걸(*Fingal*)≫은 매우 성공적이어서 맥퍼슨은 다른 서사시도 계속 번역했다. 1760년에 맥퍼슨은 스코틀랜드의 하일랜드(Highland)에서 수집되어 왔던 것이라고 주장하는 시집을 출판했다. 하지만 그가 오시안의 시를 번역한 것들이 그가 출판했던 다른 모든 작품보다 훨씬 더 훌륭했다. 프레데릭 롤리에(Frederic Lolliée)는 ≪초기에서 현대까지 비교문학의 약사(*A Short History of Comparative Literature from the Earliest Times to the Present Day* 〔1906〕)≫에서 오시안(Ossian)을 '위대하고 위엄이 있는 북부 지방의 단테(Dante)로서, 플로렌스(Florence)의 단테만큼 초자연주의적이고, 단테보다 더 세심하고 ≪일리아드(*Iliad*)≫[7]의 가수보다 더 인간적인 존재'라고 묘사했다. 비록 위조이기는 했지만 엄청난 인기를 몰고 왔다. 주제는 로맨스, 영웅주의, 신화 속에 나오는 장소에 대한 설명, 그리고 미개한 서정성 등이 결합된 것이었다. 맥퍼슨(Macpherson)이 위조 작을 쓸 수 있었다는 것은 무엇보다도 고대 게일어로 된 시에 대해 많은 지식을 가지고 있었음에 틀림없다는 것을 의미한다.

끊임없이 학자들은 맥퍼슨의 작품이 프랑스, 이탈리아, 폴란드, 또는 체코 같은 나라의 서로 다른 문학적 체계에 끼친 영향에 대해 토론을 하고 오시안의 시가 성공을 거둘 수 있었던 이유에 대해서 연구해 오고 있다. 18세기 후반 19세기 초반에 매우 중요성을 가진 작가로서 바이런과 어깨를 나란히 하는 맥퍼슨이 오늘날 전 세계의 많은 나라에서 영어과 교육과정의 지정 도서를 남겼다는 것은 중요한 사실이다. 대조적으로 그의 이름은 영문학을 전공하는 대다수의 학생들에게 알려져 있지 않으며 영어를 모국어로 사용하는 나라에서는 그의 이름이 기껏해야 각주 부분에 종종 나올 뿐이다. 이것은 특정 작가가 다른 문학적 분야에 끼친 영향에 대하여 많은 것을 우리에게 말해주고 있다. 그리고 다시 한 번 맥퍼슨의 행운은 그가 살았던 당시의 정치적 현실과 서로 뗄 수 없는 관계에 있었다는 것을 확인할 수 있다. 존슨(Johnson)박사는 처음부터 그의 위조에 대해 비난했지만 그의 위조 사실이 영문학의 이탈리아나 폴란드의 주요 작품 목록상의 그의 위치와 전혀 관계가 없는 것처럼 영국에서 그의 작품을 학생들에게 가르치지 않는 것은 이 위조사실 때문이 아니다. 그보다는 맥퍼슨(Macpherson)의 성공이나 성공하지 못한 이유는 유럽 전역에서 국가의 문화나 정체성에 대한 뜨거운 토론에서 그의 작품이 담당했던 역할에서 찾을 수 있다. 스코틀랜드와 아일랜드의 민족주의가 두려움과 경멸의 대상이 되었던 영국에서는 이 두 문화의 역사상에 위대한 음유 시인이 있었다는 가능성을 부인하려는 기득권이 있었다. 정체성을 구축하려는 노력을 했던 다른 나라에서는 학자, 작가 그리고 일반 대중들에게 과거를 재발견하려는 강렬한 욕구가 있었다. 그리고 여기에는 다른 나라의 최고 문학 작품을 번역하고자 했던 욕구와 결합된 문화에 대한 굶주림을 충족시키고자 하는 강한 욕구도 존재했으리라 여겨진다.

●●● 제국주의적 관점

유럽이 다른 나라에 자국을 표현했던 방법을 생각해보면 상황은 극적으로 변한다. 1776년 미국혁명은 식민지 주민의 토박이 영국인이 새로운 길을 가게 했으며, 19세기 초기 라틴아메리카의 혁명은 스페인과 비슷한 파멸의 길을 걸었다. 안 브레드스트리트(Ann Bradstreet)와 같은 작가가 미국인(그녀는 삶의 대부분을 뉴잉글랜드〔New England〕에서 살면서 글을 썼다)이냐 아니면 영국인(그녀의 시는 잉글랜드〔England〕에서 출간되었는데, 식민지에의 특징이 없었다)이냐에 대한 난처한 문제는 마침내 해결될 수 있었다. 미국문학은 영국문학을 그 모델로 삼았을지도 모르지만 미국 작가들은 주제 문제나 형식뿐 아니라 제작 수단적인 면에서 독자적으로 발전하고 있었다. 이와 같이 19세기 동안 라틴아메리카의 작가들은 새로운 대륙에 어울리는 서사시의 형태를 만들어 내기 위해 노력한다. 그들은 여전히 출판정책, 검열제도, 문학형태에 대한 제약 그리고 스페인과 포르투갈로부터 이어받은 문화유산적인 것들의 소용돌이 속에 붙들려 있었음에도 불구하고 혁명적인 고군분투가 새로운 문학의 출현으로 연결되었다.

신세계(New World)의 문학발전은 새로운 질서를 반영한다. 자신이 점령한 나라의 국민이 만들어 낸 문학에 대한 영향력에 대한 태도는 극도의 대조를 보여준다. 그리고 이러한 속물적인 시각의 가장 극단적인 예는 1835년 매콜리(Macaulay)가 다음과 같이 말한 것이다.

> 나는 책장 하나에 담겨있는 훌륭한 유럽의 문학책들이 인도나 아라비아 문학 전체만큼의 가치가 있다는 것을 부인하는 동양인(Orientalist)을 단 한 사람도 본적이 없다. 나는 아랍어나 산스크리트어로 된 시가 위대한 유럽의 시와 견줄 수 있다고 감히 주장하는 동양인을 단 한 명도 만나본 적이 없다.[8]

매콜리 경이 종속국인 중동과 인도의 문화적 유산을 공격한 사실은 오늘날 우리에게는 인종 차별주의적이며 터무니없는 것으로 충격을 준다. 그러나 매콜리의 지위 그 밑에 깔린 오만함은 널리 이해되고 있다. 자신이 번역한 ≪오마르 하이얌의 루바이야트(*Rubáiyát of Omar Khayyám*)≫가 19세기의 고전적인 시가 된 에드워드 피츠제럴드(Edward Fitzgerald) 또한 동양의 문학을 과소평가했다. 그는 친구 코웰(Cowell)에게 1857년 3월 20일에 다음과 같이 편지를 썼다. '주제에서 벗어나는 말을 해서 우리를 놀라게 하고 또 그러기 위해 약간의 예술을 원하는 이 시인 같지 않은 페르시아인 들에게 무례하게 구는 것'이 '나에게는 즐거움이다.'[9]

자국 문화의 우수성에 대한 신념은 제국주의의 정치적인 면의 한 부분이다. 아프리카인과 아시안 사람들을 '원시적'이라고 하거나 '유치하다'고 일축한 표현법들은 이들의 예술적인 것들도 다양한 방법으로 무시했다. 구비 문화도 역시 그 가치가 낮게 평가되었다. 예를 들어 전통으로 내려오는 구비 서사시의 존재가 하찮은 것으로 여겨졌다. 유럽은 글로 기록된 서사시를 중시하기 때문에 서사시를 가지고 있지 않거나 서정시를 최고로 여기는 이들 문화가 격하되었다. 호머(Homer)와 그리스인들, 셰익스피어(Shakespeare)의 희곡들, 스펜서(Spencer)와 밀턴(Milton)의 시, 이러한 것들은 평가되어 부족함이 발견되지 않은 작품들이다.

다시 한 번 문제의 핵심은 인식의 문제라는 것이다. 영국의 식민지인 인도에 셰익스피어는 영국의 미덕과 기교를 형상화한 작가로 소개되었다. 위대한 대가 셰익스피어, 영국 작가의 최고봉 셰익스피어, 영국스러움의 견본 셰익스피어는 수출된 것이다. 셰익스피어의 또 다른 면이 존재한다는 것, 공정하지 못한 지도자의 퇴위에 관한 셰익스피어의 연극이 혁명의 기운이 들끓고 있는 유럽의 도시에서 상영되고 있다는 사실은 허용할 수 있는 것이 아니었다. 셰익스피어를 이상화시켜 인도에 소개한 사실은 식민지주의의 악행이라고 할 수 있으며 자와할랄 네루(Jawaharlal Nehru)는 소위 '두 얼굴의 영국'의 아이러니한 대조를 그리고 있다.

> 영국이 지닌 두 개의 모습 중 어떤 것이 인도로 건너갔을까? 셰익스피어(Shakespeare)와 밀턴(Milton)을 배출한, 숭고한 연설과 저술 그리고 용감한 덕행을 지닌, 정치적 혁명과 자유에 대한 투쟁이 있고, 과학과 기술진보가 이루어지고 있는 영국일까, 아니면 야만적 형법 조항과 짐승 같은 행동을 일삼는, 참호로 둘러싸인 봉건주의와 보수적인 성향의 영국일까. 다른 모든 나라처럼 두 종류의 영국이 존재하므로, 국민성과 문명화 두 가지 양상이 존재한다.[10]

매콜리(Macaulay)처럼 자국 문화의 우월성에 대한 신념을 지닌 자유 지성인과 계급, 인종 그리고 피부색에 따른 엄격한 계급 구조를 가진 세상의 시각은 비교에 몰두한다는 것이다. 여기서 문제는 그들은 불가피하게 부정적인 비교를 한다. 어떤 문학은 다른 것보다 가치가 덜하다. 어떤 문학은 보편적인 중요성을 지니고 있어 독특하고 다른 것들은 원시적이거나 평범한 것들로 무시되어 진다. 작가나 작품이 보편적인 가치를 지녔냐 하는 문제는 이러한 식민주의자들의 관점에는 매우 중요한 것이다. 왜냐하면 예를 들어 셰익스피어(Shakespeare)가 다른 작가들보다 더 높은 수준에 있기 때문에 다른 것들을 고려할 필요 없이 작품을 선정해야 한다는 주장을 가능하게 하기 때문이다. 보편성을 요구하는 그 기본에는, 현재에도 그렇지만, 문화를 초월하여 공유될 수 있는 공통되는 감정적인 경험을 요구하는 것과 문학사의 우여곡절을 무시하는 것이 깔려 있다. 그래서 벤 존슨(Ben Jonson)이 사망한 후 1세기가 넘는 기간 동안 동시대인들과 그 후 세대에 의해 셰익스피어보다 더 나은 작가로 여겨진 사실이 완전히 무시되었다. 셰익스피어가 19세기 중반 인도와 다른 식민지에 수출될 때까지, 그의 동포들은 그의 보편적 위대함을 사실상 추측하지 않고 인정했다. 그러면서 18세기를 통하여 이뤄진 셰익스피어를 발견하는 과정은 완전히 무시되었다.

식민지화한 집단과 원주민 출신 작가에 의해서 수입된 작가들은 비교에 의해 부정적으로 평가된다는 점에서 문화적 식민주의는 비교문학의 한 형태라고 할 수 있다. 물론 이러한 관행은 결코 비교문학으로 표현되지 않았다. 왜냐하면 19세기 비교문학자들은 비교라는 것은 동등한 것들 사이에서 이루어져야만 한다고 주장했기 때문이다. 이러한 시각의 한 결과는 처음부터 비교문학자들은 오직 유럽 작가들의 작품을 가지고 작업을 했다는 것이다. 현시대의 많은 비교문학자들 마음속에서 이러한 마음가짐이 아직도 남아 있다는 사실은 이러한 태도가 널리 퍼져있다는 것을 입증한다. 예를 들어 1967년 렌(C. L. Wrenn)은 ≪비교문학 아이디어(*The Idea of Comparative Literature*)≫라는 제목의 시카코 현대인문학 연구협회(Modern Humanities Research Association)의 회장이 연설(2주일 후 런던에서도)을 했는데 그 연설문에서 그는 다음과 같은 말을 했다.

> 인간의 사고 유형에 존재하는 근본적인 차이점은 엄밀한 한계를 부여함에 틀림없다. 예를 들어 비교문학 연구에 공동 접근을 하고자 할 때 아프리카 언어는 유럽의 언어와 공존되지 않는다. 인도어 족이면

서 인도-유럽어인 산스크리트어조차도 매우 제한적인 가치를 지닌 문자 그대로의 해석만을 가능하게 하는 사고의 유형을 보여준다.[11]

그는 계속해서 ≪실락원(*Paradise Lost*)≫과 ≪라마야나(*Ramayana*)≫ 두 작품을 비교 연구하는 것은 시적인 면을 희생하고 주제와 논법 면에서만 유사점과 차이점을 토론할 수 있다고 말하고 있다. 그리고 이것은 산스크리트어로 쓰인 생각과 감정의 차이점 때문에 어쩔 수 없는 것이라고 말한다. 그가 주장하기를 비교문학자들의 적절한 연구 대상은 '중세나 근대의 유럽 국가의 언어들'이라고 한다.

초기 비교문학의 역설

'비교문학'이라는 용어는 전환의 시기에 나타났다. 유럽에서, 여러 나라들이 독립(오스만 제국, 오스트리아 - 헝가리 제국, 프랑스 또는 러시아 등으로부터)을 위해 투쟁을 하고, 새로운 민족 국가가 생겨남에 따라 민족의 정체성(그것이 무엇이든 간에)과 민족 문화(그것이 어떻게 규정되든지 간에)는 불가분의 관계성을 갖게 되었다. 나중에 비교문학자들이, 비교문학에 관한 최초의 설명이 나오게 된, 과열된 정치적 상황을 무시할 수도 있었을 것이다. 그러나 문학의 공통적인 뿌리에 관해, 한 나라의 정신이 무엇인가에 관해 논의하는 와중에, 한 문화를 다른 문화보다 더 높이 평가하는 비교를 했다는 사실은 주목할 만한 일이다. 1835년에 아테네 사람들에게 했던 연설에서 필라레트 샬(Philaréte Chasles)은 '프랑스가 모든 국가들 중 가장 감수성이 예민하다. 프랑스와 유럽의 관계는 유럽과 세계의 관계와 같다' 고 했다. 또한 자신이 '편협하고 맹목적인 애국주의에 대해 완전한 경멸'[12]을 했다고 덧붙이기도 했다. 이런 이분법적인 견해가 그로 하여금 비교문학의 편견 없는 본질에 대한 주장을 하게 했고, 반면 동시에 프랑스의 우월성을 주장하게도 했다.

매콜리(Macaulay) 경이 인도 문학과 아라비안 문학을 쓰레기 취급했을 때, 그의 태도도 샬의 태도와 다르지 않았다. 왜냐하면 그 역시도 자기 자신의 문화가 더 우수하다는 절대적인 믿음을 가지고 있었기 때문이다. 유럽의 문학 체계와 샬이 용어를 붙인 '위대한 문명화의 움직임 속에서의 다른 나라들의 일부' 사이의 상관성을 인정하지만, 유럽 밖에서 온 것은, 너무나 생소한 것으로 인식한다는 점에서, 이 두 사람의 태도는 그 시대 유럽의 산물이라고 할 수 있다. 심지어 괴테(Goethe)의 '세계문학(world literature)'에 관한 표현도 상황 속에서 살펴볼 필요가 있다. 왜냐하면 비록 그가 결국 자신의 관심을 유럽을 넘어서 다른 대륙으로 두었다 하더라도, 그의 신조어 '세계문학(Weltliteratur)'은 그의 유럽에 대한 견해와 특히 전쟁이 끝나기를 바라는 그의 열망과 연관되어 있었다. 우리가 비교문학의 기원을 살펴볼 때 명백해지는 것은, 용어가 주제보다 앞서 나타났다는 사실이다. 사람들은 '비교문학' 이라는 표현을, 그것이 무엇인지에 대한 정확한 개념 없이 사용했다. 고찰해보면, '비교'란 말은 '국가적'이란 말에 대립되는 개념으로 쓰인 것을 알 수 있고, '국가적' 문학의 연구가 당파성을 조장한다는 비난을 감수하는 반면, '비교' 문학의 연구는 가까스로 국가적인 것을 초월하는 개념을 가지고 있었다는 것을 알 수 있다. 다시 말하면, 그 용어는 막연히 사용되었지만, 유럽에서의 평화에 대한, 국가 간의 조화에 대한 열망과 관계가 있었다. 이런 이상주의의 중심에는,

이 비교가 상호성에 기반을 둔 것이어야 한다는 믿음이 있었다. 그래서 1835년 샬(Chasles)과 1829년 아벨 프랑수아 빌맹(Abel François Villemain)은 다양한 국가 출신의 위대한 작가들을 나열하면서, 상호간의 영향력의 형태에 관한 연구의 가치를 나타내었다. 샬에 따르면, 비교문학 연구는 그 어떤 것보다 우선이어야 하고, 16세기의 위대한 인물들에 대해 계속해서 살펴보는, '즐거운 여행' 이어야 한다고 했다. 이런 비교문학의 관점에서는 의사소통, 함께 섞임, 공유함 등이 키워드였고, 이것이 저술에서 정치색을 없앴고, 보편적인 화합을 열망하게 했다. 비교문학은 비록 그것의 뿌리를 민족적 문화에 깊이 두고 있다 하더라도, 민족주의에 대한 해결책으로 나타난 것처럼 보인다.

샬과 빌맹은 도시풍의 학문적인 탁월함을 지닌 과거의 작가들의 위대함에 대해 토론할 수 있었다. 하지만 그들은 주로 프랑스인이었고, 그래서 그들의 관심은 프랑스와 이웃들 사이의 '선물 증여'와 같은 문학적 영향력에 초점을 두고 있었다. 비슷하게도, 19세기 초기의 유럽에서 나타난 바이런(Byron)과 셰익스피어(Shakespeare)에 대한 엄청난 관심은, 그들 작품의 번역이 확산되면서 알 수 있듯이, 영국과 영국문학에 대한 관심 때문이라기보다는, 사람들이 자신들의 작품을 전형적 혁명가들의 작품들로 여기고 읽게 만드는 그 두 작가들의 활용에 기인하였다. 비교에 있어서 상호성이 존재한다는 것은 통념이었다. 그러나 그것은 보편적인, 범문화적인 위대한 통념으로, 그만큼 매우 깊게 여겨지는 신화였다.

이 용어의 기원을 둘러싼 모호성을 생각하면, 19세기 중반 이후의 비교문학학자들이 그들의 주제를 규정하는 데에 상당히 관여를 했어야만 했다는 사실은 그리 놀라운 일이 아니다. 울리히 바이스슈타인(Ulrich Weisstein)은 ≪외국문학과 비교한 프랑스문학사(*Histoire de la littérature française au moyen age comparée aux littératures étrangères* 〔1841〕)≫의 작가인 장 자크 앙페르(Jean-Jacques Ampère)나 ≪프랑스, 이탈리아, 스페인과 영국의 중세문학(*Tableau de la littérature au moyen age en France, en Italie, en Espagne et en Angleterre* 〔2권, 1830〕)≫의 작가인 아벨 프랑수아 빌맹(Abel François Villemain)둘 중 하나는 '체계적으로 계획된 프랑스 비교문학의 진정한 아버지로 간주되어야 한다'[13]고 말하고 있다. 아주 막연히 머릿속에 들어온 어떤 것을 체계적으로 계획한다는 것은 쉬운 일이 아니었다. 빌맹과 앙페르가 했던 것은, 연관성과 영향력의 유형들을 나타내면서, 문학사로 묘사될 수 있었던 것을 쓰는 것이었다. 19세기 후반이 되어서야 비로소 비교문학이 대학의 한 학과로 자리 잡고 학문적 지위를 얻게 되었다. 최초의 학과는 1897년에 리용(Lyon)에서 개설되었고, 잇따라서 다른 학과들이 프랑스에서 나타났다. 프랑스 비교문학이 그 분야에서 압도적으로 우세했고, 다른 유럽 국가들은 학과 설립에 있어서 속도를 내지 못했다. 그러나 미국에서는 찰스 촌시 섀크웰(Charles Chauncey Shackwell)이 1871년부터 계속해서 코넬(Cornell)에서 '일반 또는 비교문학' 한 강좌를 가르쳤다. 그리고 찰스 밀스 게이리(Charles Mills Gayley)는 1887년부터 미시간 대학(University of Michigan)에서 비교문학 비평을 가르쳤다. 한편 그 주제에 대한 최초의 학과가 1890년 하버드(Harvard)에 개설되었다. 게다가 비교문학이 국제적으로 정착되기 시작한 것은 19세기의 마지막 20년간이었다. 왜냐하면, 그 주제를 미국과 유럽의 고등 교육기관에서 가르쳤을 뿐 아니라, 뉴질랜드 오클랜드 대학의 고전 영문학

교수인 허치슨 매콜리 포스넷(Hutcheson Macauley Posnett)이 그 주제에 관해 ≪비교문학(*Comparitive Literature*)≫이라는 긴 논문을 1886년에 발표했고, 두 개의 학술지가 유럽에 설립되었다. 첫 번째 것은 ≪보편적 비교문학 기록(*Acta comapratationis litterarum universarum*)≫이라는 제목의 여러 언어로 인쇄된 책이었는데, 이것은 1879년에 후고 멜츨 데 롬니츠(Hugo Meltzl de Lomnitz) 라는 지금은 루마니아인 클루지(Cluj) 출신의 한 독일 언어학자에 의해 출판되었다. 그 뒤에 독일학자 막스 코흐(Max Koch)에 의해 편집된 두 개의 정기 간행물 ≪비교문학사(*Zeitschrift fur vergleichende Literaturgeschichte* 〔1887-1910〕)≫와 ≪비교문학의 연구(*Studien zur vergleichenden Literaturgeschichte* 〔1901-1909〕)≫가 잇따라 나왔다.

19세기를 통하여, '비교문학'이라는 용어의 사용은 융통성이 있었다. 자칭 비교 언어학자들은 험프티 덤티(Humpty Dumty)가 강조한 원칙을 따랐는데, 그는 앨리스(Alice)에게, '내가 어떤 단어를 사용할 때 그것은 내가 어떤 뜻을 나타내려고 선택했다는 것을 의미한다. 그 이상도 그 이하도 아니다'라고 지적한 바 있다. 비록 그들이 그의 두 번째 원칙을 확실히 따른 것은 아니었는데, 그것은 그가 어떤 단어를 많이 사용할 때마다 항상 거기에 여분의 관심을 더 두는 것이었다. '비교문학'이라는 용어는 여러 언어로 흘러 들어와 사용되었고, 누군가가 의미하는 것을 나타내기 위해 무엇을 선택했다 하더라도, 그 선택한 것을 의미하게 되었다.

위에서 주목한 바와 같이 앙페르(Ampère)와 빌맹(Villemain)에 의한 작품들과 같은 초기 프랑스의 연구들은, 중세 시대에 초점을 맞추었고, 유럽문화 체계 발전 속의 순간에 초점을 두었다. 그 시기는 언어적인 경계가 느슨했고, 국가적 경계가 전혀 규정되지 않았으며, 학자와 시인들 사이의 자유로운 왕래가 있었던 시기였다. 이탈리아 언어의 아버지로 묘사되는 단테(Dante)는 결국 프로방스의 시인 아르노 다니엘(Arnaut Daniel) 을 그의 스승으로 여기며, 그에게 ≪연옥편 칸토 24(Canto ⅩⅩⅣ of *Purgatorio*)≫에서 자신의 모국어로 말할 수 있게 하는 최고의 영예를 부여하면서, 또한 그렇게 함으로써 시가 모국어나 모국 문화에 의지하지 않았다는 것을 나타내면서 그를 칭송했다. 중세 시대는 비교 언어학자들에게 풍부한 연구 분야를 제공했다. 왜냐하면 완전히 달랐던 유럽사의 시기를 되돌아 봤을 때, 그들은 자기 시대의 성가신 질문들과 더 심한 적대감들은 따로 물리칠 수 있었기 때문이다. 이 적대감들은 종종 피를 흘리게도 했는데, 이것은 지리학이나 민족지학의 기준이라기보다는 정치적인 기준에 따라 국경을 나누었기 때문이기도 했다. 그러나 나중에 프랑스의 비교 언어학자들은 오직 중세 이후의 문학만이 적절한 비교 조사의 영역이라고 주장하면서, 중세 시대를 연구하는 것에 대한 적법성에 의심을 품었다. 1931년에 영향력 있는 비평가 폴 반 티겜(Paul Van Tieghem)은 다음과 같이 주장했다.

> 비교문학은 그리스문학과 라틴문학의 상호 연관성, (중세 이후의) 고대문학에 대한 현대문학의 빚, 그리고 결국, 다양한 현대문학을 연결하는 연결 고리들로 구성되어 있다. 셋 중에서 가장 광범위하고, 복잡한 맨 나중 조사 분야, 즉 이 연결 고리들이야말로 일반적인 관점에서 볼 때 비교문학이 차지하는 영역이라고 할 수 있다.[14]

중세의 연구에 맞서는 반 티겜(Van Tieghem)의 논쟁은 국가 간의 확실히 규정된 경계가 없었으므로, 그 시기가 비교문학자들에게 유일한 기회를 제공했다는 견해를 뒤집었다. 대신에 그는 현대문학이 비교 분석에 가장 적합한 형태라고 주장했고, 비교는 오직 두 가지 요소 사이에만 일어나야 한다는 주장도 했다. 그것을 넘어서는 어떤 것도 비교문학의 적절한 영역이 아니었다. 그의 견해에서는 그것은 그 밖의 모든 것이었다.

1830년 빌맹의 두 권의 중세 연구와 1931년 반 티겜의 폭이 좁은 정의 사이에서, 그 세기에 일어났던 것은 계속해서 오늘날 우리의 비교문학 이해에 영향을 미치고 있다. 그리고 반 티겜의 대담하지만 매우 제한적인 책 방향으로 비교문학 쪽으로의 태도상의 전환을 추적해 보는 것도 가치 있는 일이다. 그 책 속에서 그는 비교문학 경계의 바깥 쪽에 있는 구비 문화, 민속문학, 르네상스 이전의 문학을 설정했고, 너무 오랫동안 그 주제에 잘못 기여해 온 두 가지 연구들의 개념을 진술했다.

정의의 시도

오늘날의 독자들은 프랑스와 독일의 유럽경제공동체(European Economic Community)의 두 거대 국가를 생각하면서, 19세기에 매우 다르게 풍미했던 상황을 잊어버릴 수도 있다. 혁명과 나폴레옹의 부침을 겪으면서, 프랑스는 19세기 중반에 전 세계에 식민지를 가진 부유한 국가였다. 독일은 작은 지방국이 연합한 국가로서 언어는 같았지만 정치적 중심의 정신을 추구하고 있었다. 위에서 말한 바와 같이, 비교문학은 처음부터 민족주의와 연관이 있었기 때문에, 프랑스와 독일에서 판이하게 다르게 비교문학이 발전한 것은 놀랄 일이 아니다. 문화적 전파에 더 관심 있는 것으로 보이는 프랑스는 '국민성'을 정의하고 추구하는데 관심이 있었다. 1900년에 페르디낭 브륀티에르(Ferdinand Brunetière)는 다음과 같이 말하였다.

> 비교문학사는 프랑스, 독일, 영국 누구에게서나 위대한 작가들의 국민성에 대한 최고의 이해를 선명하게 한다. 우리는 이를 반대할 따름이다; 우리는 우리를 다른 사람과 비교함으로써 정리 된다; 우리가 우리만을 알 때에는 우리 자신을 모른다.[15]

그러나 독일의 견해는 조금 달랐다. 막스 코흐(Max Koch)는 새로운 학술지 ≪비교문학≫(*Zeitschrift für vergleichende Literatur*)의 입문에서, 헤르더(Herder)가 '문학과 문학사의 새로운 개념'을 창안하였다고 칭송하면서, 시와 민요에 대한 헤르더의 연구는 '비교문학 역사의 가장 비옥하고도 광범위한 영역을 개척하였다'고 하였다. 코흐는 번역을 비교 연구의 기초 영역이라고 보았고, 독일 문학과 역사를 '학술지(Zeitschrift)가 의도했던 노력의 출발점이자 중심'이라고 보았다. 민요는 자체로 학문이 되었지만, 민요와 시의 비교 연구는 비교문학의 기초라고 주장하였다.[16] 이 견해를 반 티겜(Van Tieghem)과 비교할 수 있는데, 반 티겜은 왜 민요가 비교문학에서 제외되어야 하는가에 대한 매우 확실한 견해를 가지고 있다.

> 이는 (동화, 신화, 전설 등) 민속학이지 비교문학이 아니다. 왜냐하면 후자는 서술의 기법을 통하여 들여다 본 인간 정신사이기 때문이다. 이 상황에서 우리는 한 나라에서 다른 나라로 이전하고 수정

된 주제만을 본다. 그 성격이 비인격적인 익명의 전통에서 예술은 아무런 역할을 하지 않는다.[17]

이 절에서 핵심어를 '정신'이라고 본 것이 너무 단순한 것은 아니다. 프랑스의 비교문학은 인간 정신의 산물의 연구를 지향하였고, 독일의 비교학자들은 국가의 '근원'이나 '정신'에 더 관심이 있었다. 용어와 강조점에 있어서 그 차이는 19세기에 있어서 프랑스와 독일의 상이한 문화적 전통과 정치적 경제적 발달 양식에 기인한다. 이러한 차이는 프랑스 비교학자들이 그 말의 사용을 제한하고 독일 비교학자(또는 일부의 독일 비교학자)들은 더 맹목적 애국주의자적으로 되었기에 20세기에는 악화되었다. 울리히 바이스슈타인(Ulrich Weisstein)이 표현하였듯이, 1930년대의 독일 히틀러(Hitler) 치하에서, '셰익스피어(Shakespeare), 몰리에르(Molière), 유진 오닐(Eugene O'Neill)이 금지된 단계에서, 프랑스와 러시아 작가들의 소설을 더 이상 접근할 수 없는 시기에 비교문학이 어떻게 번창할 수 있겠는가?'[18] 후고 멜츨 데 롬니츠(Hugo Meltzl de Lomnitz)는 1877년에 창간한 저널에서 다른 입장을 취하고 비교문학의 다른 경우를 제시하였다. 드 롬니츠는 비교문학이라는 학문은 정립되지 않았고 그의 저널의 임무는 그것의 정립의 과정을 돕는 것이라고 하였다. 그는 세 개의 주된 임무를 제시하였다. 정치사나 문헌학의 '하수인'으로 전락한 문학사의 재평가, 예술로서의 번역의 재평가, 그리고 다중언어에 대한 신봉, 그는 민족주의라는 협소하게 정의된 것에 기초한 비교문학의 맹목적 애국주의 성향을 공격하였다.

> 소위 '세계문학'은 일반적으로 오해되고 있다는 것을 부정할 수 없다. 오늘날 각 나라는 세계문학이 무엇을 의미하는 지도 모르고 자신의 '세계문학'을 요구한다. 이제 모든 나라는 자신이 다른 나라보다 우월하다고 생각하고 만족스런 이론을 만들어 간다. 이것이 현대의 교육학의 기초가 되어 모든 곳에서 '민족적' 이려고 한다.[19]

데 롬니츠(De Lomnitz)의 견해는 우리를 계몽시키기도 하고 원대하기도 하다. 그는 올바른 비교문학의 발달에 있어서 번역의 중요성을 예측하였고 설득력 있게 문학사가 그 자체의 존재를 가질 것을 주장하였다. 그가 다중언어에 관심을 가진 것은 그가 소수 언어와 문학에 지대한 관심을 갖고 있음을 뜻한다. 그리고 그의 학술지의 핵심 원리는 어느 국가의 정치적 중요성 또는 그것이 없는 것은 문학의 비교 연구에 간여해서는 안 된다는 것이다. 따라서, 슬로베니아와 프랑스 작가간의 비교는 그 자체로 되어야지, 후자가 유럽 전통에 있어서 프랑스문학의 지위 때문에 전자보다 더 가치 있다고 암시해서는 안 된다고 하였다.

그러나 드 롬니츠의 학술지는 유럽 외에서는 비교문학의 발달에 별다른 영향을 미치지 못하였다. 프랑스 모델이 지배적이기는 하였다. 롤리에(Lolliée)의 ≪간략한 역사(*Short History*)≫는 매우 맹목적 애국주의자적인 관점에 기초하여 문학사를 구조화하는 독특한 방법을 반영하고 있다. 오늘날 고전 텍스트로고 여겨지는 작품의 출간이 된 해인, 18세기 말엽의 영국문학을 롤리에가 설명한 것을 보자.

> 잉글랜드에서는 18세기 말에 정치 동요가 너무 심해서 전쟁과 공공 행사의 요구가 있어 문학의 평화스런 육성이 힘들었다. 그 시대에

문학은 거의 정치적인 것이 되었고...상상적 문학은 퇴보하였다. 역사와 수사학이 주요 지위를 차지하였고, 시는 무시되었다. 그러나 이 세기는 시적 이상주의에서 잃은 것을 실제적 활동에서 얻었다.[20]

이 말을 하고 나서 롤리에는 자기가 빠뜨린 이름에 대해 각주에서 보완해야만 했다. 그래서 그는, '1789년과 1814년 사이에 많은 낭만주의 작가들 가운데, 열네 명이 여자였고, 그들 중 안 레드클리프(Ann Radcliffe), 마리아 에지워스(Maria Edgeworth), 그리고 제인 오스틴(Jane Austen)은 남다르게, 이들 세 명은 유럽에서 명성을 얻었다.'

위의 예를 보건대 롤리에의 연구는 후세의 비교학자들에 의해 무시된 것 같다. 그의 방법론 때문이라기보다는 그가 문학사에 대해 무지했기 때문인 것 같다. 그의 책은 특정한 비교문학 단점의 좋은 예이다. 거기서는 애매한 이상주의가 맹목적 애국주의자의 민족주의와 결합하고 전체 국민이 과도하게 야망적인 프로젝트(모든 문학사)와 작가의 (많은) 빈틈에 휩싸였다.

폴 반 티겜(Paul Van Tieghem)은 분명히 롤리에(Lolliée) 식의 비교문학에 반대하였지만, 비교문학의 정확한 경계를 지으려고 하면서 그는 새로운 문제를 야기하였다. 그는 '비교' 문학과 '일반' 문학과 '세계' 문학 간의 차이를 밝힘으로써 그 용어의 문제를 해결하려고 노력하였다. 그의 견해에 따르면, 비교문학은 두 가지 요소의 연구가 되어야 하고, 일반 문학은 여러 문학을 연구하여야 한다. 이 구별은 전혀 도움이 되지 아니하였고, 르네 웰렉(René Wellek)이 말한 바와 같이 혼돈만 증가시켰다.

비교문학과 일반문학 다시 말해서 프랑스에서 월터 스콧의 영향과 역사소설의 흥기를 구별하는 선을 긋는 것은 불가능하다. 또한, 일반문학이란 말은 혼돈스럽다. 그것은 문학 이론, 시, 문학의 원리를 의미하는 것으로 이해되어 왔다.[21]

웰렉은 또한 둘 관계의 한정된 의미에서 비교문학은 '의미 있는 학문이 될 수 없다'고 하였다. 왜냐하면 단편만을 다루게 되고 자신의 방법론이 없게 되기 때문이다. 또한 르네 웰렉은 오스틴 워런(Austin Warren)과 공동 저술한 ≪문학의 이론(*Theory of Literature*〔1963〕≫의 '일반적, 비교적, 그리고 민족적 문학'이라는 장에서, 공격에 대응하여, 편협한 이분적 접근법은 최근의 비교문학에 대한 관심을 감소시키는 것이라고 하였다.

분명히 반 티겜의 이분법적 연구, 페르낭 발댕스페르제(Fernand Baldensperger)와 프랑스 학자들을 프랑스가 강조한 것은 1921년에 ≪비교문학의 비평(*Revue de Littérature comparée*)≫을 창간한 것과 관련이 있다. 한때는 무엇이 비교문학의 영역에 속하지 않는가가 문제였는데, 이제는 제외 영역이 면밀히 형성된 기준에 의하여 정립되었다. 비교문학 연구는 두 개의 언어 사이에서 성립될 수 있고, 그래서 프랑스어와 독일어 작가가 관련된 연구는 수긍할 만하다. 그러나 받아들일 수 없는 것은, 캐나다 사람인가 케냐 사람인가 관계치 않는, 영어로 글을 쓰는 두 작가 간의 연구이다. ≪베어울프(*Beowulf*)≫와 ≪실락원(*Paradise Lost*)≫간의 연구도, 같은 문학 체계에 속하기 때문에 받아들일 수 없다. 반 티겜(Van Tieghem)은 수고스럽게도 어느 프랑스어 작가 중에서 벨기에 작가 또는 스위스 작가가 포함되는가(파리에 구심이 있는 작가들)를 분류하였고, 자기들의 고국에 머물기를 원하는 자들을 제외하였다. 비교문학은 이름 있는 개인이 쓴 작품의 영향을 연구하여야 하고, 따라서 작가 중심적이며, 구비문학, 익명의 문학 그리고 집단 민속 문학은 불법화되었다. 어떤 경계선이 되어야 하고, 방언이 언제 언어가 되고, 언제 국가가 되는지, 언제 자신의 문학을 갖고, 언제 정치적 전선을 갖게 되는가를 결정하는 데 엄청난 양의 시간과 에너지가 소비되었다. 언제 민속문학이 '진정한' 저자 중심의 문학이 되었는가? 이러한 질문과 여타의 관련 질문이 수십 년 동안 비교학자들을 괴롭혀왔고 프랑스 학자들은 대안들의 제한과 형성 틀에 대해 찬성 또는 반대하면서 격렬히 반응하였다. 1930년대부터 그 이후의 거의 모든 프랑스 비교문학을 보는 것은 가능한데, 이는 이분법적 연구 원칙에 의하여 영향을 받았고, 방어할 필요에 의해 영향을 받았고, 그리고 장 마리 카레(Jean-Marie Carré), 마리우스 프랑수아 기야르(Marius François Guyard) 그리고 르네 에티앙블(René Etiemble)과 같은 학자가 그것을 초월하려는 자극에 의해 영향을 받았다.

비교가 될 수 있도록 해주는 기본적인 차이로 언어를 생각하는 것은 가장 널리 받아들이는 원칙이며, 1970년대에 본인이 워릭(Warwick)에 비교문학을 세우라고 임명받았을 때, 본인은 처음에 영국-미국 비교 프로젝트를 받아들이지 말고, 모든 학자들이 적어도 두 개의 언어를 할 수 있어야 한다고 하는 분명한 지침을 받았다. 프랑스적 접근법을 따르면서 이 비교문학의 기초로서 언어적 구별을 하는 것은 널리 퍼지게 되었다.

그 접근법의 오류는 분명하다. 언어와 문화는 불가분적으로 묶여 있으며, 비교 연구의 기초를 정립하기 위하여 만들어야 하는 원리에 언어적 경계를 보는 관점은 반드시 실패하게 되어 있다. 이 이분법적 접근법은 실패하였다. 그것이 이룬 모든 것은 비교문학자들이 할 수 있는 것을 제한하는 것뿐이었고, 전에 없었던 장애물을 세우는 것이었고, 고의적으로 다른 커다란 쟁점을 무시하게 되었다. 우리 시대의 위대한 비교문학 저술가인 울리히 바이스슈타인(Ulrich Weisstein)과 같은 사람조차도 이분법적 연구와 언어 문제에 휘말렸으며, 그리하여 영국과 미국이 서로 다른 길을 갔기 때문에 비교문학이 가능하다고 말은 하였지만, 또 다른 구별은 하지 못하였다. '잘못 인도된 방법론적 순수성 때문에 영국문학에서 아일랜드문학을 분리하는 것은 수상한 것이다. 왜냐하면 그러한 교묘한 속임수로 인하여, 스위프트(Swift), 예이츠(Yeats), 그리고 쇼(Shaw)와 같은 작가들은 비문학적 원리를 위하여 예술적으로 기반을 잃게 되기 때문이다.'[22]

아일랜드 작가가 비문학적 원리를 통하여 처음부터 영국식 틀에 속하게 되었을지도 모른다는 것은 바이스슈타인에게는 생각되지 않았던 것처럼 보인다. 그는 영국과 미국 문학의 차이를 인정하였지만, 그것이 그가 하였던 최대치였다. 더 이상 나아가는 것은 언어, 민족문화 그리고 정체성과 같은 성가신 문제로 되돌아가는 것이었다. 이러한 문제는 비교문학이 처음에 탈워털루프랑스(post-Waterloo France)에서 출현한 잘못된 늪지였고 그 후의 학자들이 잊기를 원하는 늪지였다.

그가 1959년에 한 강연에 근거한 ≪비교문학의 위기(The Crisis of Comparative Literature)≫라는 에세이에서, 르네 웰렉(René Wellek)은 자기가 보기에 구태적인 방법론과 당파적 민족주의에 대한 신랄한 공격을 하였다. 그는 비교문학이 진지한 기초 위에 아직 제대로 자신을 정립시키지 못했다고 경고하였고, 이미 오래 전에 관련성을 잃은 문제와 씨름하는 것이 계속되고 있다고 경고하였다. 그는 이에 대해 프랑스학파를 비난하였다.

> 이 모든 어려움은 반 티겜(Van Tieghem), 그의 선구자, 그의 후계자들이 문학 연구를 19세기적 실증주의적인 사실주의의 차원에서 생각하고 출처와 영향력의 연구로 생각하기 때문에 가능할 따름이다. 그들은 많은 양의 유사한 것, 정체성을 가리키는 것 등을 축적하였지만, 어떤 작가의 지식에 대한 사실과 다른 작가를 읽은 것을 제외하고는, 이러한 관계가 무엇을 보여주는가를 물어보지 않았다.[23]

르네 웰렉은 25년 전에 저술하였지만, 그의 에세이는 지금도 예언적으로 여겨진다. 그가 반 티겜과 프랑스 사람들이 비교문학을 제한한다고 비난하였고, 두 개의 다른 언어를 사용하는 두 사람의 잘 알려지지 않은 작가의 이름을 갖는, 일련의 막다른 골목으로 인도하는 것을 빼고는 아무것도 달성하지 못하는 잘못된 접근법을 육성한다고 하였을 때, 그는 그러한 접근법은 분명한 잘못된 결과를 낳을 수 있다고 지적하였다. 사실, 일어난 일은 후대의 젊은 학자들이 고루하고 부적절한 주제로 보이는 것에서 고개를 돌렸고, 도입부에서 밝혔다시피, 비교학자들은 줄었는 데에도 불구하고, 문학 이론가의 숫자는 늘었다. 탈근대주의자 세계에서는 예이츠가 아일랜드 사람인가 영국 사람인가, 또 입센(Ibsen)이 현대식 드라마에 끼친 영향에 대한 연구가 '비교' 문학인가 아니면 '일반' 문학인가에 대한 논쟁을 할 자리가 없다.

르네 웰렉(René Wellek)과 해리 레빈(Harry Levin)이 오래 전

에 말한 것처럼, 낡은 불필요한 구별을 버리고, 특정 시대, 그리고 특정 문화 상황의 산물로서 있는 그대로 보는 시대가 도래하였다. 다음 장에서는, 결점이 없는 것이 아니지만, 적어도 이분법적인 접근법에 대조되는—유럽 외에서의 비교문학의 발달과 연관되는 비교문학의 대안적인 관점을 살펴본다.

제2장

유럽의 경계를 넘어:
비교문학의 대체 개념들

1961년, 뉴턴 스톨크네흐트(Newton Stallknecht)와 호르스트 프렌즈(Horst Frenz)에 의해 편집되고 남일리노이대학출판부에서 발행한 비교문학에 관한 에세이집에서, 헨리 리마크(Henry Remak)는 그가 소위 '미국 학파(American School)'라고 부르는 것을 다음과 같이 정의하고자 했다.

> 비교문학은 한 지역의 범위를 넘어선 문학의 연구이고, 다른 한편, 예술(예를 들어 그림, 조각, 건축, 음악과 같은), 철학, 역사, 사회과학(가령, 정치학, 경제학, 사회학과 같은), 과학, 종교 등과 같은 지식과 신념의 면과 문학 사이의 관계들에 대한 연구이다. 간략히 말해, 이것은 하나의 문학과 다른 하나 또는 다른 것들과의 비교이고, 인간의 다른 표현 영역과 문학의 비교이다.[1]

리마크(Remak)의 에세이는 미국 비교문학의 기반을 내놓았는데, 그것은 프랑스 학파와 명백히 구별되는 것이었고, 그것에 의해서 프랑스 모델의 위력을 완전히 파괴하였다. 리마크의 정의는 미국 전반에서 사용되는 경향들의 요약이고, 사실상 미국 학파의 비교문학의 선언을 명백하게 했다. 그는 자신이 일부러 역사적이거나 총칭한 것이 아닌, 오히려 묘사적이고 공시적인 접근을 선택했다고 말함으로써 자신의 주장을 옹호했다. 그는 이전의 비교학자들의 접근과 자신의 접근을 대조하였고 비교문학의 참고문헌을 각주로 제시했다. 그는 용어문제를 잘 알고 있었는데, 예를 들자면, 비교문학과 일반문학의 구별의 '애매함'을 언급하고 '주어진 주제의 '비교'에 찬반양론이 있을 수 있는 중간지대'가 있다는 것을 인정하고 있다.[2] 리마크는 프랑스 접근은 너무 협소하고 사실적 증거에 너무 의존한다고 믿었다. 그는 프랑스 전통의 영향 연구들이 상상력이 없고 실증주의적 접근으로부터 나왔다고 주장하며 다음과 같이 대체 모델을 제시하고 있다.

> 많은 훌륭한 영향 연구들에서 자료들은 다음과 같은 질문보다는 너무 많은 이목을 받은 위치에 있어왔다. 무엇이 지속되고 무엇이 받아들여지지 않으며, 왜 그리고 어떻게 물질이 흡수되고 통합되는지, 그리고 무엇과 함께 성공하는지? 만약 영향 연구들이 이런 열정으로 수행되었다면, 문학 연구는 우리 지식 뿐 아니라 예술의 문학 작품과 창조적 과정의 이해에도 공헌했을 것이다.[3]

리마크의 넓은 정의는 종종 인용되어왔고, 때로 공격받았다. 프랑스 학자들이 경계 안에서 비교문학을 정의하는 데 상당히 많은 시간과 에너지를 보내며 무엇이 그 주제에 적합하게 고려될 수 있는지 없는지 정밀하게 기술하는 동안, 리마크(Remak)와 그의 동료들은 경계를 넘어서는 정의를 제안하고 있었다. 리마크와 미국 학파에 따르면, 문학과 비문학을 막론하고, 어떠한 것도 다른 어떠한 것들과 비교될 수 있었다. 리마크 논쟁에 결정적인 것은 비교문학이 그것만의 고유한 법칙을 가진 분리된 학문으로 여겨지는 것이 아니라 오히려 각 주제들 사이의 다리로서, 보조학문으로서 보여야 한다는 언급이었다. 그의 접근은 프랑스 학파에서 '산물'을 강조하는 것과는 달리, '과정'이라는 핵심어에 중심을 둔다. 그는 규칙을 정해야 하는 일에 직면하여, 비교 연구가 기초를 두어야 하는 것이 무엇인지는 각자가 결정해야 하는 것이라며 그 일에 대한 책임을 떠넘기고 있다.

리마크가 피하는 근본 중 하나는 논란이 되는 민족주의의 문제인데, 이상의 언급된 그의 정의에 따르면 그는 '국토(country)'라는 한층 중립적 용어를 사용하고 있다. 국토는 이데올로기적 용어들보다는 지리적인 용어로 더 여겨질 수 있고, 그의 정의는 매우 중요한 면에 있어서 정치성이 배제되어 있다.

비교문학의 비정치화과정은 유럽의 비교문학 발달과 눈에 띄게 대조적인 미국 학파의 보증서이고 신비평주의에 의해 많은 영향을 받았을지라도, 먼 길을 거슬러보면 그것의 뿌리는 19세기 초기 몇몇 작품에서 찾아 볼 수 있다. 1890년 버클리 대학에서 비교문학을 주창하였고 미래 미국의 발전을 위한 모델로 제시된 매우 성공적인 위대한 책(Great Books)의 과정을 가르친 바 있는 찰스 밀스 게이리(Charles Mills Gayley)는 연구에 있어서 본질적으로 인도주의자였고, 포스넷(Posnett)과 아서 마시(Arthur Marsh)를 경유하여 매슈 아널드(Matthew Arnold)로부터 유추된 경계를 되돌아 보았다. 그는 또한 정의와 방법의 문제에 대해 잘 알았으나, 그의 '비교문학이란 무엇인가?'라는 제목의 1903년 논문에서 유럽 학자들의 태도와 그의 접근 사이에 명백한 차이가 있음을 확인할 수 있다. 게이리(Gayley)는 비교문학은 문어적 언어학'임에 틀림이 없다고' 제안했고, 문학 연구에 있어 예술, 심리학, 인류학, 언어학, 사회과학, 그리고 종교의 중요성을 주장하면서 미국 학파 정의의 초기 버전을 공식화 했다. 유럽 국가의 민족적 열정과 라틴 아메리카의 독립에 대한 투쟁으로부터 거리가 멀었던 게이리와 그를 따르는 미국 비교학자들은 학제 간 연구를 포함한 모델에 관심을 보였다. 문학 연구는 서로 영향을 주는 관련 학문 간 연결망의 일부분이자 문화라는 유기 구조의 한 부분이다. 언어차이와 정치적 경계에 따라 지역 전체를 정하는 문제는 한 쪽으로 치워 놓고, 대신 우리가 찾는 것은 비교문학 이론의 용해 지점이다. 미국은 새로운 사람들에게 민족과 언어의 차이가 새롭고 모든 것이 망라된 무엇이 세워질 수 있도록 하는 데 쓰일 수 있는 용해 지점을 제공하는 것을 자랑스러워하는데, 따라서 비교문학에 대한 미국의 전망은 보편성과 학제 간 연구에 대한 생각의 출발에 근거를 두고 있다. 학자들은 연구는 체계적일 필요가 있다고 하나, 많은 제한들로부터 저지당한다. 게이리는 자주 너무 불안정하고 애매한 '비교문학' 그 자체 용어에 대해 불평했으나, 대체되는 것으로 어느 적절한 것이 없었다. 그 대신, 유럽 비교학자들에 의해 다뤄진 방법으로부터 방향을 돌려 주제 발달에 대한 어떤 원리들을 세우는 데 노력했다. 게이리는 심지어 비교문학은 두 개 혹은 더 많은 문학의 연구를 포함한다는 프랑스 학파의 기본 약속에 도전했다. 그는 국제적 관계들과 영향들의 연구는 주제의 한 가지이고, '만약 인종이나 인류의 심리학에서 문학의 근거나 법칙을 찾는다면 한 개의 문학 연구는 바로 과학적 비교가 될 것이다.'[4]라고 지적했다.

대체 비교문학의 아버지인 허치슨 매콜리 포스넷(Hutcheson Macauley Posnett)은 비민족주의적인 모델을 제시했다. 1886년에 ≪비교문학(Comparative Literature)≫이 나왔고, 15년 뒤인 1901년 '≪비교문학의 과학(The Science of Comparative Literature)≫' 이란 제목으로 발행된 책에서 대답을 제시했고, 영어권 세계의 연구로서 비교문학의 상태를 고려했다. 비교문학을 확립하기 위한 그의 요구는 미국에서는 적용되었을 지라도 영국에서는 주목받지 못했으며, '아마추어적 비평'에도 불구하고 그 분야에 상당한 발전이 있어왔다고 주장했다. 비교문학에 대한 포스넷의 관점은 진화적인 모델에 의존했고, 주제의 기본원리들은 '사회진화, 개인진화, 그리고 인간 개인의 삶과 사회에 대한 환경의 영향'[5]이라고 제안했다. 그에 따르면 '비교'라는 용어는 용법상으로는 함께 쓰이지 않지만, '역사적'이란 말과 동의어이고, 쓰임도 같으며, '개인적으로 그리고 집단적으로 가장 높은 사회적 삶에 도달할 때 인간이 취하는 단계를 되풀이하는 것'[6]에 있다고 하였다.

포스넷의 진화적 모델과 게이리(Gayley)의 이상주의 관점은 비교문학의 유럽관점과 대조적이고, 우리가 오늘날까지 남아있는 차별적 요소를 느끼는 것처럼, 그것은 유럽인들이 비유럽인과 다르게 시도하고 접근하는 것을 돕는다. 프랑스, 독일, 헝가리, 이탈리아에서 비교문학의 발달은 사회 정치적 변화들과 같이 했고, 항상 역사의 중요성과 밀접한 관계가 있었다. 포스넷이 가르친 뉴질랜드와 미국에서는 각각 우선순위가 달랐다. 매우 일반적인 관점에서, 우리는 구세계(Old World)의 비교문학-이곳에서는 근원들, 문화와 언어의 경계들을 넘어 내용들이 어떻게 읽혀지게 되었는지에 대한 기록, 기원의 조사와 민족적 의식의 문화 기초 설립에 강조를 둔다. - 이라 부를 수 있는 것과 꽤 다른 것을 강조하는 신세계 비교문학과 구별할 수 있다. 신세계의 비교학자들은 그들의 작업을 초민족적 관점에서 수행했다. 그들은 시간과 공간을 통틀어, 그리고 학문 분야를 막론하고 인간의 업적을 조사하는 데 관심을 가졌다. 민족문학을 정의하는 방법의 문제에는 거의 무관심했다. 대신, 중요한 것은 포스넷(Posnett)이 '위대한 도덕적 요구'라고 말한, 위대한 예술에 의해 생산된 진실을 연구하는 것이었다.

●●● 역사의 회피

신세계의 비교문학이 역사에 무관하지 않다는 데 몇몇 비평가들의 해석이 대조적인 것에 대해 주목할 만하다. 옛것과 새것의 차이는 역사 개념에 대한 구별에 있다. 진화된 모델은 민족주의적 분쟁들로부터 사회적 자유를 예견하는 것에 잘 일치되지만, 역사와 언제나 무관하다는 것을 의미하지는 않는다. 1890년 하버드 비교문학 교수인 아서 마시(Arhtur Marsh)는 다음과 같이 그의 연구를 정의하고 있다.

> 전체적인 문학 현상을 검증하는 것- 그것들을 비교하고, 묶고, 분류하고, 원인을 분석하고, 결과를 결정하는 것- 이것이 비교문학의 참된 임무이다.[7]

20세기 초반에 신세계의 접근을 구별하는 것은 인간 창조성에 대한 이상주의적 신념과 당파심의 결여였다. 형식주의 방법의 미국 버전에 의하면, 이후 신비평을 통해 대두한 역사적 무관성의 문제는 문학 비평에서의 확고한 위치를 획득하였으며 따라서 역사의 문제란 덜 중요한 것이 되었다. 러시아의 형식주의와 구조주의의 발달에 관한 설명서라 할 수 있는 프레드릭 제임슨(Fredric Jameson)의 ≪감옥 - 언어의 집(*The Prison-House of Language*)≫에서 러시아와 미국 버전사이의 차이의 언급이 일견 가치 있는 것이라고 하더라도, 문학사는 사회적, 정치적 또는 경제적 역사의 곤란한 문제로부터 분리되어 고려될 수 있었다.

> 두 움직임들은 19세기 흐름과 함께 문학적, 철학적 풍조 안에 역사적 동향을 반영한다. 실증주의에 대응하는 반응으로서 종종 묘사되는 이 동향은 그것이 일어나는 민족적 그리고 문화적 상황 구조와 더 젊은 작가들 수준에 대응하는 우수한 이데올로기에 따라 변화한다.[8]

비교문학이 형식주의 모델로 점점 전이하는 변화는 점차적으로 이루어졌다. 제임슨이 제안했듯이, 처음 실증주의에 대한 거부는 신세계 이상주의의 결함처럼 보일 수 있었으나, 1945년 이후에는 그 과정이 가속화되었다. 1945년, 2차 세계대전과 함께, 유럽, 미국, 그리고 공화국은 기존의 모든 가정을 다시 고려하게 되었다. 기술적 진보, 대중매체의 발달, 향상된 의학 치료 그리고 산업화된 사회로 삶의 지표가 전례 없이 향상된 그런 세기임에도 불구하고, 두 전쟁은 백만을 죽였고 이전 시대로부터 풀리지 않는 영토적 분쟁들과 민족주의자에게 굴복하게 했다. 신세계의 비교문학 연구생들 세대는 위대한 국제적 예술의 인간다움에 대한 가정과 함께 위대한 책(Great Books) 모델의 이상주의 초민족적 접근에 찬성했다. 연구의 목적은 다음 텍스트에 있는데, 맥락상의 문제는 미루어두겠다. 르네 웰렉(René Wellek)은 그가 비교문학을 제안했을 때 이것을 요약한 바 있다.

> 비교문학은 언어학, 윤리학, 그리고 정치학 같이 문학의 독립된 연구와 동일하다. 그것은 한 가지 방법으로 제한되거나 실제 역사적 관계들에 한하여 비교될 수 없다. 역사적으로 무관한 언어들과 장르와 같은 현상을 비교하는 것에 가치가 있는 것처럼, 읽기의 증거로부터 알아차릴 수 있는 영향들을 연구하는 것도 가치 있다. 문학 연구의 주된 세 가지-역사, 이론 그리고 비평-들은 서로를 포함한다. 비교문학이 인공적 한계들을 떨쳐버리고 단순히 문학 연구가 된다면 번창할 수 있으며 번창하게 될 것이다.[9]

물론 웰렉은 새것과 옛것의 연합을 제시하고 유럽 형식주의자로서 출발했고, 미국 비교문학의 옛 사람으로서 종지부를 찍었다. 그의 관점은 줄곧 다음과 같다. 역사는 비교문학에서 중심이다. 그러나 그것은 문학사여야 하고 다른 종류여서는 안 된다.

1970년대와 1980년대 북미 비평에 신 역사주의 탄생과 반응을 나타내게 하는 것은 사회 경제적 혹은 정치적 문제들의 신중한 기피였다. 어떤 중요한 문제들을 찾는 것 대신 문화를 초월하여 텍스트를 비교하려는 시도는 오직 줄타기 장인으로 묘사될 수 있는 비교학자를 포함하는 모험이었다. 예이츠(Yeats)나 쇼(Shaw)같은 '능숙한 손재간'의 작가들은 '비문학적인 원리를 위해 뿌리째 뽑혀지기 때문에,[10] '바이스슈타인(Weisstein)은 아일랜드문학이 영국문학으로부터 독립되어서는 안 된다'고 했다. 그는 또한 아프리카 문학은 '특별한 세계관 또는 독특한 지방색의 민족적 문학성을 생산하는 것으로 여겨질지 그렇지 않을지 검사해야 한다고 논의했다.'[11] 여기에는 역사적 전망에 대한 언급이 없다. 마치 모든 작가들이 외부 사실로부터 분리된 진공 상태 안에서 작업하는 것처럼, 문학을 위해 고려되어야 하는 것은 단지 문학 뿐, 침략, 식민지화, 경제적 손실 이 모든 것이 제외되었다.

●●● 탈식민 시대의 접근

완전히 대조적으로, 세계의 다른 지역에서 비교문학 연구는 문학의 정치화를 강조하면서 형식주의 접근을 거부했다. 동서 문학관계를 분석하는 스와판 마줌다르(Swapan Majumdar)는 아프리카와 라틴 아메리카의 문학처럼 인도문학이 '서구문학의 구성요소만큼 강인한 소위 하위-민족문학을 형성 한다'고 주장 한다. '전자의 경우, 단지 문학적 외형이 공통성에 중요하다는 사실 외에, 반면에 후자의 경우에 공동의 기풍이 모든 경우에 명백히 그들을 서로 결합시킨다.'[12] 결론에서 그는 비교란 개인 문화의 경계가 아닌 큰 범위에서 실행되어야 한다고 다음과 같이 제안한다.

> 인도의 지역 문학들이 하위-민족문학들의 지위로 정해져야 하는 반면, 인도문학은 서구의 단일 문학이 아닌, 전체적 서구문학의 개념과 비교되어야 한다.[13]

이런 제안은 서구 비교학자들에게서 나온 것이다. 마줌다르는 서구학자들이 획일적으로 '인도문학' 또는 '아프리카문학'과 같은 용어 사용을 선택하여, 그들이 소위 '하위-문학의 구성요소'라 부르는 다양한 범위를 무시하기 때문에, 인도나 아프리카 학자들은 일반적 분류인 '서구문학' 또는 '유럽문학'과 같은 용어를 선택하여, 서구 전통의 문학 구성요소를 국제적으로 우월한 지위에 놓은 옛 모델에 대해 재검토를 요청하고 있다고 말한다.

그는 또한 서구로부터 도입한 비평이 모든 문학 연구와 아프리카, 아시아, 라틴 아메리카 비평에 의한 지적에 반드시 적용되지는 않는다고 말했다. 하나의 명백한 문제는, 예를 들어 인도나 중국에서 시대 구분의 다른 개념, 연속과 역사의 실제적으로 다른 개념을 포함하는 문학 전통과 원문 생산 사이의 관계에 대한 시대 구분을 들 수 있다. 인도 작가들의 미래는 '계속적인 인도 전통의 특징' 때문에 세대를 초월하여 재교섭이 가능하게 한다. 그래서 문학사 편찬에 있어 서구 모델을 받아들이는 것은 반듯한 상의에 인도 전통을 강요하고, 세계 비유럽인의 예지력에 유럽인의 관점이 부과되는 것을 받아들이는 것이었다. 스리 아우로빈도(Sri Aurobindo)는 서구 비평에 의해 평가 절하되어 온 방식을 논의할 때 하나의 체계를 다른 체계에 부과하는 위험성과 다른 전망을 주목하면서, 인도 독자들이 유럽을 식민지로 만들었다면 위대한 유럽작품들을 어떻게 평가했을 것인가에 관한 가설적인 풍자적 구도를 제시한다.

> 그런 독자들은 난폭하고 반야만적이고 원시적인 서사시로서 일리아드, 잔인하고 미신적인 종교 환상의 악몽 같은 단테의 위대한 작품, 상상력과 함께 상당한 천재의 술취한 미개인으로서 세익스피어, 좋지 않은 윤리와 폭력적 공포의 덩어리 같은 그리스, 스페인, 영국의 드라마, 노골적이고 야한 표현의 수사학 실습의 연속 같은 프랑스 시 그리고 더러워지고 비도덕적인 것 같은 프랑스 소설을 묵살하였다.[14]

유럽과 미국 밖 비교문학이 함축하고 있는 것은 문학적으로 우수한 유럽 모델의 관점에서 안을 들여다보기보다 고국 문화의 관점에서 밖을 바라봐야 한다는 요구이다. 따라서 1981년, 인도 비교문학 협회의 설립은 새 협회의 주된 목적을 다음과 같이 밝히고 있다.

> 새 협회의 주된 목적은 우리 문학의 출발을 현대화할 뿐 아니라 우리 문학의 위대함을 발견하는 일에 유의하는 인도문학의 개념에 도달하는 것이고 시대를 통해 인도문학의 파노라마적 관점을 제시하는 것이다.

인도 비교문학의 기본적인 일은 전통의 중요성에 대한 주장이고 인도 모델에 근거한 문학사의 창조에 있다. 아프리카 비교학자들 사이에는 유사한 관점이 지배적이다. 치디 아무타(Chidi Amuta)는 아프리카 작가들에 대한 유럽인의 영향을 탐구하는 종류의 비교 비평에 대해 비난하며 그 '영향 탐구'를 유럽문화가 '원시적' 아프리카 저술에 문화적 충격을 주었다고 보는[15] 이들 비평가들의 '비결 가방 속 한 가지 책략'인 것으로 묘사한다. 그는 서구 비교학자들에 의해 만들어진 '보편적'이라는 용어를 비판하면서 1975년 치누아 아체베(Chinua Achebe)가 그 용어를 '좁은 의미에서 유럽의 자기 잇속만 챙기는 지역주의와 동의어로'[16] 사용되었다고 선언했음을 인용한다. 이 담론은 '위대한' 작품들의 보편성 잠재능력을 위하여 북아메리카 비교학자들에 의해 제기되어진 주장에서부터 오랜 길이었다. 이런 점에서 비교문학은 정치적 활동이고, 탈식민 시대에 문화와 민족의 동일성을 재건하고 주장하는 과정의 일부이다.

그 과정에 결정적인 것이 언어의 문제이다. 아프리카 미국인에 대해 이름을 부여하거나 부여하지 않는 복잡한 과정을 보는 한 에세이에서 킴벌리 벤스턴(Kimberley Benston)은 다음과 같이 주장한다.

> 아프리카 미국인에게 과거의 단편적 가정의 재형성과 자기 창조는 끝없이 서로 얽혀 있다. 이것을 일러 혈통의 수정주의라 한다. 모든 아프리카 미국인의 문학은 미국에서 흑인 출현의 역사에 의해 부과된 불연속과 단절로 사회를 되돌리려는 시도로 하나의 광대한 혈통의 시처럼 보일지도 모른다.[17]

이름을 다시 붙이는 일과 지역 사회를 재건하는 일은 더 큰 일의 부분이고, 비교문학이 재정의될 때, 우리는 세계 곳곳에서 발생하는 같은 과정을 볼 수 있다. 물론 이 과정에 있어 번역의 역할은 결정적이고, 예를 들어 인도나 중국의 번역가들이 셰익스피어(Shakespeare)와 같은 중요한 유럽 작가들을 번역하는 의식적 결정에 있어서, 원천 텍스트에 관하여 목표 언어의 자격에 대한 일련의 가정을 가져온다. 매콜리(Macaulay)라는 19세기 학자에 의해 영어의 모든 것의 전형이자 언어의 최고 거장이라 묘사되었던 셰익스피어는, 벵골어(Bengali), 말레이어(Malay) 또는 만다린어(Madarin: 청나라까지의 표준 중국어 〔옮긴이 주〕)에 나타나면서 이름이 재부여 되었고 결론적으로 다시 읽혀졌다. 세계 비교문학에서 번역의 역할은 아래 7장에서 더 자세히 논의될 것이며, 문화 간 번역의 문제에 관한 비평적 토론이 1970년대와 1980년대의 탈식민 이론을 따라 발달해온 것은 의미가 있다.

●●● 1990년대 비교 학파

19세기에, 비교문학에서 나온 구별 원리는 실증주의의 강조와 내용들을 비교하는 것에 대한 기준을 좁히고자 하는 시도의 프랑스 학파와 시대정신(zeitgeist), 인종과 민족적 근원을 강조한 둔 독일 학파 사이에 있다. 독일 모델은 섬뜩한 결론을 가진 나치에 의해 지배당했다. 보수파 학자들은 아리안 인종이 다른 인종보다 우수하다고 보는 대량학살정책의 문학적, 역사적 정당화를 나타내고자 했다. 기원과 구비 민족문화의 중요성에 대해 고려하는 19세기의 이런 단순화에 맞서는 반응은 로마 비교문학의 억제를 초래했고, 최근에 다시 부흥되기 시작했다. 전후 시기 동안 프랑스 학파는 문학의 보편적 가치에 강조를 둔 미국 학파에 도전받기까지 비교 연구를 지배해왔다. 1960년 초까지 실증주의 모델과 형식주의 모델이 있었다. 1970년대에서야 두 모델이 도전을 받았고, 대체 모델이 유럽-아메리카 전통으로부터 나왔다.

요즘 세계의 여러 지역에서 유럽인과 유럽인의 영향을 받은 문학부에 전통적으로 적용되는 것으로부터 다른 분류를 전제 조건으로 하는 서구문학 학과가 대학에 개설되어 있다. 예를 들어 이분법적 비교문학은, 프랑스와 이탈리아 문학이 모든 종류 면- 언어학적, 지리학적, 역사적, 미학적-에서 다르다고 본다. 그러나 그런 문학들이 유럽문학 또는 서구문학에 포함되면 차이점 보다는 유사성에 초점을 둔다. 예를 들어 일본과 케냐의 학생들의 관점에서 볼 때 이목을 끄는 것은 프랑스와 이탈리아 문학 전통 사이의 공통된 기반이다. '밀접한 관계에 있는 인종들이 서로 냉대한다.' 라고 지적한 프로이트(Freud)의 독특한 적대감에 의하면 남부독일은 북부독일을 견디지 못하고 영국인은 스코틀랜드를, 스페인 사람은 포르투갈 사람들을 경멸한다.'[18] 유럽 밖의 관점으로부터 볼 때, 그 한계들은 변한다. 비교 연구의 비유럽의 모델은 서구 비교문학의 모델과 다른 사항을 갖는다. 우리가 비교문학의 탈유럽 모델을 갖고 있다고 인식할 때, 사람은 문화 동일성, 문학의 정전, 문화의 영향에 대한 정치적 암시, 시대 구분 그리고 문학사의 문제를 다시 생각하고 미국 학파와 형식주의 접근의 사적 확실성을 확고히 거부한다.

도입부에서, 어떻게 비교문학이 서구에서 주제로서 정의되고 심지어 그 밖의 세계의 여러 곳에 확장되고 발달하는지 보여 주었다. 비교문학에 있어 많은 작품의 만족과 시대에 뒤진 방법에 맞서는 반응으로 미국과 서구에서 문학 이론은 문학 연구의 중요한 부분이 되었다. 그러나 유럽-아메리카 전통 밖에서 그러한 시대에 뒤진 방법이 자리를 차지할 수 없었고 대신 우리가 찾는 것은 19세기 초기에 유럽의 최초 출현의 주제에 비교될 수 있는 역동적인 비교문학이다. 민족문화와 정체성의 문제에서 분리된다면, 비교문학은 길을 잃는다. 정체성의 주장이 중심 주제가 되는 문맥에서, 문학과 문학사의 비교는 문학 출발점을 강화하는 중요한 방법이 되었다. 전 공산주의 동구 유럽의 근본적인 변화의 규모는 유럽 밖의 탈식민 국가들에 의해 추구해온 비교 연구가 새로운 발전을 이끌 것인지 여부를 지켜 보게 한다.

●●● 고전적 교육의 종말과 영어의 부흥

프랑스 학파가 비교 과정에서 언어의 기준의 중요성을 강조하고 미국 학파가 세계 문학의 '위대한' 작품들의 목록에 텍스트들을 더

해가는 동안, 영국에서 비교문학은 두 학파 사이의 중간 위치를 차지했다.

비교 연구에 대한 움직임이 나타난 곳은 현대 언어 학과였고 그 경향은 프랑스 학파를 향했으며 영어과에서 나타난 경향은 미국 학파를 향했다. 그러나 위대한 책(Great Books)들의 전통은 영국 대학 구조에 받아들여지지 않았고, 독일 마르크스 비평의 계속된 영향이 얼마간 프랑스 실증주의에 대한 충격을 약화시켰다. 아마도 영국 비교문학의 공헌은 문화를 넘어서 새로운 읽기를 창조하기 위한 텍스트의 병치, '배열(placing)'의 개념이다. 시그버트 프로어(Siegbert Prawer)는 배열을 다음과 같이 정의한다.

> 몇몇 텍스트 또는 텍스트 시리즈들의 상호 설명, 많은(빈번하게 대단히 다른) 작품들, 작가들, 그리고 문학 전통들의 병치로부터 얻은 많은 이해이다.[19]

이와 유사한 맥락에서 헨리 기퍼드(Henry Gifford)는 가장 유용한 비교에 대해 다음과 같이 말한다.

> 가장 유용한 비교는 작가들 스스로 자신과 다른 사람 사이에 존재하는, 친화력을 지각하는 '인식의 충격' 이 일어나는 것을 받아들이거나, 그들의 독자들을 그렇게 만들도록 도전하게 하는 것이다. 헨리 제임스(Henry James)는 투르게네프(Turgenev)에 대해, 파운드(Pound)는 프로페르티우스(Propertius)에 대해, 푸시킨(Pushkin)은 바이런(Byron)에 대해 이와 같이 느꼈다.[20]

다시 말해, 텍스트들은 광대한 상호 텍스트 간 직조물의 부분이고, 어느 곳이나 연결이 있다는 생각을 가진 매슈 아널드(Matthew Arnold)로부터 유래된 비교문학의 종류를 볼 수 있다.

그러나 비교문학에 대한 매슈 아널드의 문맥과 1970년대에 쓴 기퍼드(Gifford)와 프로어(Prawer)의 문맥사이에는 당연히 큰 차이가 있다. 19세기 동안, 서구의 지식인의 교육 체계를 통한 과정은 고전적 언어를 연구하는 것, 그리고 다른 유럽 언어들과 친숙한 작품 지식을 얻는 것을 의미했다. 결론적으로, 독자들이 다른 언어들로 텍스트에 접근해 온 이후로 문학 연구는 정의에 의해 비교되어 왔다고 말해질 수 있다. 19세기에 주제로서 비교문학의 성장은 유럽과 영어권에서 단일 언어주의의 전이와 비슷하다.

이 과정에서 두 개의 요소가 있는 것 같다. 먼저 민족주의의 운동은 민족적 언어들의 상징적 중요성에 강조를 두고, 민족적 언어와 문학에 있어 최고를 세우기 위해 움직이는 많은 국가들이 있었다. 반면에, 서구 세계를 통해, 교육계는 학문과 주제 사이를 분명하게 구별하기 위해 움직이고 있었고, 간단히 말해 특히 선정된 주제들에 대해 전문화를 지향하고 있었다. 이런 움직임은 당연했고 산업화의 팽창에 받아들여졌으며, 교육의 새로운 개념에 대한 요구는 보편적 지식의 원리에 따라 그들을 '가르치는' 것보다, 오히려 장래의 고용을 위해 사람을 '훈련시키고자 하는' 것이었다. 박식한 사람은 전문가에게 길을 터주기 시작했다. 언어학자는 종종 하나 또는 두 개 안에서 좁은 범위에서 점차로 전문화되었다.

물론, 20세기까지 고전 연구는 계속되었으나, 민족문학의 연구가 실행 가능한 대안으로서 시작되었다. 영어권에서 그 과정은 오랜 시간이 걸렸으나(영어는 실제로 1930년대 되어서야 중요한 대학 과목이 되었다.) 그리스어와 라틴어가 쇠퇴한 것처럼, 현대 언어들은 맨 앞으로 일어나고 전문가 부분도 증가했다. 브라우닝(Browning)과 푸시킨(Pushkin)은 두 번 생각할 필요 없이 다양한 언어로 쓰인 작품들을 읽어온 반면, 한 세기 후 몇 개의 언어로 쓰인 작품을 읽는 능력이 예외적인 지능과 교육의 징후로 고려되었다. 한때 그리스어와 라틴어 지식은 교육받은 유럽인의 기본이었고, 1920년대에 이르러 그 양식은 급격하게 변했으며, 1990년대에 그리스어와 라틴어의 지식은 소전문가 집단에 제한되었다. 그리고 아프리카와 중동에서 사용된 프랑스어는 시장과 새로운 세계의 상업 언어인 영어에 뒤로 밀려났다. 이런 고전적 언어의 쇠퇴와 연결된 영어의 확산은 또한 비교문학 연구에 영향을 주어 왔다.

특히 영어권에서, 문학을 비교하는 것의 필수로서 언어의 차이를 주장하는 것은 더 이상 적절하지 않다. 왜냐하면, 점점 더 독자들은 번역에 고전적 언어들에 그리고 더 많은 현대 언어들에 접근해 가고 있기 때문이다. 독립된 단위로 독어, 영어, 프랑스어 학과의 설립은 비교문학이 반드시 지적인 것은 물론, 교차하는 행정적 가교도 포함한다는 것을 의미한다. 언어 능력을 주장한 프랑스어는 주어진 연구 범위 안에서 작업하는 전문 학자들에 의해 종종 취해졌고, 그들 주제면의 위상을 계속해서 강화하는 방법으로서 사용되었다. 그 예로, 1960년대 비교문학에 대한 많은 프로그램들이 언어 주제면 사이에 쉽게 거론되었다. 프랑스어, 스페인어, 그리고 이탈리아어, 독어 그리고 러시아어, 영어, 이것은 이분법적 구별을 지속시키고, 반면 또한 공정하게 똑바로 나아가는 행정 구조를 강화하며, 두 학과의 협력을 포함한다.

대조적으로, 유럽-아메리카 대학 구성에서 눈에 덜 띄는 언어는 비교의 틀로서 서술될 수 있는 것으로 알려져 왔다. 아프리카 연구,

동양 연구, 카리브 연구, 라틴 아메리카 연구, 아랍 연구, 슬라브 연구, 중앙아시아 연구, 스칸디나비아 연구와 다른 것의 학파 또는 학과의 설립은 최대 최소 문화의 계급 개념을 간직하게 됨에 따라 비판을 받을지도 모른다.(사람들은 '주로' 서구 언어들과 문화사의 수십 명의 전문가와 한두 명의 아라비아어 연구가 또는 중국학자가 있는 유럽 제도를 생각한다.) 그러나 그럼에도 불구하고, 하나의 주제 경계들과 같이, 학과 경계들이 적절하지 않기 때문에, 그런 구조는 비교 작업에 대한 다른 종류의 가능성을 제공한다. 문학자 뿐 아니라 역사학자, 언어학자, 경제학자, 사회학자 그리고 인류학자가 있는 한, 수행되는 연구의 범위는 더 넓어진다. 다시 말해, 한 표제 아래 아프리카 대륙을 아우르는 집단 체계는 개인적 서구 문화를 우선시하는 계급 관념에서 나왔을 지라도, 어떤 '타자(Other)'로서 함께 한 그밖 모든 것을 점점 더 참았으며, 한 개의 주제 구조와 대조되었을 때 덜 부정적일 수 있다. 중요하게도, 지난 20년 동안 문학 연구에 있어서 역사적 무관성과 이분법적 연구로부터 멀어진 움직임의 확실한 증거, 그러한 비교 프로그램들의 상황과 연구생 숫자는 점차적으로 증가하게 되었다.

영어의 확산과 고전 언어의 쇠퇴는 또한 비교 과정들이 번역에서 텍스트를 연구한다는 의미이고, 그런 것은 다른 방법론의 문제로 안내한다. 다양한 다른 언어들로 쓰여 진 텍스트들이 번역으로 읽혀진다면, 이것의 한 결과는 환원될 수 있다. 그들은 같은 문학 체계의 부분으로 나타내질 수 있기 때문이다. 예를 들어 19세기 성인 소설 연구는, 플로베르(Flaubert)의 ≪보바리 부인(*Madame Bovary*)≫, 톨스토이(Tolstoy)의 ≪안나 카레리나(*Anna Karenina*)≫, 폰타네(Fontane)의 ≪에피 브리스트(*Effie Briest*)≫와 조지 메레디스

(George Meredith)의 ≪교차로의 다이아나(*Diana of the Crossways*)≫의 텍스트들이 번역되어서 읽어지든지 아니면 원어로 읽어지든지에 따라 다르게 구성된다. 모든 텍스트들이 번역된다면, 문체상으로는 반드시 도중에 실패하게 되는 반면, 주제의 비교(구성과 인물연구에 관한 주제)면들은 가장 중요하게 된다. 이것은 번역의 질과 관계가 없다. 독자의 읽는 방법과 관련이 크고, 번역된 텍스트들이 그들 자신의 문학 체계의 친숙한 양식에 흡수되는 것과 관련이 크다. 우리가 그것을 좋아하든 좋아하지 않든, 언어에 '속함' 으로서 보일 수 있게 된다. 그러므로 입센(Ibsen), 스트린드베리(Strindberg)와 체호프(Chekov)는 거의 '영어' 극작가였다. 왜냐하면 그들의 연극은 자주 공연되고 읽혀지고, 종종 영국과 미국의 현대 드라마 과정으로 가르쳐졌기 때문이다.

비교적 최근까지 의미롭게도, 비교문학에 있어서 번역에 의존함에도 불구하고 한 언어에서 다른 언어로 번역될 때 텍스트에서 일어나는 것을 검토하는 체계적인 작업은 거의 없다. 비교문학의 쇠퇴와 더불어 번역연구의 부흥은 많은 요소들과 연결되어 있고, 7장에서 자세히 다뤄질 것이지만 이들 사이의 원리는 문화 차이를 우선시하는 그것을 피하지 않는 문학의 개념으로 되돌아가자는 것이다.

●●● 비교문학과 문화 연구

1980년에 발생한 번역연구에 있어서 '문화적 전환'은 '문화 연구'의 확장된 분야의 발달과 관계가 있다. 문학 연구들을 정의하고자 하는 시도들은 함정들과 분쟁들로 가득 찼고, '비교문학' 용어가 19세기 학자들에게 유사한 문제였던 것처럼, 번역연구 용어도 마찬가지이다. 즉 그것이 도움이 되기보다는 더 혼란스럽다. 그러나 1990년대 문화 연구와 비교문학 사이에 많은 유사점이 있다. 둘 다 전환의 과정에서 문화, 언어, 민족, 역사, 그리고 정체성의 개념을 빠르게 변화하는 세계 속에서 잘 대처하는 학자들에 의한 학제적 연구의 시도이다. 19세기 비교학자들은 뿌리와 기원의 문제, 전통을 결정하는 것, 그리고 문학의 기준을 세우는 것, 민족적 양심을 주장하고 그 밖의 신생 민족국가와 상호작용하는 것을 다루었다. 학자들은 여전히 최고라고 하는 고전 문학 위에 모국 문학의 위대성을 두었다.

20세기 문화 연구 학자들은 현존 학문의 평론을 본질적으로 하는 주제 문제와 싸우고 있다. 이와 관련해 리처드 존슨(Richard Johnson)은 다음과 같이 말한다.

> 엄격히 '문학'과 '사회학'의 접근들은 발달하고 있고, 이론적 파열 효과와 밀접하게 관련되어 있다. 하나의 학문 또는 문제가 대체로 문화 연구를 하게 할 수 있는지 그것은 중요하지 않지만 내 의견은 다르다. 문화 과정들은 그들이 세운 지식의 윤곽에 일치하지 않는다. 문화 연구는 학제간 또는 한 학문에서의 경향에서 일어난다. … 우리는 특별한 종류의 규정 활동이 필요하다 … 문화 연구의 학문적 체계화의 의미에서 규정이 아닌 '더 깊은 변화로의 지시'이다.[21]

존슨(Johnson)은 문화 연구에 세 가지의 주된 형태가 있다고 논의 한다. 문화 생성과정의 연구에서, 텍스트에 근거를 둔 접근들은 그들이 생산한 문화에 중점을 두고 살아있는 문화를 연구한다. 그러한 것은 '표현의 정책과 밀접하게 관련되어 있다'. 그는 또한 페미니스트 이론을 이해하고 문학과 문화사에 대해, 범주에 대해, 자신과 타인의 활동 모델 사이의 관계에 대해 가정해 왔다. 그가 제안하기를, 문화 과정의 연구는 기본적으로 중요하나 분명한 한정과 범주를 무시하고 다른 방법론을 끌어냈다. 비교문학 연구의 가장 초기 표현에 대해 많은 것이 같다고 말해지거나 분명한 한정이 무시될 수 있었다. 불행하게도, 계속되는 세대들은 시도해보려 하고 분명한 한정들을 세워보려고 했으나, 최근까지 비교문학사는 시작부터 실패할 운명에 있는 비실제적인 노력의 역사였다.

오늘날, 어떤 의미에서 비교문학은 죽었다. 이분법적 구별의 편협, 역사적으로 무관한 접근의 무력함, 보편적이고 문명화된 영향력으로서 문학의 자기만족의 근시안적 접근은 모두가 그것의 종말에 공헌해 왔다. 그러나 그것은 다음과 같은 다른 모습 아래 살아났다. 현재에 세계의 많은 부분에서 수행되고 있는 서구 문화 모델의 기본적인 재평가 면에서, 성 연구들 또는 문화 연구에 의해 공급된 새로운 방법론상의 면을 통한 학문 경계상의 초월 면에서, 번역연구에서 발생하고 있는 문화 간의 전이 과정의 검토 면에서 살아났다. 이 책의 나머지 장에서는 비교문학 연구의 몇몇 대체 형태에 대해 생각해 보고, 오늘날 세계에서 비교 활동이 어떻게 부흥되고 정치화 되는지를 보여준다.

제3장

영국제도의 문학 비교

●●● 일화적 서문

몇 년 전, 내가 브라티슬라바(Bratislava)의 슬로바크(Slovak) 학회에 방문했을 때, 나는 슬로바크(Slovak)의 유명한 비교학자인 디오니즈 두리신(Dionyz Durisin)으로부터 영국 비교문학을 연구하는 영국인 동료의 명단을 달라는 요청을 받았다. 영국 비교문학 협회의 창립 멤버와 그 때의 회원 명단을 가지고 있던 나는 누군가가 무엇인가를 연구해야 한다는 느낌을 받았다. 그래서 나는 프랑스어, 독일어, 영어 분과의 동료들 명단과 특별히 지정된 비교문학 프로그램 몇 개를 그에게 충분히 제공했다. 그는 이것에 당혹스러워 하며 영국 비교문학을 관장하는 동료들의 명단을 달라고 다시 부탁했다. 나는 그에게 대표적인 단면의 명단을 주었음을 납득시켰다. 그는 모든 학자들이 프랑스인, 독일인, 잉글랜드인이라고 정중

하게 지적했다. 나는 그들이 가장 유명한 비교문학자들이라고 되풀이했다. 우리는 서로 곤혹스럽게 커피만 바라보았다.

나는 그가 나에게 무엇을 요청했는지 몇 분이 흐른 후에야 이해하기 시작하였다. 그는 단순히 영국의 비교학자들에게 있어 적당한 일이 될 거라고 생각되는 영국제도의 문학을 누가 비교하는지 알기를 원했다. 내가 조사나 훈련에 대한 어떤 프로그램도 없고, 영국 비교문학 학회는 결코 이 물음을 심사숙고한 적도 없다고 말하자, 내 주장은 불신되었다. 왜 안 되는지 모든 사람들이 알고 싶어 했다. 난 대답할 수 없었다.

뒤이은 방문으로 나는 왜 그 대답을 얻는 것이 불가능한지, 또한 왜 슬로바크(Slovak) 동료들에 의한 제안에 발전이 없는지 스스로 묻기 시작했다. 다음 해 나는 비교문학 이론의 전문가 프로그램을 도입했다. 그것은 전 과정에 익숙하도록 하는 영국 비교문학의 문제들에 대한 세미나였다. 그리고 그렇게 함으로써 비교문학의 모든 문제점들의 사례 연구로 영국제도의 예를 사용하게 되었다. 낡은 이분법적 연구 접근 문제나 형식주의적 접근은 결코 씨름할 희망이나 홀로 해결할 수 없었다.

용어 문제

먼저 가장 시급한 문제는 용어이다. 정치적인 실체로서의 영국(Britain)과 지리적인 실체로서의 영국제도(British Isles) 사이에는 많은 차이점들이 존재한다. 제3의 용어인 영국연합왕국(The United Kingdom)은 잉글랜드(England), 스코틀랜드(Scotland), 웨일스(Wales), 북 아일랜드(Northern Ireland)로 구성되어 있다. 유인도와 해협제도는 법적으로는 영국연합왕국의 부분이 아니지만, 영국 국왕의 소유이긴 하다. 아일랜드 또는 에이레 공화국은 독립국가지만, 지리적으로 영국제도의 부분으로서 정의될 수 있다. 용어를 통한 분류 방법들은 극히 복잡해서 심각할 정도로 불쾌한 실수를 저지를 수 있다. 예를 들어, 만약에 우리가 영국의 비교문학을 얘기하려고 한다면, 아일랜드의 작품은 영국의 표제 밑으로 포함되어 버리기 때문에, 아일랜드 작가들을 포함하는 것이 적용 강령이 되어 버린다. 이것은 지금 그것을 실천하는 학자들의 세대를 멈추게 하는 것이 아니다.(예를 들어 얼마나 많은 잉글랜드문학의 요강들이 예이츠(Yeats)와 조이스(Joyce)의 특색을 띄고 있는가?) 바이스슈타인(Weisstein)은 '잘못 안내된 방법론적인 순수주의'로서 잉글랜드와 아일랜드의 문학 사이를 구별하기 위해 어떤 시도들을 심사숙고하고 있다. 셰이머스 히니(Seamus Heaney)는 매우 다른 관점을 가지고 있다. 블레이크 모리슨(Blake Morrison)과 앤드루 모션(Andrew Motion)이 1982년에 편집한 ≪현대 영시 펭귄 북(Penguin Book of Contemporary British Poetry)≫에 수록된 자신의 것에 항의하여 쓴 '공개 질의서'(Open Letter 〔1983〕)라는 유명한 글에서 그는 명확하게 주장하고 있다.

나는 영향을 끼치기 싫다
각광으로 나를 이끄는 후예들
펭귄 북에서, 나는 후회한다.
거북함,
그러나 영국인, 아니, 그 이름은 옳지 않다.[1]

만약에 국가로 적용될 수 있는 용어로서의 영국(Britain)이 그것을 용인할 수 없는 영국 국왕의 지배를 받지 않는다는 사실상의 가정이 없다면 그 이름은 옳지 않다. 이것은 잘못 안내된 방법론적인 순수주의가 아니라, 근본적인 원칙의 문제이다. 그러면 비교의 목적을 위해서 어려움을 벗어나는 방법으로 영국(British)라는 용어를 버리고 대신 영국제도(British Isles) 문학 비교 연구로 할 것을 제안한다.

●●● 중심어, 방언 그리고 정체성

글랜빌 프라이스(Glanville Price)는 자신의 책 ≪영국의 언어(*The Languages of Britain*)≫에서 영국이라는 용어의 함축성을[2] 인식시키기 위해, 아일랜드 공화국의 아일랜드어를 명확하게 제외시키고 있다. 그의 연구는 역사적인 것으로, 우리는 그의 분류를 빌려올 수 있고, 20세기에 그것을 적용시킬 수도 있다. 그런데 영국제도의 언어지도의 경우, 프랑스 해협제도와 이민사회에서 일상적으로 사용되는 수많은 언어들과 함께, 대체로 켈트어(맹크스어와 콘월어에서 텍스트의 본문과 살아있는 언어로서 어스어, 북아일랜드어, 스코틀랜드의 게일어, 그리고 웨일스어와 게르만어로 이루어져 있다. 비교학자들을 위한 문제는 켈트어와 게르만어가 걸맞지 않게 구별된다는 인식이다. 영어가 지배한다는 것과 켈트어의 주변화는 단지 제자리에서 배워야 하는 경향이 있다는 것을 의미한다. 잉글랜드의 학교들은 불어나 독어를 가르치기도 한다. 그들은 민족집단에 속한 것으로 보이는 영국제도의 켈트어는 가르치지 않는다. 이것이 의미하는 바는 어떤 학자가 켈트어 비교 연구의 형태를 실행하는 것이지만, 단지 켈트어 연구나 아일랜드어 연구, 스코틀랜드어 연구의 틀 안에서 이루어진다는 것이다.

스코틀랜드어 문제는 20세기에 들어, 스코틀랜드어나 그 지방 사투리, 게르만어와 영어의 변종의 성장으로 더 복잡해지고 있다. 스코틀랜드어를 단순한 영어의 방언이 아닌[3] 하나의 중심어로 여기기로 결정하기까지 글랜빌 프라이스(Glanville Price)는 마음을 네 번이나 바꾸었다고 말한다. 그도 다른 사람들이 했던 것처럼, 만약에 중심어와 방언 사이에 따로 언어적인 특징들이 있다면 덴마크어, 스웨덴어, 노르웨이어는 거의 분리된 언어들로 분류되지 않게 된다고 지적한다. 이 언어들이 중심어로 분류되는 것은 정치력과, 이 스칸디나비아의 변이어들 각자가 다른 국가의 언어라는 사실과 밀접한 관계가 있다. 이러한 사실에 비추어보면 스코틀랜드어 문제는 비록 스코틀랜드어가 14세기로 거슬러 올라가 문학적으로 풍성한 결실을 거두었다 할지라도 결국은 스코틀랜드가 영국연합왕국의 일부분이 되었기 때문에 미묘한 문제가 되었다.

만약에 우리가 이분법적 연구의 전통을 따르는 사람들이 확립한 비교 범주를 적용한다면, 즉 비교가 언어적 경계를 가로질러 발생해야 한다면, 우리는 영국제도의 문학이라는 우스운 위치에서 우리 스스로를 발견하게 될 것이다. 이러한 한계점을 따른다는 것은 켈트어와 영어를 병용하는 학자들만이 비교 연구를 떠맡을 수 있다는 것을 의미하게 되며, 또한 스코틀랜드어, 영어-웨일스어, 영어-아일랜드어가 중심어와 방언으로서의 위치 사이의 경계가 모호하기 때문에 포함될 수 있음을 의미하게 된다. 그 결과는 영어의 주도권과 함께 더 나아가 웨일스, 스코틀랜드, 북아일랜드의 문학 작품의 주변화라는 사실의 확인이 된다.

방언 문제는 또한 잉글랜드 영어에도 적용된다. 헨리 와일드

(Henry Wyld)는 20세기 초, 계급 방언으로서의 표준 영어(Standard English)를 정의하고, 이러한 영어의 형태는 지방의 근원을 고려하지 않는 식자층에게서 흔하다고 논쟁한다.

> 만약에 우리가 실제로 스코틀랜드[텍스트 그대로] 말씨, 리버풀 말씨, 런던 말씨, 글로스터셔 말씨를 가지고 있는 한 남자를 말한다면, 그 사람은 완벽하게 순수하게 '훌륭한 영어'를 말하는 게 아니다.[4]

몇 년 후, 조지 샘프슨(George Sampson)은 자신의 ≪잉글랜드를 위한 영어(*English for the English*)≫에서 표준 영어의 정의 문제를 되돌리고 다음처럼 선언했다.

> 우리는 무엇이 표준 영어가 아닌지 알고, 그것이 충분히 실질적인 안내라는 것도 안다. 만약 어떤 사람이 표준 영어의 정의된 일례를 원한다면 우리는 그에게 웨일스 왕자 같은 단순하면서 꾸밈없는 젊은 잉글랜드인에 의해 말하여지는 영어 류가 바로 그것이라고 말할 수 있다.[5]

그러면 표준 영어는 지방 말씨와 미래의 잉글랜드 왕을 화자의 모델로 하는 흠 없는 계급 방언인 것이다. 웨일스, 스코틀랜드, 아일랜드 주민들에 의해 구사되는 영어에 대항하여 강한 느낌을 지적한다는 것은 거의 놀랍지 않다. 웨일스 민족주의당 창립자의 일원인 작가 손더스 루이스(Saunders Lewis)는 다음과 같이 불평했다.

> 우리는 중심어도, 방언도 가지고 있지 않다. 우리는 무례한 짓을 모른다. 그리고 우리의 역사에 주어진 주인은 우리가 의회에 보낸 의

원들이다.[6]

반면 스코틀랜드 부흥의 위대한 시인, 휴 맥더미드(Hugh MacDiarmid)는 선언했다.

> 나는 잉글랜드의 가난한 자들을 더 가난하게 하는 방법과 마침내 내 생각에 맞는 영어와 스코틀랜드어의 종류를 풍부하게 하는 방법의 예속된 힘에 여전히 의지한다.[7]

이 작가들이 하려는 것은, 아일랜드 작가와 ≪민족국가(*The Nation*≫)의 창립자인 토머스 데이비스(Thomas Davis 〔1814-45〕)가, 언어와 민족적 정체성이라는 에세이를 썼던, 한 세기를 뛰어넘어 표현된 정서를 운문으로 반영하려는 것이다. 그는 '켈트 혈연의 사분의 삼인 우리에게 튜턴 방언의 잡다함을 말하는 것은 얼마나 부자연스럽고, 부정직한 일인가... 우리가 노르만-영국인(Norman-Sassunagh)과 무슨 상관이란 말인가?'[8]라고 적었다. 그렇게 많은 아일랜드, 웨일스, 스코틀랜드의 작가들처럼 데이비스(Davis)도 언어와 민족의식, 정체성 사이의 본질적인 연결을 너무 잘 자각했다. 켈트어의 억압, 켈트어 사용자의 형벌, 수세기 동안 계속된 이름과 세례명의 영국화 과정은 이전 소련의 정책에 따라 러시아어 사용을 강요당한 발트해나 중앙아시아의 민족 집단에 의해 오늘날 느껴지는 것만큼이나 강한 신랄함의 유산으로 남아 있다. 또 정치화된 작가, 존 윌리엄스(John Williams)는 매우 논쟁적인 입장을 유지한 채 형용사 '영국 영어(British)'를 사용하고 있지만, 오히려 근접하게 최근 상황을 종합한다.

영국 시인의 주류 안에서 정치적 자각의 가장 저항적인 지적을 제공했던 많은 스코틀랜드, 아일랜드, 웨일스 시인들이 감소하고 있다. 잉글랜드는 경제, 사회적 문제를 떠안고 있는 것으로 보이는 영국인들의 나머지에 의해 탈선적으로 보인다. 스코틀랜드, 웨일스, 아일랜드는 문화적, 언어적인 견지에서 양자택일이 존재하게 되며, 때때로 유럽과 미국 사이의 관점에서 더 자연스럽게 보이기도 한다.[9]

펭귄(Penguin) 선집의 편집자 셰이머스 히니(Seamus Heaney)는 '중요한 장소에서 사는' 몇몇 작가들, 주변과 잉글랜드 중심에 저항하는 느낌을 묘사하는 진기한 방법과 수세기를 거쳐 종종 문학 텍스트 안에서 똑똑히 발음되는 영어에 대하여 '영국 영어(British)'라는 단어를 총괄적으로 사용하는 것에 반대했다. 블레이크 모리슨(Blake Morrison)과 앤드루 모션(Andrew Motion)의 그러한 영어적인 관점에 반대 의견을 보여준 것도 바로 히니이다. 그의 견해는 다음의 글을 썼을 때 드러난다.

연합잉글랜드, 스코틀랜드, 웨일스라는
세 갈래로 나누어진, 카이사르의 영국
옛날이야기 속의 브리타니아는
하나의 땅이다.
히베르니아는 게일족들이
마지막 거점으로 삼은 장소이다.

그리고 오래전에 그저
역사적 교훈의 최후가 새겨졌다.
제국이 커튼을 내리면서 알렸듯이
이 '영국 영어(British)'라는 단어도

아서왕의 칼처럼
토착민과 이주민들 속에 깊게 박힌다.[10]

히니(Heaney)의 '공개 질의서(Open Letter)'는 현재 이해되고 있는 역사의 중요성에 우리의 주의를 끈다. 그리고 이것은 영국제도를 관통하는 작가들 사이에서 가장 중요한 차이점 중의 하나이다. '팔백 년의 재난(eight hundred years disaster)'[11]에 관계된 북아일랜드 시인인 존 휴잇(John Hewitt)의 시, ≪코번트리의 아일랜드인(An Irishman in Coventry)≫은 아일랜드에 대한 잉글랜드 지배의 역사를 의미하고 있다. 아일랜드, 스코틀랜드, 웨일스 문학에 나타나는 역사의 지속, 민족의 정체성을 위해 진행 중인 투쟁담으로서, 특별한 방법으로 이해되는 역사의 영어 버전에 대조되어 표시된다. 그것은 영어와 영문학의 세계적 지배에 대한 점진적 증가를 대신해서 찾은 것이다.

●●● 역사의 의미

영국제도(British Isles)의 문학을 비교하려는 어떤 시도는 역사적인 차원에서 이루어져야 한다. 영국제도의 언어와 문화의 상이점들은 문맥 안에서 다루어질 필요가 있는데, 그것들이 언어적, 지리적, 정치적으로 쓰이는 현재의 시간으로 빼낼 수 있는 경계로 다루기에는 충분하지 않다.

현재 정치적 분열은 1922년 아일랜드 자유국의 수립에서 시작하여 1937년 아일랜드 공화국이 되었다. 스코틀랜드는 아이가 없는 잉글랜드 여왕인 엘리자베스 1세 이후, 1603년에 왕인 제임스 스튜어트(James Stuart)의 즉위를 통해 잉글랜드에 통합되었다. 1745년 하노버 왕가(Hanoverians)가 두 번째 제임스 Ⅱ세파의 봉기(Jocobite Rising)를 무너뜨릴 때 스튜어트의 왕정 복고의 희망은 끝나버렸다. 웨일스는 13세기에 편입되고 여러 세기 동안의 게릴라전에도 불구하고 튜더왕조(Tudors)의 계승은 웨일스의 통합을 시사하였지만 결국 1536년에 영국연합왕국이 되었다.

그러나 정치적 지도는 언어적 지도와 다양하게 다른 문학 전통의 형태에 일치하지 않았다. 19세기, 민족주의자들의 운동이 유럽 전역에서 일반적인 켈트어에 대한 관심의 제창과 함께 영국 영어(British))의 문맥에도 역시 영향을 주었다. 최후의 토착 콘월(Cornwall) 언어를 사용하는 사람들은 18세기에 죽었지만, 19세기 말에 문학의 언어로써 제창되었고, 콘월어가 기술적으로도 잉글랜드 지역에도 속하지 않고 그 어떤 자주성도 가지고 있지 않았지만, 작업은 오늘날 이 죽은 켈트어가 재건될 때까지 계속되었다. 반면에 맨(Man) 섬은 관리상 영국연합왕국에 흡수되지 않았고 많은 면에서 하원의회에서 대표성을 갖지 못한 채로 자치권을 가졌다. 그곳의 언어인 맹크스어는 1950,1960년대에 구어로서 소멸되어 버렸고, 그것은 서면 텍스트의 한 본문으로 원어민들의 잔존 테이프로 아직 존재한다는 것을 의미한다.

콘월어와 맹크스어는 둘 다 켈트어이지만 사실상 사라졌다. 반대로 아일랜드어, 웨일스어, 스코틀랜드의 게일어는 매체 언어를 통한 민족의 정체성의 재주장과 관계가 있기 때문에 활기찬 소생이 일어나고 있다. 그래서 동시대의 스코틀랜드 시인, 20세기 스코틀랜드 게일어의 위대한 시인 솔리 맥클레인(Sorley Maclean)에게 선집에 대한 기고가 요청되었을 때, 그는 시 ≪아일랜드 국립박물

관(The National Museum of Ireland 〔1970〕)≫을 선택했다.

> 역사 속에 많은 것들이 있기 때문에 스코틀랜드와 아일랜드의 비극의 역사는 같다. 만일 그가 게일인이라면 스코틀랜드처럼 아일랜드도 사랑해야 한다.[12]

과거 몇 세기 동안은 켈트어의 부활의 적절한 논의를 위한 시도조차 없었지만, 중요한 점은 계속 부흥운동이 일어나고, 영어의 우세에도 불구하고 웨일스어, 아일랜드어, 게일어의 많은 이들이 문학, 연극의 부흥을 하려 한다. 또한 켈트어 텍스트의 산출은 언어의 미적인 가치를 주장하는 것뿐만 아니라, 반대의 입장으로부터도 언어 미적 가치를 이끌어 낼 수 있다. 어떤 텍스트의 비교는 이런 기초적인 논제가 매우 발전하지 않아 실패한다.

물론 민족적 정체성을 지나치게 단순화하는 주장은 켈트어 텍스트의 지속하려는 노력과 연계되고, 아일랜드, 스코틀랜드, 웨일스, 잉글랜드의 영향력 있는 작가들은 영어가 패권을 잡은 언어이며, 다양한 태도로 활용될 수 있는 방안을 증언하고 있다. 그러나 그것은 과거 복수로 언어를 활용하는 나라의 영어 사용자의 영어(Anglophone British) 작품에 나타나는 지속성에 대한 요구는 켈트어 사용자와 같다는 점이 중요하다. 20세기 대중 매체 세계의 생산자인 마이클 오러클린(Michael O'loughlin)은 아일랜드 신화 영웅인 쿠흘린(Cuchulainn)에 대한 그와의 관계를 즉시 재검토하고 거부했다. 똑같은 이름의 그의 시에서 읊기를,

> 만약 내가 수천년 동안 산다 해도

나는 결코 쿠흘린, 당신을 이해하지 못할 것입니다.
당신의 이름은 화석이니까요. 석화된 나무인
당신의 이름은 하찮은 것이 아닙니다.
그러나 며칠 전 텔레비전을 보면서
저는 쿠흘린(Cuchulainn), 당신을 추론해내기 시작했습니다.
당신은 미국의 텔레비전 공상 과학 시리즈용으로
만들어진 검고 흰 옷을 입은 다소 감상적인 유령처럼 다가왔습니다.[13]

여기에 켈트어의 신화적 유산을 회고하는 영어권 아일랜드 작가가 있다. 동시대 작가에 대한 켈트어 신화 세계의 중요성은 거대하다. 왜냐하면 그것은 앵글로-색슨 세계의 게르만 민족 특유의 신화에 대해 대안을 제공하기 때문이다. 북 아일랜드 시인인 존 몬테규(John Montague)는 그의 시 ≪어린 시절 둥근 고인돌 같은, 늙은 이들(Like Dolmens Round My Childhood, the Old People)≫의 마지막 시행에서 과거 선조와 접촉한 감각을 요약했다.

과연, 고대 아일랜드로구나! 나는 그녀의 침대 옆에서
주문과 노래, 악마의 눈과 돌아간 머리,
포모레 족의 잔인한 가문과 그들의 싸움을 들으면서 자랐다.
돌로 세워진 원 속에서, 그들의 그림자가 고대 제문의
암흑의 영구함 속으로 사라졌다고 느낄 때까지,
두려움을 주고 무자비하게 말라빠진 모습의 그들은,
오랫동안 나의 꿈속에 침윤하였다.[14]

노르만 맥케이그(Norman MacCaig) 같은 작가들에 의해 상기된 이들은 그들 스스로를 '어찌 해볼 수 없는/뒤에 짐을 지고 가는/역사상 논쟁의 여지가 있는'[15] 이라고 보고, 웨스트민스터(Westminster)

가 선언했던 과거와 같은 사람이 아니다. 또한 영문학사의 외관아래서 전통적으로 교육받던 이들과도 다르다. ≪영문학에 대한 펠리컨 가이드(*The Pelican Guide to English Literature*)≫는 1950년대 이래로 학생들에 의해 굳건하게 믿어져 왔고, 일곱 권으로 분리되어 거리낌 없이 영문학의 정의 아래 아일랜드와 스코틀랜드 작가에게 제공되었다. 첫 번째 권, ≪초서의 시대(*The Age of Chaucer*)≫는 존 스피어스(John Speirs)의 장으로 '중세 운문의 개관'은 노골적으로 진술된다. '15세기와 와이엇(Wyatt)에 이르는 16세기 초기의 가장 활발한 시는 스코틀랜드에서 쓰여 졌다. 심지어 스켈튼(Skelton)지지자들은 스코틀랜드 시인 던바(Dunvar)와 같다고 있을 법 같지 않은 주장을 하기도 했다.'[16] 하지만 그런 칭송에도 불구하고, 스코틀랜드 작품은 영문학의 경계 안에 있었고 다음 권에도 마찬가지였다.

물론, 영문학이 세계의 특별한 칭송을 받고, 부분적으로 개인 작가들의 영향과 최근에 영어의 명성을 통하여 승격된 것은 사실이다. 그러나 현저한 지위를 소급해서 적용하면 불확실한 상태에 빠진다. 논의의 실마리로, 과거 일련의 시간에 영국제도의 문학 생산을 상당히 고려하여 보면, 영어가 같은 지리적 권역으로부터 다른 문학에 앞서는 중심으로 옮기게 된 요점을 확인할 수 있다.

1066년 노르만 정복은 잉글랜드 안의 색슨족과 덴마크인들의 역할을 끝냈다. 그리고 침략의 충격은 변화된 영토의 형태를 분명하게 하지 않게 하는 경향이 있고, 그런 일들은 어느 것에서든지 일어나고 있었다. 성과 대성당 건축의 큰 계획, 그 전 색슨족 영토에서의 수도원의 확장도 유사한 이야기이다. 그러나 좀 다른 점은 잉글랜드에서의 무정부 사태와 영국제도 북부 지방의 노르웨이인의 힘의 점진적인 쇠퇴이다. 윌리엄 II세- 윌리엄 공작의 아들로 잉글랜드에서 첫 번째 노르만족 왕-가 죽은 1100년의 2년 전에 노르웨이의 매그너스(Magnus)는 오크니스(Orkneys), 헤브리디스(Herbrides), 맨 섬(Isle of Man)에 속해 있었다. 1103년에 그는 아일랜드를 침범하고, 그것은 그 나라를 약화시켰던 북유럽(Norse)침략자에 대항해 항구적으로 투쟁하는 것이었고 1169년에 노르만족에게 정복되도록 남겨놓았다.

스티븐(Stephen〔1135-54〕)의 통치기간 동안, 윌리엄 오브 맘즈베리(William of Malmesbury)은 다음과 같이 썼다. '잉글랜드는 외국인의 주거지와 낯선 이들의 소유지가 되고 있다. 요즈음엔 잉글랜드인 백작, 주교, 수도원장이 없고 외부인들이 잉글랜드의 부와 활력을 위해 기도하고, 이런 비극이 끝이 날 희망도 보이지 않는다.'[17] 전쟁, 침략, 토지의 점유, 과거 질서의 파괴, 언어의 급격한 변화는 20세기 초 잉글랜드에서의 특성들이다. 과거의 질서가 사라지면서 문학 모델에도 급격한 변화가 왔다. 윌리엄 오브 맘즈베리시기부터 라야먼(Lazamon)의 두운체 시, ≪브륏의 이야기(the Brut)≫의 출현까지 거의 1세기가 지났고 그것은 영어 운문의 새로운 발전 단계를 나타낸다.

만일 우리가 문학의 생산과 노르만족 정복 시대의 영국제도의 도서관들의 상태를 비교해보면 웨일스와 아일랜드의 구비시의 번창을 알게 되고, 색슨족의 전통에 대비되어 계속 쇠퇴하여 왔음이 파악된다. 사실 ≪아서왕의 전설 전집(Arthurian cycles)≫은 웨일웨일스어와 브르타뉴어(Breton)의 전통으로 유럽으로 유입되었다. 아일랜드의 도서관은 오랜 세월동안 유럽의 영광이었다. 소위 암흑시대동안 학자들과 귀족의 일원들은 아일랜드의 학교를 이용하기 위해 아일랜드에 모였고, 비드 가경자(Venerable Bede)는 7세기 아일랜드에서의 앵글로-색슨 연구는 무상으로 교육이 실시되었다고 언급했다. 아일랜드 학회의 배움의 상황이 진보되었고 거기에서 유럽 르네상스는 여러 세기 동안 예상된다고 추정하였다.

> 모든 현상에 대한 고전적 전통은 유럽에서 죽었고, 세인트제도에서 활짝 피었으며, 르네상스는 이탈리아에 소개되기 700년 전에 아일랜드에서 시작했다. 3세기 동안 아일랜드는 고등 교육의 망명지였고, 유럽의 비문명화 된 지역으로부터 성소가 되었다. 일찍이 아마(Armagh)는, 그리스도교 아일랜드의 종교적 수도로서, 문명화의 중심지였다.[18]

그리스도교적 전통과 더불어, 신화에 많은 풍요로움이 있었고, 음유시인의 전통에 보존되었으며, 그것은 웨일스의 경우와 마찬가지였다. 12세기 중반에 고대 아일랜드의 광대한 전설집인 ≪렌스터의 책(Book of Leinster)≫이 집필되었다. 그러나 앵글로-노르만의 침략은 아일랜드의 문화의 삶을 효과적으로 질식시켰고, 배움의 많은 부분은 쇠퇴되었으며, 오랜 기간의 전쟁이 시작되었다. 이를 더글러스 하이드(Douglas Hyde)는 '거의 최초부터 철저하게 아일랜드 발전은 억제되었고, 아일랜드 삶은 해체되었다'고 표현하였다.[19]

4세기 후에 문학 생산의 비교 모습은 완전히 변했다. 르네상스 동안 유럽 대륙에서 활성화되었고, 잉글랜드에의 도착은 오랜 기간 시민전쟁의 영향으로 지연되었다. 아일랜드에서 음유시인의 전통은 우세하였으나 식민전쟁이 타격을 주었고, 세습적인 지배자들은 체제 전복적인 활동을 억압하려 노력했다. 다음과 같이 16세기에 엘리자베스령이 선언되었다.

> 아일랜드에 있는 다양한 귀족과 신사들이 갈취, 반역, 강간, 약탈과 다른 정의롭지 못한 것들에 대해서, 칭찬과 찬양을 목적으로 만든 소곡들과 압운시들로 되어있는 시들은, 귀족과 신사들이 이런 악행들을 따르기 보다는 오히려 사라지게 만든다는 점 때문에, 그리고 앞에서 말한 압운시들에 대한 사례가 그것을 언급한 귀족과 신사들에 의해 행해졌다는 점 때문에, 너무 극악한 남용을 폐지하기 위해, 규칙을 수렴하도록 한다.[20]

파괴적인 운율에 대한 처벌은 종말을 맞었다.

그러나 스코틀랜드에서 르네상스는 유럽의 다른 나라와 같은 방향으로 진행되었고, 15세기 후반부는 스코틀랜드 역사에서 문학 풍요로움의 가장 위대한 기간의 하나였다. 그 시대의 위대한 인물들 중에는 어린 왕 제임스(King James 〔1394-1437〕) I세, 로버트 헨리슨(Robert Henryson 〔c.1425 -1505〕), 윌리엄 던바(William Dunbar 〔c.1460-c.1520〕), 개빈 더글러스(Gavin Douglas 〔c.1475-1522〕), 데이비드 린지(David Lindsay 〔1490-1555〕) 경이 있다. 스코틀랜드어로 번역된 많은 것들이 있었고, 스코틀랜드 문학의 소위 황금시대에 많은 시들이 만들어진 반면 같은 시대에 잉글랜드에서는 작업들이 결핍되게 나타났다. 게다가 두 국가들 사이의 격차들이 다리를 놓을 수 없을 만큼 넓은 것으로 인식되었다. 1549년에 출판된 ≪스코틀랜드의 컴플레이언트(*The Complaynt of Scotland*)≫는 다음과 같이 심각하게 진술한다.

> There is nocht twa nations under the firmament that ar mair contrar and different fra uthers nor is inglis men and scottis men, quhoubeit that thei be vitht in ane ile and nychtbours, and of ane langage.[21] (고대 중세어여서 그대로 전재: 옮긴이 주)

≪컴플레이언트(*The Complaynt*)≫의 저자는 또한 그의 비망록에 언어학 정책을 가지고 있었다.

> I tocht it nocht necessair til hef fardit ande lardit this tracteit witht exquisite termis, quhilkis are nocht daily usit, bot rather I hef usit domestic lanage, maist intelligibil for the vulgare pepil.[22] (고대 중세어여서 그대로 전재: 옮긴이 주)

잉글랜드와 웨일스 사이의 완전한 정치적 연합은 1536년에 발생했다. 그때는 웨일스 법이 폐지되고 런던 의회(Parliament in London)가 웨일스에 책임을 졌다. 음유시인의 전통이 쇠퇴되어가 완전한 정치적 연합은 그것의 종말을 가속화했다. 그러나 토머스 패리(Thomas Parry)가 웨일스 문학의 신기원을 이룬 역사를 주장한 것처럼, 정치적 연합의 결합과 종교개혁(Protestant Reformation)은 웨일스 산문에 도약을 가져왔다. 문화의 이행기 때마다 번역을 통해 도약을 했다.

16세기 후반에 성경이 웨일스어로 번역되었다. 패리는 웨일스 문학 언어의 구원으로써 이 번역을 간주했다.

> 상류층은 결국 영국화되어야 했고, 엄격한 시인들이 침묵하게 되어야 할 때, 한때 온 나라의 공동 유산이었던 순수한 웨일스어를 아는 사람은 아무도 남아있지 않게 되었다. 필요한 시기에 성경이 발간되었고, 이때는 여전히 위엄있는 모국어가 살아있는 시기였으며, 모국어를 효과적으로 사용할 수 있을 만큼, 그 언어를 충분히 숙달한 성직자들이 존재했던 시기였다.[23]

패리(Parry)는 성경이 웨일스에게 표준 웨일스어를 만든다고 느꼈다. 한 나라에서 문학의 언어는 '세계성이나 문화적 관습'이 부족하다고 여겨졌기 때문에, 성경은 초점의 역할을 하였다.

스코틀랜드보다 늦게 도래한 잉글랜드에서의 르네상스는 발견의 시대의 출발과 일치했고, 잉글랜드의 식민지 확장의 시대와도 일치했다. 17세기부터 계속 명예혁명(the Revolution and the Restoration)을 통하여 많은 수의 텍스트가 영어로 탐욕스럽게 번역되었고, 많은 항해선은 대서양을 건너 노예를 이동시켰고, 식민지 국가로 정착민을 이주시키고 잉글랜드로 산물을 다시 가져 왔다. 종교적인 갈등에 의해 악화된 게릴라전은 아일랜드와 스코틀랜드에서 상당히 야만적으로 계속되었다. 18세기의 말, 낭만주의 시대의 시작인 잉글랜드의 위대한 문학 발전 기간에 영국제도 전체의 상황은 다시 완전히 변했다.

1745년의 실패한 스튜어트(Stuart) 반란에 따른 야만스런 보복과 스코틀랜드 하일랜드(Scottish Highlands)의 인구감소의 차후 정책은 게일어를 황야로 몰고 갔다. 스코틀랜드와 아일랜드는 더 나은 삶을 찾아 들어오는 수많은 이주민들인 비참하게 가난한 시골 사람들을 받아들였다. 게다가 변화하는 계급 구조는 양국가의 영어로 말하는 상류층을 만들어내고, 동시에 켈트어를 경멸하고 추방시켰다. 가수이자 작곡가인 마이클 켈리(Michael Kelly)는 쇤브룬(Schoenbrunn) 궁정에서 독일 황제를 어떻게 알현했는지 자세히 말했다. 아일랜드 장교가 있는 데서, 한 사람이 그에게 아일랜드어로 말했다. 아무런 대답을 할 수 없었던 켈리는 조용히 있었다.

그 황제가 나를 재빨리 돌아보면서 '이럴수가! 켈리, 자네는 자기 나라 말도 못하는가?' 라고 말했다. 나는 '폐하, 아일랜드 사람이 아일랜드어를 말하는 하류층 사람들을 제외하고는 아무도 할 줄 모릅니다.' 그 황제는 크게 웃었다. 부적절한 그 말은 순간적으로 앞에 있는 두 명의 아일랜드 장군들이 나의 마음속에 떠오르게 했고, 나는 나의 말을 후회했다. 그들은 운이 좋게도 듣지 못했거나 그런 척 했다.[24]

스코틀랜드 게일어(Scots Gaelic)와 아일랜드어를 억압하려는 시도에도 불구하고, 웨일스어와 같이 이 두 언어는, 다시 살아났다. 19세기를 통해 프랑스혁명 이후 유럽을 돌던 혁명적 사상에 자극받아서 그들의 중요성은 증가되었다. 그러나 18세기 말에 더블린(Dublin), 에든버러(Edinburgh) 와 런던(London) 사이의 문화적인 접점은 켈트어와 튜턴어의 언어적 체계 사이의 이분법적 대립의 의미를 초월했다. 시골 오지에서 게일어를 말하는 소작인이 굶주림에 죽어가는 반면, 그것은 새로운 앵글로-아일랜드 지식 인을 파악하게 되었고, 스코틀랜드에서 니콜라스 필립슨(Nicholas Phillipson)은 민족적 맥락에서 계몽에 대한 책을 썼다.

1760년대에 스코틀랜드는 국제적으로 중요한 학문과 저술의 중심지였다. 스코틀랜드어를 배우는 것은 데이비드 흄(David Hume)과 윌리엄 로버트슨(William Robertson)의 역사, 오시안(Ossian)의 시, 토비아스 스몰렛(Tobias Smollett)과 헨리 매켄지(Henry Mackenzie)의 철학 서적, 흄(Hume)의 도덕적 문예물과 철학적 에세이 그리고 매켄지(Mackenzie)의 ≪거울과 놈팡이(Mirror and Lounger)≫를 의미했다. 19세기 초 쯤에 그러한 역사는 로버트 번스(Robert Burns)와 월터 스콧(Walter Scott) 경, 그리고 프랑시스 제프리(Francis Jeffrey)의 ≪에든버러 리뷰(Edinburgh Review)≫에 대한 문학적

> 이고 정치적인 기사들에까지 이어졌다. 독일과 프랑스와 미국의 대학 강의실에서, 스코틀랜드어를 배운다는 것은 애덤 스미스(Adam Smith), 앨런 퍼거슨(Alan Ferguson), 토머스 리드(Thomas Reid), 제임스 비티(James Beattie)와 두갈드 스튜어트(Dugald Stewart)의 철학적인 학술 논문들과 로드 케임스(Lord Kames)와 휴 블레어(Hugh Blair)의 미학적인 글들과 에든버러(Edinburgh) 대학의 의학 서적들을 의미했다.[25]

우리는 알렉산더 프레이저 타이틀러(Alexander Fraser Tytler)의 1791년 번역의 원칙에 관한 최초의 이론적 연구를 언급할 수 있다.

여러 세기를 거쳐 빠르게 훑어보는 것으로부터 우리가 추론할 수 있는 것은 무엇인가? 첫째 영어와 영문학의 우월성은 각각 최근의 현상이고, 17세기와 18세기 말의 상업적 계급의 성장과 해외 식민지 팽창과도 일치한다. 둘째 영국제도의 켈트 문화로의 영어 확대는 언어 차별의 의식적 전략에 의해 특징화되는데,. 그것은 영어 원칙에 대한 저항과 적대감의 문화적 기표로서 보여지는 그 언어들을 억압하였다. 셋째 그런 민족주의의 부활은 19세기에 유럽을 휩쓸었고, 미국의 독립전쟁과 프랑스혁명의 성공으로 가속화 되었으며, 웨일스, 스코틀랜드, 아일랜드 작가와 지식인에게도 영향을 미친 것은 놀라운 사실이 아니다. 그리고 켈트어와 켈트 전통에 관심의 부흥을 갖게 했다.

그러나 체코의 부활은 달리 기억되어야 한다. 예를 들어, '민족적' 언어 사용의 필요성에 합의가 없었다. 왜냐하면 켈트어의 사용 억제는 웨일스어, 게일어, 아일랜드어를 쓰는 소작 계급과 영어의 변이형을 사용하는 지식 계급의 결과 때문이었다. 이것은 비록 19세기에 민속 운동은 고대 음유시인의 전통의 계승자처럼 의식적으로 원어민을 찾았지만, 대부분의 아일랜드나 스코틀랜드 철학자, 역사가, 소설가, 정치학자는 계속해서 영어로 쓰고 출판 활동을 했다.

영어로 쓰인 아일랜드 시인의 편집자인 숀 루시(Sean Lucy)에 의하면, 앵글로-아일랜드 시를 정의하려는 시도는 여전히 '한 편으로는 두 전통, 두 문화, 두 언어의 복잡하고 발전하는 관계가 있으며, 다른 한 편으로는 탐구의 이야기가 있다. 그것은 정체성에 대해서 영어로 말하는 아일랜드인의 의문이고, 아일랜드 경험을 영어로 재구성하려는 데 대한 의문이다.'[26] 영국제도를 고려해 보면 언어 분포의 다양함을 보이려고 청사진을 그리는 것은 충분하지가 않다. 다른 요소들은 신중함이 요구되는데, 그러한 것으로 시골과 도시 지역 공동체 사이의 관계, 계급 형태의 변화에 따른 영향과 교육 체계의 변화, 종교적 믿음과 실행의 거대한 변화가 어떻게 지속되고 얼마나 결정적이었는지 등을 들 수 있다. 비슷한 사회-문화적인 연속체에서 영국제도의 구성 상태에 대한 생각은 완전히 불충분하고, 많은 비판적인 사상이 정말 그런 방향을 추구했는지 주목할 만하다. '아프리칸(African)'이나 '라틴 아메리칸(Latin American)' 문학에 대한 일련의 세계화된 일반화의 유사성은 다음 장에서 논의될 것이다.

그들의 적절한 역사적 맥락 안에서 다른 문학 전통의 개별적인 발전을 생각하는 영국제도의 비교문학 학자들의 실패는, 어떤 주제에 형식주의자 유산의 불행한 잔존물로 남아 있어서, 혁신적인 것과 복수 이상의 문화에 걸친 것으로 표현되었다. 수많은 다시 생각하기가 켈트 유이민에게 행해지고 있었고, 스코틀랜드 연구의 꾸준한 증가와 1980년대를 통하여 국제적 훈련으로서 아일랜드 연구는 그 과정을 증명하였다. 켈트 유이민의 영어 주류의 관계는 계속 적절하게 연구되고 있고, 숀 리처즈(Sean Richards)가 쓴 바에 의하면 '영국과 아일랜드의 관계, 피지배자와 지배자, 작은 서유럽 군도는 다시 생각되고 다시 읽혀져야 한다. 예술과 문화에 대한 모든 관점과 복합성의 단계는 끌 수 없는 사상에 한 단어로 이루어진 섬광을 제공하기 위해 찾아야만 한다.'[27]

●●● 지역적인 것과 지방적인 것

시그버트 프로어(Siegbert Prawer)에 의하면, 비교문학 연구에 가장 주의할 점은 '다른 민족적 전통을 비교하고 정의한 것을 착수하는 것이다.'[28] 만약 민족적 전통의 정의를 시도한다면, 이것은 거의 옳다. 필연적으로 비교학자들은 문화적으로 구축된 고정관념에 바탕을 둔 일반화에 빠져들기 때문이다. 프로어는 민족적 특성을 정의하기 위한 초기의 시도를 검토하고, 언어와 문학에 반영되는 민족적 '정신'을 확립하기 위한 시도를 했는데, 이는 문화적 전이에 대한 일관된 이론의 결핍에서 나온 것이다. 대부분의 비교문학의 특성에 있는 이 결핍은, 한 문화와 다른 문화의 텍스트 전이를(결핍이거나) 포함한 정치적, 경제적, 사회적 문제를 볼 수 있게 된 것처럼, 영국제도의 문학을 비교하기 위한 시도의 경우에 특히 더 강렬하게 드러난다. 그 즉시 우리는 비교가 발생할 수 있기 전에 영어의 지배권에 직면해야 하며, 개방된 소수/다수의 문화의 발생과 관련된 여러 가지 문제들에 직면하기 시작한다. 피에르 부르디외(Pierre Bourdieu)가 ≪사회학의 역설(Le paradoxe du sociologue)≫에서 제기한 문제들이 여기에 해당된다. 거기에는 문화에서 문화로 전이

함에 따라 몇 가지 다른 범주화 체계가 있기 때문이다.

> 사회적 세계의 인지 이론이 제기하는 근본적인 문제 한 가지는 학습된 지식과 상식 사이의 관계 문제이다. 구성 행위-그것은 학습된 행위인가 타고난 행위인가? 타고난 것은 인지 범주를 갖는가? 그는 그것을 어디에서 얻었는가? 그리고 과학에 의해 구성된 범주와 평범한 대리인이 실행에 옮긴 범주 사이에는 어떤 관계가 있는가?[29]

위대한 아일랜드 시인인 패트릭 카바나(Patrick Kavanagh〔1904-67〕)는 작가가 민족적 신화를 만드는 관행을 논의하면서, 평범하고 생생한 체험과 민족 신화 구성의 간격을 토론한다. 그는 '싱(Synge)은 아일랜드의 목소리인가?' 라고 묻는다. '아일랜드에 목소리가 있는가?'[30] 또 민족적 신화의 의미에 관한 질문에서, 그는 영국제도의 문학 산출을 인지하는 대안적인 방법을 제공하는 결정적 구별인, 지역주의(parochialism)과 지방주의(provincialism)에 관해서 상술한다.

> 지역주의와 지방주의는 정반대이다. 지방주의자는 자신의 것을 생각하지 않는다. 그는-그의 눈이 향하는-대도시의 사람이 어떤 주제에 관해서 말해야만 하는 것을 들을 때까지 자신의 눈이 본 것을 믿지 않는다. 이것이 모든 활동에 흐른다.
>
> 한편 지역적 지성은 그의 지역의 사회적, 예술적 타당성을 절대로 의심하지 않는다. 아일랜드에서 우리는 지역적이 아니라 지방적이 되는 경향이 있다. 지역적이 되는 것은 많은 용기가 필요하기 때문이다. 우리가 우리 지역의 용기를 가지려는 시도를 할 때, 우리는 기만하고 아일랜드 해의 다른 쪽에 있는 더 큰 지역에 동조하는 경향이 있다. 최근에 우리는 두 명의 위대한 아일랜드 지역민인 제

임스 조이스(James Joyce)와 조지 무어(George Moore)를 가졌다..
그들은 아무것도 설명하지 않았다. 대중은 그들에게 가거나 어둠
속에 머물러야 했다
　지역주의는 보편적이다. 그것은 근본을 다룬다.[31]

카바나(Kavanagh)의 지역주의와 지방주의의 구별은 중요한 구분이다. 그 용어를 사용한 맥락에서 그는 주류(즉, 영어) 모델을 따르거나 그 모델에 반발하는 딜레마를 묘사함으로써, 동료 아일랜드 작가들의 지방주의를 꾸짖고 있다. 그러나 그는 또 이차의 변방과 일차의 중앙의 계급적 관계를 간단히 언급하고, 지역주의의 보편성을 제안해서 그 계급을 효과적으로 해체한다.

일반성이 아니라 특이성에 초점을 맞춤으로써, 지역적으로 결정된 미적이거나 사회적인 일습의 기준을 설정함으로써, 작가는 독자를 자신의 세계로 끌어들일 수 있다. 예를 들어 ≪입양 문서와 강력한 질풍 8(*The Adoption Papers and Severe Gale 8*)≫로 구성된 1991년 모음집에서 스코틀랜드 흑인 시인 재키 케이(Jackie Kay)는 상반되는 사회적 기대와 관습에 붙들린 1990년대 북부의 청소년 여학생의 지역적 세계를 창조하고, 싫든 좋든 우리를 그 세계로 끌어들인다.

나는 이것을 말하지 않는다. 기억까지도
문제를 낳는다. 특히 기억이.
어떤 학교, 어떤 집, 어떤 친구.
우리는 다른 세계에서 자랐다.
그녀는 저민 고기와 감자, 이슬비, 작은 곤충으로,
나는 옥수수, 천둥, 크종골라다(chjongoladas)로.

재키 케이(Jackie Kay)의 극적인 시는 현대의 도시 맥락의 인물을 그린다. 휴 맥더미드(Hugh MacDiarmid)는 저술할 때 자연환경에 관한 내부자와 외부자의 인식의 관점에서 지역적인 것과 지방적인 것의 구별을 표현한다.

스코틀랜드가 작다고? 우리의 다양한, 우리의 무한한 스코틀랜드가
작다고?
단지 구릉 중턱이 진부한 장소라는 것 때문에
9월 어느 날 '단지 헤더(heather)일 뿐!'이라고 소리치는 바보에게
거기 앉아서 쉬며 응시하며
헤더 뿐 아니라 월귤나무 열매도 본다.
연녹색 잎은 이미 주홍빛으로 변해
잘 익은 블루베리를 뒤덮고, 샐비어색 잎 사이에서
반짝이는 양지쪽의 달콤한 바람의 금빛 꽃[33]

하지만 두 작가는 매우 다른 방식으로 스코틀랜드 지역주의를 나타낸다. 왜냐하면 그 둘은 카바나(Kavanagh)가 근본(*the fundamentals*)이라고 부른 것에 대해 다른 방식으로 적고 있기 때문이다, 사실 우리가 현재 영국제도에서 작가활동을 하고 있는 다양한 시인을 살펴본다면, 그 지역/지방의 구별은 좋은 비교점을 제공할 것이다. 예를 들면, 자신이 태어난 중공업지대를 출발점으로 사용한 제프리 힐(Geoffrey Hill)이나 북부의 시인이자 번역가인 토니 해리슨(Tony Harrison)은 이런 면에서 스코틀랜드나 아일랜드 작가와 필적할만한 두 명의 잉글랜드의 시인이므로, 그런 비교가 '민족적' 구별에 기초하는 비교보다 더 효과적일 것이다.

비교 브리튼들

우리는 영국제도의 작가가 창작한 문학은 '영국성(Britishness)'의 여러 문제점을 이해하지 않고는 비교할 수 없고, '영국(인)의(British)'라는 용어를 사용하는 어려움은, 과거의 다른 시기에 그 용어로 만들어진 사용의 개념없이는 이해될 수 없다는 주장부터 시작한다. 언어로써, 문학으로써, 그리고 정치체계로써 영어의 우월성은 그 섬의 다른 곳에서 나온 최고의 작품을 과소평가하는 결과를 가져왔다.

잉글랜드가 너무나 강해졌기 때문에, 영어를 배우는 많은 학생들이 영국(Britain)과 잉글랜드(England)를 동의어로 생각하며, 어떤 학생들은 런던과 잉글랜드가 동의어라고까지 생각한다. '영문학(English Literature)'이나 '잉글랜드연구(English Studies)'의 용어법은 모두 포용적으로 사용되고 있고, 그래서 웨일스와 스코틀랜드, 북아일랜드, 아일랜드 작가도 출생과 다른 교육 전통을 전혀 참조하지 않은 채 흔히 개요 안에 포함된다. 이런 경향이 근원적인 정치적 의제로 제시되는 어려움과 결합되어 영국제도의 비교문학을 창조하려는 시도의 부재에 크게 기여한 것이 사실이다. 카바나(Kavanagh)는 조이스(Joyce)가 진짜 지역적인 아일랜드 작가라고 주장하겠지만, 많은 영문학 과정이 조이스를 계승했고, 잉글랜드 근대주의 실례로 그와 D. H. 로렌스(Lawrence)와 버지니아 울프(Virginia Woolf)를 나란히 놓는다. 아일랜드 문학의 존재를 인정하는 것은 많은 영문학 학위를 떨어뜨리게 된다.

오늘날, 탈식민 이론의 도움으로, 성 중심 비평에 의해 제공된 방법론적 도구로 인해(리처드 존슨 〔Richard Johnson〕 같은 문화 연구 전문가나 테리 이글턴 〔Terry Eagleton〕 같은 마르크스 비평가는 그들이 개인적인 것을 다시 중심에 두고, 문학학(literary scholarship)에서 객관성의 신화를 없애려고 했을 때, 페미니스트 작업에 빚을 졌다는 것을 인정한다), 차별적이거나 적합한 전술에 의지하지 않고 영국제도의 문학 비교를 생각할 수 있게 되었다. 현대시는 특히 풍부한 분야를 제공하고, 도시-농촌 격차의 공통된 체험을 나타내는 고려요소와 장소의 의미 둘 다 글자 그대로, 역사적으로, 신화적으로 나타내는, 개인과 그들의 환경의 관계를 나타내는 다양한 방법의 생각이 모두 상대적 기준 위에 탐구할 가치가 있다. 예를 들어 영국제도의 다른 지역에서 태어난 위대한 많은 작가들에게 공통된 애상적 시의 영속성은 형태, 방식, 내용의 대비점과 유사점을 탐구하는 기회를 제공할 수 있다. 그래서 우리는 웨일스 사람의 침입 전쟁에 대한 시각을 제공하는 앨런 루엘린 윌리엄스(Alun Llewellyn-Williams)의 1940년 ≪여기 고요한 들판에서(Here in the Quiet field)≫를 고려할 수 있다.

이런 충돌에 분노해봐야 소용없다.
전쟁의 엔진이 돌진할 때,
썩어가는 사회는 멸망하고, 멸망하고,
비탄과 고통, 최후의 탄식의 곡조로[34]

폴 더칸(Paul Durcan)의 ≪아일랜드(Ireland), 1972≫와 비교하면

내 사랑하는 할머니의 새로 만들어진 무덤 옆에
내 형제에 의해 살해당한 내 첫 사랑의 무덤.[35]

또는 이언 크라이튼 스미스(Ian Crichton-Smith)'의 1959년 ≪바다 갈매기들(Seagulls)≫에서

중앙에는 머리가 한 개인 파란색 갈매기가 있다
네가 그것을 위해서 만든 이미지, 그것의 탐욕
정말로 사실인 그것의 유일한 열정.
너는 그것을 감탄조차 할 수 없다. 그것은 단지
죽음처럼 가냘픈 폭탄 같은 힘일 뿐이다.
자신을 던져 넣는
너의 진실을 변장하는 풍부한 제국적 이미지를 통해[36]

그리고 제프리 힐(Geoffrey Hill)의 ≪국왕 목가(Idylls of the King 〔1978〕)≫에서

'박수를 쳐라' 비둘기가 비행할 수 있도록,
수선스럽게 나뭇잎으로 뛰어들도록,
날개를 녹색의 황혼에 몰아넣도록

이 지루하고 고독한 땅을 넘어,
반쯤 지어진 새 토지의 옛 터,
걸러낸 연못의 둘레에 버섯 탄두[37]

비교 작업의 대상으로 유럽을 비교 검토한 영국의 위대한 비교학자인 앤서니 솔비(Anthony Thorlby)는 문학이란 독자를 '미 이외의 다른 것'에 관여시키는 직관성을 갖는다고 말한다. '결국 똑같은 질문과 관계있는 비문학 소재에 대해서도 비교 연구의 토대를 형성하는 것은 공포, 자유, 용서 같은 주제에 대한 경험의 다양성이

다.'[38] 라고 말한다. 솔비(Thorlby)는 여기에서 영국제도의 비교문학의 모델로 잘 적용할 수 있는 접근법을 상정한다. 작가가 단지 영어가 패권을 잡은 언어이고 런던이 영국 정부의 중심지이기 때문이라는 잘못된 생각을 원천 소재로 사용한 것이 바로 경험의 다양성이므로, 영어 저술은 반드시 지배적인 중심 역할을 하게 될 것이라고 한다. 게다가 모국어가 영어의 변종인 비영어권 작가의 영향은 점차 용어의 전환을 가져오고 있다: 우리는 이제 지난 20년 동안 일어났지만 앞으로 결정적으로 중요한 전환점이 될 '영문학(English Literature)'과 '잉글랜드문학(Literature in English)'을 구별한다. 영어에 주어진 새로운 충격을 찬양한 C. D.나라심하이아(Narasimhaiah)는 이렇게 주장한다.

> 그것이 어떤 지방의 언어가 아니라는 것이 그것의 힘이고, 놀라운 국제적인 특성-그것의 켈트 사람의 상상력, 스코틀랜드 사람의 활력, 색슨 사람의 구체성, 웨일스 사람의 음악, 미국 사람의 뻔뻔함은 현대의 인도 사람의 지적인 기질과 우리와 같은 혼합 문화에 적합하다. 영어는 순수한 언어가 아니라, 참신한 통합체로 결합된 매혹적인 말이다.[39]

1980년대 말 비교문학 에세이집의 서론에서 클레이턴 켈브(Clayton Koelb)와 수전 노욱스(Susan Noakes)는 지난 20년 동안 비교 연구에서 일어난 변화를 논의한다. 그들은 장르 연구와 평론의 역사가 그런 것처럼 경향과 문학 시대 연구의 관심이 약해졌다고 지적한다. 그들은 전기 같은 '비주류' 장르와 '동양과 서구 비평의 일반 범주 사이의 교차점(또는 그것의 결핍)'[40]이라고 묘사한 것에 대한 점점 증가하고 있는 관심을 주목한다. 이 책에서 기술된 새 영역은 여성 연구, 교육사, 기호학, 읽기 이론이다. 그들은 이 경향을 다음과 같이 요약 한다.

> 사람들은 위대하고 통합된 문화적 기획(경향, 주제, 시대, 아이디어의 역사)으로서 문학사를 이해하는데 꼭 필요하다고 생각한 사항에서 물러나서 미개척 분야('신생' 문학, 다른 학문과의 관계, 여성연구, 읽기의 주변화 형식, '읽기 전 활동', '여성-읽기', '망각적 읽기')로 전이하는 경향을 깨달을 수 있다. 물론 전통적인 비판적 담화의 중심에서 멀어지는 이런 일반적인 움직임은 오늘날의 문학학(literary scholarship)의 특징이며, 어떻든 비교문학에서는 특별한 것이 아니다.[41]

켈브(Koelb)와 노욱스(Noakes)는 그들의 책이 증명하려고 한 비교문학의 변화가 더 광대한 문학학(literary scholarship)의 변화를 반영한다고 말한다. 이것은 틀림없는 사실이지만, 문화의 정의와 타자의 구성, 독자 기대 지평, 번역을 통한 텍스트 대체, 언어와 장소의 관계, 언어와 정체성을 고려하기 시작함으로써, 비교문학 연구는 형식주의에서 훨씬 더 위험하지만 더 흥미롭고 역동적인 비교문화 연구로 나아갈 수밖에 없었다는 것도 사실이다. 영국제도는 이런 새로운 접근을 탐구하는 이상적인 출발점을 제공한다.

셰이머스 히니(Seamus Heaney)로 이 토론의 결론을 내려 보자. 앞서 언급했다시피 '공개 질의서(An Open Letter)'는 시인이 자신에 관해서 '영국(인)의(British)'라는 용어의 사용이 부적절하다고 생각한 것에 대한 반응으로 저술된 임시 작품이다. 시는 33개의 연으로 구성되었고, 재치 있게 논의된 사건을 제공한다. 10연은 작가에 의해 제안된 역사의 공통점이나 차이점에 관한 다양한 시각을 제공하고, 11연은 그들이 모두 '새로운 예술 연방(a new commonwealth of art)'의 일부라는 보편적 접근에 따르는 것 같다. 그러나 냉소적 시어의 사용과 인접한 행의 단어 '연방(commonwealth)'과 '독립(independent)'의 대비는 화자의 진실한 입장을 표시한다. 이어서 13연에서 그는 예로 리비(Livy)와 호러스(Horace)를 들고, 16연은 아래와 같이 선언 한다.

> 당신은 내가 경계를 그었던 것을 이해할 것이다.
> 나의 것을 강탈당할 때,
> 나의 모국이여...

히니(Heaney)의 시는 북아일랜드 작가의 곤경에 대해 철저히 개인적인 관점을 제시하고, 사례 비교의 구성으로 이를 행했기 때문에 역작이라고 말할 수 있다. 아일랜드의 비극적인 역사는 골칫거리 로마의 시인에 대한 언급과 결합되고, 모국 아일랜드(Mother Ireland)의 신화는 고전의 신화와 겁탈의 이미지(필로멜라 〔Philomel〕 와 레다 〔Leda〕)와 결합되고, 아일랜드의 가상적 초상화는 런던 문학 세계의 묘사와 대비되고, 미개한 경멸의 대상인 도널드 데이비(Donald Davie)의 예증처럼 잉글랜드의 시각은 분리된 가족과 시민 소요의 잔인한 현실과 대비된다. 시는 반체제인사인 체코 작가 미로슬라브 홀럽(Miroslave Holub)이 이야기하는 사람이 된 영화의 21세기 우화로 끝을 맺고, 히니는 다른 맥락을 다시 세운다. 자신의 의견의 차이를 맥락에 놓고, 홀럽의 의견의 차이와 비교하고, 양 작가는 고대 전통의 계승자로 제시된다.

'공개 질의서(An Open Letter)'는 한편으로는 다른 문화에 대한 매우 다양한 지식이 없다면 쓰여 질 수 없었던 시이고, 또 한 편으로는 특정한 맥락에서의 개인의 정체성이 깊이 뿌리박혀 있다. 가정을 질문하고 도전하고, 명명의 과정을 위해서 궁극적으로 공유의 필요성을 강조하면서, 읽는 과정에서 우리가 문화 경계를 가로질러 시대를 거슬러 히니의 사고 과정을 따라가도록 유인되기 때문에 사실상 그것은 비교문학의 견본 작품이다. 자신의 서명이 든 끝에서 두 번째 행 '셰이머스(Seamus) 근배' 뒤에, 그는 '영국 안돼(British no),' '그 이름은 옳지 않다'라고 간단히 말한다.

히니의 시처럼 영국제도의 비교문학 연구는 명명의 과정을 재고하는 것으로 시작해서 그것으로 끝난다. 이 점에서 그런 기획력은 다른 탈식민 맥락에서 진행 중인 유사한 명명과 재명명의 과정이 밀접하게 결부된다. 이것은 다음 장에서 살펴보겠다.

제4장

탈식민 세계의 비교 정체성

옛날에 어린이들이 부르던 동요에도 나오듯이, 콜럼버스(Columbus)는 1492년에 푸른 해양에 돛을 달고 갔다. 우선 바하마에 상륙한 그는 스페인으로 돌아가기에 앞서 쿠바와 히스파니올라 섬 해안을 따라 항해하였다. 그리고 스페인에서 선포하기를 자신이 동방으로 가는 또 다른 길을 발견하였노라고 하였다. 그의 일기(Journal)는 위대한 칸(Great Khan 〔el Gran Can〕) 을 언급하고 있는데, 콜럼버스는 자신이 항해하고 있었던 해안선의 내륙 어딘가에 위대한 칸이 분명히 살고 있을 것이라고 상상했다. 이는 콜럼버스가 한 항해의 주된 목적이 아시아로 가는 또 다른 경로를 찾는 것이었기 때문이다. 대서양을 건넘으로써 배가 중국이나 인도에 닿을 수 있다는 믿음이 너무도 강했던 나머지, 그와는 상반된 증거가 계속하여 쌓여감에도 불구하고, 이들 항해자들이 사용한 용어들은 신화를 오래 계속되게 하였다. 아메리카의 주민들을 지칭하기 위해 사용한

‘인디언(Indian)’이라는 용어는 1618년에 영어로 기록되어 있는데, 인도에서 온 누군가를 지칭하기 위해 이와 똑같이 사용한 말이 1566년에 처음으로 기록되어 있었던 것이다. 콜럼버스가 중국(Cathay)의 연안에 있다고 믿었던 섬은 서인도제도라고 칭하였는데, 이는 이들 섬들을 세계의 다른 방향에 있는 섬들, 즉 동인도제도라고 알려진 섬들과 구별하기 위한 것이었다.

콜럼버스의 서사시적인 항해가 있은 지 500년이 지난 1992년, 유럽인들에 의해서 아메리카 발견에 대한 반응은 혼합되었다. 노르웨이 선원들이 콜럼버스보다 수세기 전에 북아메리카를 ‘발견했다’는 것을 암시하는 주장들을 제쳐 두고도, 1992년에 이르러서는 단순하게 콜럼버스의 ‘발견’을 축하하는 것이 불가능하였다. 사실, 발견이라는 용어는 문제가 있었다. 이는 다른 문명이 거주하고 있던 땅을 발견한다는 것이 정체성에 대하여, 장소와의 관계에 대하여, 그리고 우리가 영국제도라는 맥락에서도 보았듯이, 사람, 장소, 사물들에 대해 이름을 붙이는 권리에 대하여 근본적인 제기이기 때문이다.

위대한 제국을 형성하게 하였고, 또 수백만의 새로운 화자들에게 영어, 불어, 스페인어, 포르투갈어를 수출하게 만든 이 신세계(New World)의 발견을 1992년의 유럽인들은 아직은 축하할 수 있었으나, 이 발견의 줄거리에 다른 견해도 있다는 것이 뒤늦게 알려지게 되었다. 신세계는 구세계(Old World)에 의해 적절해졌을지도 모르지만, 그 신세계의 원주민들은 그 과정에서 쫓겨나거나 몰살되었던 것이다. 유럽인들의 도착으로 인하여 아메리카의 문명, 그들의 언어와 이름이 죽음을 맞이함으로 인해, ‘콜럼버스 이전의 것들(Pre-Columbian)’은 사실상 ‘선사시대적인’ 것을 의미하게 되었다.

1492년에서 1727년까지 유럽인들과 카리브 원주민들 사이의 관계를 다룬 피터 흄(Peter Hulme)의 연구는 ≪식민지의 만남(*Colonial Encounter*)≫이라고 적절히 제목을 달고 있는데, 그는 존경을 받고 있는 몇몇 20세기 인류학적 및 역사적 저술들을 인용하며 발견에 대한 기록들을 논하고 있다. 그는 학술적인 판단의 근거가 되고 있는 전제들에 대해 의문을 제기하면서, 비유럽적인 문화에 대한 유럽인들의 상당한 조사의 근간이 되는 가정들로 우리의 관심을 끌고 있다.

> 다른 말로 하자면, 역사적이고 과학적인 정확성을 주장하는 텍스트들 안에서 우리가 가지고 있는 것은 인종적인 고정관념을 고심하여 만들고 보강한 것으로, 이는 어느 정도의 역사적, 민족지학상의 정보를 전달하는 문맥에 끼워 넣어짐으로써 더 강력하다. 언제나 그렇듯이, 주로 상투적인 문구들은 역사적 순간의 부적절함을 면한 외적인 진리들로 특성을 나타내는 형용사들과 사려 깊게 결합함으로써 이루어진다. '흉포한', '호전적인', '적대적인', '잔인하고 보복적인' 이들은 환경과 무관하게 선천적인 특성들로 있는 것이었다. 그리고 물론 분명히 있는 '존재'의 영역으로 동사에 의해 가두어진 식인종들이 정말로 '있었다'.[1]

여기서 흄은 1946-50년에 출판된 ≪남아메리카의 인디언 편람(*Handbook of South American Indians*)≫에 대해 논하면서, 미개 상태에 대한 상투문구에 의존하는 감정적 언어를 미묘하게 사용하는 것에 우리의 관심을 끌고 있다. 그리고 물론 야만스러움이란 문명 세계 외부에서 그리스 세계 및 그리스도교에 의해 예시되고 있다. 콜럼버스를 따르던 초기 탐험가들은 많은 경우에 있어서 자신들이 발견해 주기만을 기다리고 있다는 그런 엄청난 부에 대한 욕망에 의해 자극을 받았을 지도 모르나, 그들은 자신들의 문화를 문명화하는 임무에 대한 믿음을 지니고 있었으며, 이 믿음은 흄(Hulme)이 지적하는 바와 같이 오늘날 많은 유럽인들의 생각에 여전히 소중히 간직되어 있는 것이다.

멕시코의 역사가인 에드문도 오고르만(Edmundo O'Gorman)은 미국의 '발명'에 대해 이야기한다.[2] 그와 같은 나라 사람인 카를로스 푸엔테스(Carlos Fuentes)는 이를 더 전개하여, 문명의 이상에 대한 좋은 예가 될 그러한 새롭고 더 나은 세상에 대한 유럽인들의 갈망과 함께 자란 그러한 관념을 발전시켰다. 그는 미국이 '이름붙여졌기 때문에 원해졌기 때문에 상상되었기 때문에 발명되었기 때문에 발견되었다'[3]고 말했다. 그는 인본주의 지식인들이 아메리카에서 신황금시대(New Golden Age)의 약속을 보았고, 천진난만한 원시인(Noble Savage)이라는 개념이 태어났다고 암시한다. 그러나 유토피아에 대한 약속은 피할 수 없는 실망을 지니고 있었다.

> 우리는 구세계에 의해 유토피아로 규정되어 있었다. 이 얼마나 무거운 짐이란 말인가! 이 약속과 이 요구, 이 모순에 그 누가 맞추어 살 수 있을 것인가, 유토피아가 파괴되고 불태워지고 누명을 쓰고 그 유토피아를 원했던 이들에 의해 죽게 된 유토피아가 되는 것을, 정복의 서사시적 장본인들, 1519년 코르테스(Cortés)와 함께 테노치티틀란(Tenochtitlán)에 입성하고 자신들이 상상하고 바랐던 아메리카를 발견한 외경심에 찬 군인들의 무리, 이전에 중세 기사도 이야기에서 읽혀지기만 했던 마법과 환상의 신세계를. 그리고 자신들의 유토피아라는 꿈 가운데 이름붙인 것들을 파괴하도록 강요받은 그들을.[4]

신세계가 잃어버려진 유토피아의 꿈이라는 면에서 신화적으로 해석되게 되었다면, 아프리카 대륙은 이와는 매우 다른 방법으로 신화가 되게 되었다. 아프리카 문명을 접한 초기의 포르투갈 출신

탐험가들은 유토피아적 사회 시각이 아닌 경제적 목적에 의하여 동기유발이 되었다. 아프리카의 항구들은 그 본래로서의 도착항이라기보다는 극동으로 가는 데 있어서의 경유지였고, 유럽인들이 아메리카와 아프리카에 침투해 들어가는 양상을 비교해 보는 것은 흥미로운 일이다. 북아메리카 및 남아메리카 내륙으로의 이동은 양쪽으로 모두 상당히 빨리 이루어졌다. 코르테스(Cortés)는 현재의 멕시코를 통해 들어갔고, 피사로(Pizarro)는 안데스 산맥의 잉카(Incas) 땅을 통해, 그리고 프랑스인들과 잉글랜드인들은 오늘날의 캐나다 및 미국의 동부 해안에서 신속하게 내륙으로 이동하였다. 이와 비교하여, 아프리카 대륙 내부로의 움직임은 이보다 나중에 이루어졌다. 아메리카 원주민 인구가 몰살되면서, 점점 많은 수의 노예들이 대서양을 건너, 확장되는 아메리카의 농장 및 정착지로 운송되었다. 돈을 벌수 있는 노예무역은 유럽 및 아프리카에서 아메리카로 서향하는 움직임의 양상을 이루었고, 아프리카의 은밀한 심장(secret heart)에 대한 신화가 점차적으로 생기게 되었는데, 즉, 어둠과 공포의 장소라는 것이었고, 여기서 엄청난 숲의 암흑이 검은 피부와 영혼 숭배 그리고 원시 시대적 악마의 힘에 대한 암시와 결합되었던 것이다. 콘래드(Conrad)의 '암흑의 심장(Heart of Darkness)'은 아프리카의 은밀한 미지의 중심부에 대한 유럽인들의 신화, 즉 현재까지 계속하여 소설이나 영화에 나타나고 있는 그런 신화를 요약하고 있다.

저명한 작가이자 비교문학 교수인 월레 소잉카(Wole Soyinka)는 자신의 '신화, 문학 그리고 아프리카 세계'에서 자세히 논하고 있는데, 이 글은 1970년대 초, 그가 객원연구원으로 있던 캠브리지 대학에서 아프리카 문학에 대한 강의를 하기 위한 시도였다. 그의 강의는 사회 인류학과의 후원 아래에서 이루어졌는데, 그 이유는 영어과가 ' "아프리카 문학"[5]과 같은 야수의 존재를 그 어떠한 것도 믿지 않았기 때문'이었다. 아프리카 문학에 대한 연구는 특정한 방식으로 분류되어 왔으며, 그 연구의 대상은 인류학적인 것이었지, 문학적인 것이 아니었다. 소잉카는 이 분류 시스템을 인정하고, 유럽 양식에 따라 세워지고 유럽에서 훈련을 받은 교수들을 둔 많은 아프리카 대학들도 아프리카 문학에 대한 자리를 찾는데 곤란을 겪고 있었다고 주목하고 있다.

아프리카 문학을 사회의 주류에서 주변화하는 데 대한 소잉카의 비판은 중요하다. 흄(Hulme)의 연구에 아메리카 원주민의 언어와 문화에 대한 편견이 있었다는 사실에 우리의 관심을 끌었던 것과 마찬가지로, 소잉카는 아프리카에 대한 유럽인들의 연구의 상당부분에 그러한 인류학적 편견이 있다는 것에 주목하고 있다. 아프리카 연구 센터를 만든 것은 어떤 면에서 볼 때 일보 진전할 것일 수도 있으나, 너무도 자주 문학을 희생시키면서 사회 인류학에 중점을 두었다. 1990년대에 와서 문학부에서 나타나는 탈식민 문학 이론이 새로운 영역에 대한 탈식민 인류학과 만나면서 그 간격이 마침내 어느 정도 메워지고 있다. 그런데 그 방법론은 근본적으로 비교에 의한 것이다.

유럽인들이 비 유럽적 문학에 대한 연구를 인류학으로 그 지위를 떨어뜨리려 하고, 아프리카 문학들이 위대한 유럽 작가들을 가르치려고 하는 경향이 있었던 한은, 신선한 관점이 있을 가능성이 거의 없었다. 치디 아무타(Chidi Amuta)는 아프리카 문학과 문화에 대한 연구가 급격히 증가하고 있는 가운데에도 현재의 아프리카 문학학(literary scholarship)에 대한 확신 및 자각의 위기가 계속되고 있다고 느낀다. 그는 이 위기가 누가 아프리카사람인가에 대한 바로 그 정확한 관점과 결부하여 아프리카 문학에 대한 정의가 결여된 이러지도 못하고 저러지도 못하는 데서 야기된다고 주장한다.

> 서구인들에게 있어 아프리카인은 '암흑의 심장'의 산물, 즉 몇몇 종족으로 정의된 병리학상 한계의 화신이었고 계속하여 그렇게 남아 있다. 한편, 서구에서 교육을 받은 아프리카인에게 있어서 아프리카인들은 어찌하다보니 현생 인류 가운데 가장 검은 인종이며, 수세기 동안 모욕 받고 착취당한 희생자이다.[6]

아프리카 문학의 유럽인의 관점에 대한 반응이 우선 대항적인 국면을 유도해 내었다고 하면 아마 맞는 말일 것이다. 응구기 와 응티옹오(Ngugi Wa Thiong'O)는 소수의 동료들과 함께 나이로비 대학에서 영어과를 없애고 두 개의 광범위한 비교학과를 신설하는데, 하나는 언어 연구를 위해, 다른 하나는 문학 연구를 위해서, 힘이 되었다. '영어과 폐지에 대하여'라는 글에서 응구기는 아프리카의 맥락에서 계속하여 영어의 전통을 가르침으로써 아프리카가 서구의 확장으로 바뀌어졌다고 주장하였다. 그는 또한 아프리카의 르네상스를 언급하면서, 그러한 추세에서 아프로 아메리카 작가 및 카리브의 작가들이 한 역할을 주목하였다. 그는 한마디로 말하여 그들의 목표가 다음과 같아야 한다고 주장하였다.

> 케냐와 동아프리카, 그 다음에는 아프리카를 센터에 두는 쪽으로 우리들을 적응시키자는 것이다. 그 밖의 모든 것들은 우리의 상황과 그들과의 관련 속에서, 우리 자신들을 이해하는데 있어서의 기여에 따라 생각되어져야 한다.[7]

응구기와 티옹오(Ngugi Wa Thiong'O)와 치디 아무타(Chidi Amuta)는 그들이 아프리카 문학학(literary scholarship)의 위기라고 보고 있는 것에 대해 모두 염려를 하고 있는데, 둘 다 월레 소잉카(Wole Soyinka)와 마찬가지로 비교 연구에서 발전적인 방법을 찾고 있다. 유럽 영향과 전통, 그리고 방법론에 대한 적대적인 대립국면은 아프리카 중심의 문학 연구로 바뀌었고, 이 연구에서 아프리카 문학에 끼친 유럽의 영향은 기타의 아마도 더 중요한 영향력들, 즉 자국어의 구비 전통의 지속과 같은 것과 함께 생각되어진다. 네이딘 고디머(Nadine Gordimer)는 백인 아프리카 작가로서의 자신의 관점으로부터 아프리카의 글을 정의하고자 노력하면서 다음과 같이 주장하고 있다.

> 아프리카의 글은 아프리카인들 자신이, 피부색을 막론하고서, 세계의 그 어떤 다른 곳이 아닌 아프리카에 의해 정신적으로나 영적으로 그 형성되는 경험을 아프리카인들과 함께 하는 이들에 의해, 그 어떤 모든 언어로 쓰여 진 글이다. 아프리카의 작가가 되기 위해서는 아프리카에서부터(from Africa) 세계를 바라보아야지, 세계로부터 아프리카를 (upon Africa) 내려 보아서는 안 된다.[8]

이들 아프리카 작가들은 아프리카 중심의 의식을, 그리고 아프리카로부터 시작하고 다른 문학을 그 아프리카 중심과의 관계 속에서 생각하는 문학 연구를 제안하고 있다. 이 비교문학의 모델은 차이점을 연결할 수 없다는 이유와 서구의 기준에 있어서 그 자리가 없다는 이유로 인하여 비 유럽적 텍스트와의 비교를 거부했던 과거의 유럽 중심적 모델과 완전한 대조를 이루고 있다.

만일 아프리카의 비교학자들이 영어와 기타 유럽권 언어의 탁월성을 없앨 수 있는 그런 방식으로 그들의 문학들을 명명하고서 자신들의 출발점을 확신할 수 있다면, 유럽의 비교학자들을 어디에 남겨 둘 것인가? 치누아 아체베(Chinua Achebe)가 '식민주의 비평(colonialist criticism)'이라고 부른 것에 대한 아프리카인들의 반응은 고대 그리스 및 유대 그리스도교 세계의 문학적 성과가 탁월하다는 믿음을 특징으로 가지고 있는데, 때때로 공격적으로 자기를 주장하는 입장을 나타냈고, 또 유럽적 모델에 대한 가지각색의 저항에 따라 서로 다른 부분에서 아프리카 비평가들 사이에서 뜨거운 논쟁을 낳았다. 심지어는 아프리카인들만이 아프리카 문학을 연구할 수 있다고까지 제창되었는데, 이것은 보편적으로 적용될 경우 사실상 그 어떤 비평가들도 자기 자신의 문화권 밖에서 쓰여진 다른 텍스트를 연구하지 못하게 될 전제였다. 얀하인츠 얀(Jahnheinz Jahn)이 논평하듯이, 아프리카 문학을 비평하는 이들은 '인종 차별주의자, 민족주의자 또는 개인주의자'[9]인 경향이 있어왔다. 그래서 한쪽 극단에서는 아프리카 문학을 인정하지 않으려하고 아프리카 연구를 순전히 인류학적인 것으로만 이해하는 유럽적 관점이 있을 것이고, 또 다른 극단에서는 그 자체로 식민주의를 거부함과 동시에 그 어떤 유럽적 문학 모델의 영향에도 반박하는 아프리카식 관점이 있게 되는 것이다.

이들 분극화에도 불구하고(불행하게도, 이들 양 억측의 극단주의자 진영에 속하는 학자들이 아직도 있다), 현재 진전되고 있고 탈식민 문화와 그 문화의 문학작품을 비교학적으로 보고 있는 연구는 애슈크로프트(Ashcroft) 등이 말한 바와 같이 이전의 피식민자들과 식민지 개척자 모두에게로 길을 제공하고 있다.

현재가 과거로부터 벗어나는 노력을 하는 가운데, 탈식민 문학 이론이 시간을 공간적으로 변화시키는 문제를 다루기 시작했으며, 상당한 탈식민 문학과 마찬가지로 미래를 건설하고자 시도하고 있다. 탈식민 세계는 파괴적인 문화적 만남이 같은 용어에 대한 차이점을 받아들이는 것으로 바뀌는 곳이다. 문학 이론가들과 문화사가들 모두가 문화 상호성을 외관상 보기에 끊임없는 정복과 전멸의 인간 역사를 잠재적으로 종결시킬 지점으로 인정하기 시작하고 있다. 탈식민 이론에 있는 힘은 본래부터 그것이 지니고 있는 비교 방법론과 이것이 함축하고 있는 현대 세계의 혼성되고 혼합된 관점에 놓여 있다.[10]

비판적 현장에 '탈식민'이라는 용어가 나타난 것은 20세기 비교문학에 있어서 가장 의미심장한 발전 가운데 하나임이 분명하다. 그래서 그 용어를 받아들이면, 지리학적 실체가 바뀌고, 그 밖의 다른 사항들이 주목을 받게 된다. 만약 탈식민주의를 통시적인 용어로 생각한다면, 자기들만의 문학을 창조하고자 했던 18~19세기의 북아메리카, 남아메리카 작가들의 오랜 투쟁은 그와 똑같이 하고자 했던 동시대의 아프리카와 라틴 아메리카 작가들의 몸부림에 비교할 수 있다. 그리고 자기 '소유의' 문학을 구성하는 것이 무엇인가라는 전체적인 질문 역시 논쟁의 여지가 있을 것이다. 1782년, 크레브쾨르(Crèvecoeur) 는 아메리카인이 무엇인가라고 물었다.[11] 이때는 1776년 혁명 후 정의의 문제가 아직도 상당히 중요한 때였으며, 2세기가 지난 뒤 멕시코의 카를로스 푸엔테스(Carlos Fuentes)는 쿠바의 알레호 카르펜티에르(Alejo Carpentier)를 좇아 선포하기를 아메리칸 작가의 임무는 사물들의 이름을 지어주는 것이라고 하였다.[12] 의미심장하게도, 푸엔테스(Fuentes)와 카르펜티에르(Carpentier) 모두 문화와 전기적으로 교차하고 있다. 푸엔테스는 미국 주재 멕시코 외교관의 아들로 성장했고, 카르펜티에르는 수년 후 파리에서 그에게 상당한 영향을 끼쳤다.

추방, 어디에 속하는 것, 속하지 않는 것이라는 주제는 탈식민문화 출신 작가들 간의 공통된 고리이다. 이와 마찬가지로 언어, 민족적 정체성이 안고 있는 해결 불가능한 사항들은 통일체의 또 다른 근본적인 요점을 제공하고 있다. 예를 들면, 영문학의 정전을 거부하는 것과 함께 영국 영어에 근거를 둔 표준 영어를 거부하는 현상이 나타나고, 이와 마찬가지의 과정이 토착의 자국어를 재평가함과 함께 탈식민 사회에서 기타 유럽 언어들에 발생하는것을 볼 수 있다. 이는 독자의 언어학적 출발점에 따라서 기대의 지평이 가지각색이라는 것을 의미한다. 따라서 장 빈타 브리즈(Jean Binta Breeze) 같은 카리브 출신 작가의 시 또는 아모스 투투올라(Amos Tutuola) 같은 아프리카 작가의 소설을 읽은 유럽인은, 이들 언어학적 기호들에 대한 이해를 그 작가들과 공유하는 독자와 비교하였을 때 낯선 어휘와 구문을 만나게 될 것이다.

탈식민 문학을 가로지르는 형식과 내용을 비교하면 다양한 가능성을 가지게 된다. 이와 마찬가지로 중요한 일은 탈식민 문학의 비교 역사에 대한 연결된 질문이다. 이는 이미 지적되었듯이 오랜 세월동안 모델을 제공한 것이 유럽의 문화적 역사이기 때문이다. 따라서 측정을 하는 기능으로서 르네상스와 낭만주의의 한 쌍의 기간이 유럽 비평가에 의해서 사용되었고, 분극화는 이들 및 기타 과도기 순간에 따라 정해진다. 분극화의 이 전통적 방법에는 모든 종류의 함축이 있다. 예를 들어, 만일 우리가 고대 그리스 문화를 서구 문명의 상위점으로, 그리고 로마제국을 그리스 이상의 (희석된) 연속으로 삼는다면, 우리는 로마제국의 몰락에 이어지는 긴 수세기 기간까지를 '암흑시대(the Dark Ages)'라 부르게 된다. 관습적인 유럽의 분극화는 다소 억척스럽기는 하지만 계몽의 단계로 로마제국을 보고 있으며, 이 국면이 암흑과 무정부 상태로의 하강으로 그 뒤를 잇고 나중에는 유럽 전역(중세시대)에 수도원 제도가 확산되고 대학이 설립됨으로써 12세기에 되살아났다고 본다. 그리고 이 기간은 앞으로 더 몇 세기를 걸치게 되는데, 이는 그것을 인지하는 자신의 입장이 어디인가에 따라서 14세기와 15세기 어딘가에서 르네상스의 내도까지라고 보기도 한다.

그렇게 문화적인 역사의 기괴한 분할이 그리 오래 지속했다는 것은 주목할 만한 일이다. 3장에서 지적된 바와 같이, 아일랜드 수도원 제도가 누린 영광은 수세기간의 '암흑'이라는 신화가 거짓임을 밝히는 진전된 단계 가운데 하나일 뿐이었다. 그러나 다른 그 무엇보다도 중요한 것은, 소위 말하는 암흑시대 동안에, 세계의 다른 곳에서, 특히 유럽에 인접해 있는 현재의 중동지방과 북아프리카 지역에서 문명을 꽃피웠다는 것이다. 12세기에 건축, 수학, 의학, 음악, 시, 철학 등의 부분에서 유럽 사회에 상당한 진전이 있었다는 것은 명백하지만, 부정되고 거의 잊혀 진 것은 그 발전의 과정에 끼친 아랍 세계의 상당한 영향이다.

또한, 한창 진행 중인 르네상스에서, 그리고 유럽인들이 문명의 위대한 순간의 하나라고 칭송한 그 지점에서, 또 콜럼버스(Columbus)가 처음으로 대서양 횡단의 항해를 시작한 바로 그 해에 스페인은 자기 나라에 살고 있던 유대인 주민들을 추방하고 그라나다의 무어 왕국을 정복함으로써 마지막 아랍인들을 몰아내었다. 이는 그리스도교인과 비그리스도교인 사이의 수세기에 걸친 충돌에 있어서 마지막 행동이었으며, 이 기간에 아랍 세계와의 접촉으로 생겼던 모든 유익한 면들이 두드러지게 무시되었다. 르네상스는 엄청난 미학적 부의 한 순간으로 인식될 수 있으나, 그때는 또한 정치적, 종교적 옹졸함의 시대였고 식민지의 확장이라는 해악이 유럽 외부로 시작된 시대이기도 했다.

그렇다면 전통적인 유럽식 시대 구분의 양식이, 매우 좁게 제한된 지리학적 경계 밖에서 일어난 그 어떤 것과도 관련을 갖지 않거나 또는 비유럽적 실재들을 무시하는 완전히 상이한 전제에 근거를 두고 있을 때 그토록 저항을 받았다는 것은 별로 이상한 일이 아니다. 중국, 인도, 아프리카, 그리고 라틴 아메리카 배경의 비교학자들은 유럽식의 문화 시대 구분 양식을 다 함께 반박하면서, 그것을 그들 자신의 대안적인 양식들로 대체하고 있다. 이 움직임은 문학 및 문학사의 보편성이라는 과거의 생각들이 어떤 식으로 도전을 받고 있는가에 대한 하나의 예시일 뿐이다.

탈식민주의는 반 식민주의와는 전혀 성질이 다르다. 식민주의에 대한 반발은 다양한 방식으로 나타났지만, 언제나 이원적인 반대의 전제를 가정하였다. 탈식민주의가 다르다는 것은 그것이 식민지화하는 문화의 패권에 도전을 함에도 불구하고 식민지화하는 이들과 식민지화된 이들 사이의 접촉이 가지는 복수상태를 인정한다는 것이다. 탈식민 이론을 촉진하는데 있어서 특히 중요한 것은 두 나라 혹은 여러 나라의 말을 하는 다인종사회에서 만들어진 문학들이 1950년대 이래로 성장하였다는 것이다.

애슈크로프트(Ashcroft) 등은 카리브 사람이 '가장 광범위하고 흥미를 돋우는 탈근대 이론에서 도가니'[13]였다고 느낀다. 이는 부당하게 당파적일 수도 있지만 강력한 주장이다. 그리고 캐나다와 미국에서 이중 언어를 사용하는 집단들의 의식이 발전되어 간 것도 이와 마찬가지로 중요한 일인데, 이것은 1960년대 초기 이래로 가속화 되었으며, 그 결과 풍부한 문학, 영화 및 음악문화가 나왔다. 특히 치카노(Chicano: 멕시코계 미국인 〔옮긴이 주〕) 문학이 두드러지게 된 것은 북아메리카와 남아메리카 문화 모두에서 강한 함축을 갖는다.

카리브 사회와 치카노 사회의 차이점은 너무도 분명하다. 카리브인의 역사는 콜럼버스가 처음 내도한 때로부터 시작하여 대량 학살, 잔인한 노예 거래, 경제적 착취, 가난과 인종 차별주의의 역사였다. 원주민 인구가 거의 전멸되자, 흑인 노예들은 마치 소처럼 배로 보내져서 농장에서 일하도록 되었고, 카리브 전체를 통해 매우 상이한 순간에 노예 제도가 폐지된 후에조차 아시아에서 온 가난한 이민 노동자들에 대한 착취는 계속된다. 치카노의 역사는 강탈, 인종 차별과 착취의 역사인데, 이와는 달리 치카노 인권 운동의 초기 구성원들이 지적하는 바와 같이 미국에서 원주민 히스패닉인들을 대접하는 것과 원주민 아메리카인들을 예우하는 것 사이에는 많은 유사점이 있다.

치카노와 카리브 주민 사이의 공통된 고리는 그들의 문화적, 인종적 혼성이다. 이 점은 윌슨 해리스(Wilson Harris), 에드워드 브레스웨이트(Edward Brathwaite), 조지 램밍(George Lamming), 토머스 리베라(Tomás Rivera), 루돌포 아나야(Rudolfo Anaya) 또는 알루리스타(Alurista)와 같은 저명한 작가들에 의해 반복되어 강조되어 왔다. 하나의 정체성 또는 공통된 조상계열이 없고 과도한 인종과 문화가 있음을 인정하는 것은 카리브인 또는 치카노인들의 역사에 대한 관념에 융통성이 있다는 것을 의미하는 것이다. 조지 램밍(George

Lamming)이 ≪추방의 기쁨(*The Pleasure of Exile* 〔1960〕)≫에서 말하고 있는 것과 같이, 그는 식민지화한 이의 후손이면서 동시에 식민지화된 이의 후예이기도 하다.

> 나는 노예의 직계 후손이기 때문에, 실제상의 사업에 너무 가까이 있어서 그 반향이 해방의 치세와 함께 그쳤다는 것을 믿을 수가 없다. 게다가 나는 프로스페로(Prospero)의 직접적인 후손으로서, 똑같은 노력의 신전에서 일을 하고 있고, 그가 남긴 언어 유산을 사용하고 있다 - 이것은 우리의 모임을 저주하기 위한 것이 아니라 - 그것을 더 진척시켜서 양쪽 모두의 후손들에게 과거의 일은 제쳐두고 다른 의미를 가진 재능을 미래를 지향하여 발전시킬 수 있고, 그것은 이 순간에 우리의 행동에 의해 식민지화되어 있지만, 항상 열린 상태로 있어야 한다.[14]

로돌포 곤살레스(Rodolfo Gonzalez)는 자신의 장시 ≪나는 조아킨이다(I am Joaquín/ Yo soy Joaquín)≫에서 이와 비슷한 진퇴양난을 탐구하고 있다. 이 작품은 수많은 치카노 텍스트와 같이 영어와 스페인어로 발표되었다. 1967년판 서론에서 그는 자기 작품의 원천을 다음과 같이 설명하고 있다.

> ≪나는 조아킨이다(I am Joaquín)≫는 역사적인 에세이, 사회적 진술, 우리들의 마제스티아제(majestiaje)의 결말, 압제자(스페인 사람)와 피압제자(인디언)가 융합된 것이다. 그것은 우리의 위대함과 연약함에 대한 거울이며, 영광스러운 역사에서 나타나, 사회적 고통과 갈등을 거쳐 여행하고, 또 드디어 하나로서 절정에 달하며, 한편으로는 우리의 강점을 소리치면서 약함을 고백하는 총체적인 사람으로서 행동하라는 요구이다. 심리적 상처, 문화적 대량 학살, 사회

적 거세, 고귀함, 용기, 결단력, 그리고 현대적 무대 위에서 춤추는 고대인들을 위하여 새로운 역사를 만들어 가고자 하는 불굴의 용기이다.[15]

램밍(Lamming)과 곤살레스(Gonzalez)는 서로 다른 방법으로 그들 국민의 역사와 화해하고 미래를 향해 나아가고자 하고 있다. 스페인 사람과 인디언, 흑인 노예와 백인 식민지 개척자들은 현재의 새로운 혼합된 인종들의 조상이다. 여기에는 분극화라는 느낌은 없고, 오히려 치카노나 카리브 문화의 다양한 성질을 인정하는 것이다. 곤살레스의 시는 치카노의 작가가 치카노 사람들을 위해 발표한 첫 번째 텍스트 가운데 하나였는데, 그 시는 상당히 야심적인 작품이다. 그의 시는 캘리포니아와 남서부 주의 이민 노동자들의 이야기, 멕시코 혁명, 스페인의 식민 통치에 대한 몸부림, 정복자들과 콜럼버스 이전의 아즈텍족(Aztec)의 내도, 마야제국 등을 거슬러 올라가면서 그들 조상의 발자취를 찾아가고 있는 치카노들의 역사를 펼치고 있다. 그는 치카노 역사의 각 단계에서, 압제자와 피압제자 둘 다 계통이 이어진 것의 모순을 지적한다. 그래서 시의 중심부에서 조아킨(Joachín)은 자신이 '코르테스(Cortés)의 칼이자 화염이며, 아즈텍 문명의 독수리이며 뱀'이라고 주장한다. 그리고 나중에는 자신이 '폭군이면서 노예'라고 하는데, 그 시의 마지막 부분은 다음과 같이 끝난다.

나는 아즈텍의 왕자이고 그리스도교의 예수이다.
나는 견딜 것이다!
견뎌낼 것이다!

초기 치카노 운동이 스스로를 말하였듯이, 라 라자(La Raza)의 구성원인 치카노들을 결합시킬 그 무엇은 미국의 '영국의 성공(Anglo success)'으로 묘사되는 현재의 작용으로부터의 차별에 반대하는 입장을 취할 수 있는 것을 말한다. 이는 자기가 누구이며 어디에서 왔는가를 인식하는 것과 함께 이루어진다. 곤살레스(Gonzalez)는 치카노들에게 압박과 노예 상태의 피해자로서 자기 조상들의 모습과 함께 서 있는 수세기 동안의 타협과 결탁의 거북한 모습을 제시하고 있다. 그는 치카노의 역사가 일부는 신랄하게 피로 얼룩져 있고, 그 피의 대부분이 그들을 차별하는 그 똑같은 사회를 위해 흘려졌다고 말하고 있다.

> 내 피는 얼음 덮인
> 알래스카 섬의 언덕에,
> 시체가 뒤덮인 노르망디의 해변에,
> 한국이라는 낯선 땅에
> 그리고 지금은
> 베트남에 흐르고 있네.

조지 램밍(George Lamming)은 자신의 혼합된 조상(고향은 바르바도스)을 셰익스피어의 ≪폭풍(The Tempest)≫에 대한 언급을 통해 묘사하고, 피터 흄(Peter Hulme)은 이 텍스트가 탈식민 문맥에서 얻은 중요성을 논하고 있다.[16] 그 극에는 근본적인 모호성이 있다. 딸 미란다(Miranda)와 함께 추방된 지위를 빼앗긴 공작 프로스페로(Prospero)는 그 섬의 주민들과 영혼 아리엘(Ariel), 그리고 괴물 캘리밴(Caliban)을 자기의 분부대로 하게 하는 마술적인 힘을 가지고 있다. 수많은 독자들이 주목한 바와 같이 갤러밴(Caliban)의 이름은 '식인종(can 〔n〕 ibal)'이라는 말의 철자를 바꾼 말로 읽혀질 수 있는데, 그는 극에서 가장 아름다운 언어를 부여받은 인물이지만 동시에 프로스페로(Prospero)의 죽음과 미란다에 대한 강탈을 몰래 꾸민 인물이기도 하다. 따라서 우리는 두 개의 관점, 즉 자신이 고용한 짐승같은 생물을 문명화하려고 애썼으나 결국에는 배은망덕으로 보답을 받는 인자한 주인의 관점, 또는 자신이 상속받은 재산을 외부인에게 빼앗기고 노예가 된 한 원주민의 관점을 가지는 것이다. 그리고 미란다가 칼리반에게 자기와 자기 아버지가 그를 어떻게 생각했는지, 즉 자기 자신의 의미를 말하거나 알 수 없는 '가장 야수 같았다'고 상기시켜 주었을 때, 그는 다음과 같이 대답한다.

> 당신은 나에게 언어를 가르쳤고, 거기서 내가 얻은 이익은,
> 어떻게 저주하는지를 알았다는 거지.
> 네 언어를 가르친 일로 천연두나 걸려 죽어라. (I.ii.366-8)

피터 흄(Peter Hulme)은 우리에게 프로스페로(Prospero)의 신비한 힘이 칼리반이 상상했던 것만큼 결코 위대하지 않음을 생각나게 한다. 프로스페로는 자기의 마술을 그 섬에서는 행사할 수 있지만 거기를 떠나서는 할 수 없다. (결국 그는 자기의 의지에 반하여 지위에서 물러나고 추방되었다. 그리고 이것을 막을 수도 없었다.) 또 그는 살아남기 위해서는 그 섬나라 사람들의 도움을 필요로 한다. 흄(Hulme)은 이 상태를 17세기 아메리카에서 유럽인들이 처해 있었던 상황에 비교하고 있다. 당시 유럽인들은 그들이 갖고 있었

던 총기(무기)의 힘으로 인해 마술사처럼 보였지만, 그들은 스스로를 마술사라고 느낄 수가 없었던 것이다. 그는 이를 다음과 같이 말하고 있다.

> 그것은 스페인어로 그랬었던 것처럼 초창기에 영어로 된 식민 이야기에 매우 자주 나오는 진부한 표현이다. 수년 동안 자기들 원주민이 기꺼이, 때로는 협박 하에 공급하는 음식에 의존한 유럽인들.[17]

정복자들, 식민지 개척자들, 손님, 정착민들 - 이 용어는 서로 다른 관점에 따라 다양하다. 조지 램밍(George Lamming)은 '나는 ≪폭풍(The Tempest)≫을 읽을 때마다 해클루트(Hakluyt)가 보고한 그 항해를 떠올리게 된다'고 한다. 그는 ≪폭풍≫을 생각하면 냉혹하게 잉글랜드의 식민주의를 회고하게 되며, 또한 그 연극은 '우리의 현재이기도 한 정치적 미래'를 예언하는 것이었다고 주장한다. 신입자들의 언어를 배우고 동시에 그들에 의해 노예가 된 그의 조상들은 그 모호함을 자기 자손들에게 물려주었다. 그래서 램밍에게 있어 '20세기 칼리반(Caliban)의 추방된 후손이자 동시에 식민 후손으로서의 내 인생이 처한 상황은 그 예언의 사례이었다.[18] 과거와 합의를 본다는 것은 다원적인 사회의 애매함을 직시하는 것을 의미하는 것이고, 램밍과 곤살레스(Gonzalez) 모두 그들의 다종다양한 문화적 유산에 우리의 관심을 끌고 있다. 거기에는 분명하게 정리된 기원이나 정확한 원천이 있을 수 없고, 그 결과 쌍을 이루는 두 개의 상대 쪽 사이에 분극화가 있을 수 없는 것이다, 남은 일은 그러한 다원주의를 야기한 역사적 과정의 복잡성을 인식해야 할 필요성이다.

카리브 출신의 조지 램밍(George Lamming)에게 있어 그 망 안에 있는 맥락은 아프리카와 유럽으로 거슬러 올라간다. 그리고 로돌포 곤살레스(Rodolfo Gonzalas)에게 있어서는 아메리카 인디언 문명과 유럽으로 돌아가지만 지금은 남과 북을 고려하는 것으로 확대된다, 치카노란 정의상으로는 혼합된 인종적 기원을 가지고 있으며 영어와 스페인어라는 이중의 언어학적 배경을 가진 이들이다. 치카노 문학이 발전됨에 따라 그것을 분류화 하는 문제도 확실치 않게 되었고, '카리브' 문학을 어떻게 규정지을 것이냐를 생각해 볼 때, 분류하는 것이 어느 정도 어렵기도 하지만 상황은 다르다. 윌슨 해리스(Wilson Harris)은 카리브 출신 작가로 묘사될 수 있는데, 이는 그의 작품이 자기 자신의 다문화적 유산의 변용적 힘에 초점을 두고 있기 때문이다. 한편 가르시아 마르케스(García Márquez)의 작품은 해리스의 작품과 흥미롭게 비교될 수 있는데, 콜럼버스 카리브의 오지에서 출생한 가르시아는 자기 자신을 카리브 작가로서보다는 라틴 아메리카 작가로 본다.[19]

지리학상, 그리고 역사적 실체로서의 카리브인은 그 경계선 안에 있는 사람들의 언어학적, 인종적, 종교적 차이점을 그 자체 위에 두고 있다. 치카노 문화의 경우는 더 확실치 않는데, 신비주의적인 아즈틀란(Aztlan) 민족에 대한 1960년대 후반의 이상주의적 주장에도 불구하고 지리학적인 실체도 없고 고향도 없기 때문이다. 치카노의 저술은 멕시코의 주류 문화 밖에 있고, 미국의 주류 문화에서도 마찬가지로 바깥에 있다. 그리고 옥타비오 파스(Octavio Paz)의 ≪고독의 미궁(*The Labyrinth of Solitude*)≫에서 지적한 바와 같이, 치카노인은 멕시코의 혈통으로 돌아가고 싶어 하지도 않고, 북아메리카 사회 속으로 섞이고 싶어 하지도 않는다.[20]

치카노 문학은 그 어떤 것으로의 '귀환'이라는 느낌에서 나온 것이 아니라고 할 수 있는데, 이는 우선 기원이 없어서가 아니라, 정체성을 세우고 거리낌 없이 말하고, 그 말한 것을 남들로 하여금 듣게 하고자 하는 욕망에서 나온 것이라 할 수 있기 때문이다. 그 문학이 정확히 언제 생겼는가에 관해 상당한 논쟁이 있는데('최초의 치카노 소설' 범주에 관한 주장자들이 몇몇 있음), 글로 쓰여진 텍스트 같은 고립된 예와 번창하고 있는 구비 노래와 시가 전통을 제외하고는 치카노의 문학적 텍스트가 1960년대에 급격히 증가하기 시작했다고 해야 옳은데, 1960년대는 치카노의 정치가 미국 흑인과 북미 원주민(Native American)에게 권한을 부여한 민권운동과 함께 비망록을 말하게 된 때이다. 작은 출발을 시작으로 하여 소설, 시, 극, 치카노의 출판사, 대학기관, 라디오, TV 방송국, 하원의원(MLA)에의 대표, 국제 치카노 연구 협회 등이 급격히 증가하였다.

이러한 텍스트의 확산은 외부 세계에 있어 치카노 문학을 훨씬 더 자세히 설명을 해준 것 외에도 치카노 문학을 안에서부터 바꾸었다. 치카노의 의식은 세사르 차베스(César Chavez)와 캘리포니아 와인 생산자들에 대한 국립 농장 근로 연맹의 파업과 함께 직접적인 정치활동으로 1960년대에 시작되었다. 1965년에 시작하여 6년 동안 지속된 델라노 포도 파업은 이민 온 멕시코 노동자들(1대에서 5대까지)의 곤경을 전 세계적인 관심 속으로 가져다 놓았다. 위대한 치카노 극장업 종사자인 루이스 발데즈(Luis Valdez)는 피켓 라인에 자신의 악토스(Actos)를 만들었고, 토머스 리베라(Tomas Rivera)의 주기적인 이야기 모음인 ≪Y no se lo tragó la tierra(그리고 지구는 갈라지지 않았다)≫는 그 구조와 분위기,

서술기법 면에서 조이스(Joyce)의 ≪더블린 사람들(Dubliners)≫을 상기시키는 그런 방식으로 현장 노동자들의 삶의 기록을 제공한다.

1960년대 이래로 치카노 연구는 교과 과정에 들어갔고, 지금은 모든 형태의 방법 및 이론적 접근법을 갖고 있는데, 이들 중 몇몇은 노동자 계급 정치에 그 뿌리를 두고 있는 치카노 운동의 시초에서 아주 많이 떨어져 있다. 치카노 문학 역시 변하여, 이주 노동자들이 겪은 상실을 묘사하는 소설과 치카노의 '서사적' 시를 쓰고자 시도했던 것에서 옮겨 가, 좀 더 복잡한 이야기와 시적 구조 쪽으로 가고 있다. 카리브 맥락에서처럼 성별의 문제도 전면으로 나왔고, 지금 치카나(멕시코계 여자 미국인 〔옮긴이 주〕) 문학은 점점 더 중요성을 띠고 있다. 더욱이, 이 개 국어를 병용하는 시적 현상도 있다.

이 개 국어로 쓰는 것은 오래된 현상이며, 다른 언어들을 쉽사리 바꿀 수 있는 독자가 있을 때마다 발생한다. 스페인어와 영어의 배경을 가지고 있는 치카노 독자들을 위해, 그리고 치카노 사람들이 말하고 영어의 문법과 어휘의 영향을 많이 받은 스페인어의 방언으로서 포코(*Pocho*)의 발전을 위해, 이 개 언어로 된 시는 흥미 있는 복수 이상의 문화에 걸친 가능성을 제공해 준다.

가장 위대한 치카노 시인 가운데 한명인 알루리스타(Alurista)는 그의 독자들로부터 문화를 옮기는데 있어 똑같은 언어학적 기술을 취하는 영어와 스페인어를 섞어가며 쓴다. 그의 시는 나와틀어(Nahuatl) 시, 멕시코어 시, - 콜럼버스 이전과 스페인어 - 동시대의 대중문화, 가톨릭 호칭기도, 비트족 시인으로부터의 다양한 전통에 의존하면서, 언어를 한데 섞고 신조어를 만들고 있다. 이러한 종류의 시는 정말로 혁신적이지만 다양한 전통에 의존하는 것이며, 이 전통 모두가 글 속으로 흡수되는 것이다. 여기에는 그 어떤 단일한 기원도, 주된 전통도 없다. 치카노 역사가 복합적인 성질을 가짐으로 인해 그 결과 다양한 형식의 텍스트가 나온다.

우리는 이와 비슷한 과정이 몇몇 카리브 작가들의 작품에서 볼 수 있다. 예를 들면, 1930년대에 쿠바의 니콜라스 기옌(Nichoás Guillén)은 자신의 시집 ≪*소리의 모티프*(*Motivos de son*)≫와 ≪*송고로 코송*(*Sóngoro cosongo*)≫에서 스페인의 발라드와 아프리카의 리듬, 그리고 흑인 댄스 뮤직을 합한 것을 사용하여 '소리' 시를 창출하였다. 이와 마찬가지로 쿠바의 소설가 알레호 카르펜티에르(Alejo Carpentier)는 1933년 29세의 나이에 ≪이큐-얌바-오(*Ecue-Yamba-O*)≫를 썼다. 이것은 영감을 받기 위해 아프로 쿠바 음악에 의존한 단편소설이다. 수년 후, ≪*잃어버린 자국(The Lost Steps* 〔1949〕)≫에서 시간을 거슬러 올라가 자기 자신의 영혼 속으로 들어가는 카르펜티에르의 자서전적 주인공은 음악학 연구가이며, 표면상 원시의 악기를 추구함에 의해 자기 기원의 원시림으로 안내되어진다.

기옌과 카르펜티에르는 스페인어로 썼다. 프랑스어를 쓰는 시인 에메 세제르(Aimé Césaire)는 그들처럼 아프리카의 노래 리듬에 의존하면서 잃어버려진 조상의 유산을 재창조하고자 시도하였고, 그 과정에서 비유럽적인 율동적 양식을 사용함으로서 유럽의 한 언어를 변형시켰다. 그러나 세제르(Césaire)의 아프리카다움과 그가 신봉한 '네그리튀드(Négritude: 흑인의 문화와 정체성 확보 운동 〔옮긴이 주〕)' 개념은, 수세기의 압박을 통한 아프리카 정신의 승리와 검음의 단언으로서 네그리튀드를, 푸엔테스(Fuentes)가 최초의 유럽인들이 신세계에 부과한 유토피아적 이상에 비견할 수 있다. 네이딘 고디머(Nadine Gordimer)는 유럽인들이 스스로를 아프리카의 과거의 지속으로 보고 싶어 하는 바람에도 불구하고 다음과 같다고 주장하고 있다.

> 카리브의 작가들에게 아프리카적 요소로 남은 것은 그들의 피부색이 전부이다. 그리고 유대인들과는 달리, 그들의 정체성은 유대인 거주 지역에 집중되는 것 대신에, 노예 농장에서 산산조각이 되었다.[21]

그러나 네이딘(Nadine) 역시 아프리카 작가들에 대한 카리브 작가들의 영향을 인정하고 있다.

> 카리브의 흑인 작가들이 갖고 있는 가정에 대한 꿈 - 경험해 보지도 못했고 본 적도 없는 가정을 말함 - 은 근대 아프리카 문학을 창조하였다. 그것은 근대 아프리카 문학이 아프리카인들 앞에 백인들의 생활양식에 근거해 측정하는 부정으로서가 아닌 긍정적인 실체로서 아프리카 생활의 새로운 평가를 두었기 때문이다.[22]

고디머(Gordimer)는 카리브인들이 아프리카를 이상화함으로써 아프리카인들에게 모범적인 이미지를 부여하고, 즉 어둠의 중심으로서 아프리카 이미지와는 엄격하게 다른 이미지를 나타냈다고 말한다. 게다가, 심리적 풍경을 사용한 세제르(Césaire)의 시는, 자연을 명상함으로써 영감을 받는 유럽시인의 전통보다는, 인간과 환경 사이의 상호관계에 관한 아프리카적 관념과 면밀히 일치한다.

아프리카 학자와 카리브 학자들 사이에는 네그리튀드(Négritude)가 갖는 이데올로기적 함축에 대하여 매우 많은 논쟁이 있어 왔다.

월레 소잉카(Wole Soyinka)는 아프리카와 아프리카 문화의 이상적인 비전에 관하여 네그리튀드의 중요성을 인정하나, 그것이 엄청나게 단순화된 비전이라고 주장하고 있다. 그는 레오폴 상고르(Leopold Senghor)가 유럽인들이 분석적인 사고를 하는 반면 아프리카인들은 보다 더 직관적이라고 제시한 것에 대해, 이 추정이 '마니교적인(이원론적인 〔옮긴이 주〕) 유럽인 사고의 전통'[23]에 근거한 것이라는 이유로 그를 비난하고 이렇게 주장한다.

> 네그리튀드(Négritude)는 그 말씨가 귀에 거슬리고, 구문론이 과장되고 방법이 공격적임에도 불구하고 본래 방어적인 역할이었던 것에 그 스스로를 가둬 덫을 놓았다. 그것은 인종적 차별의 가장 흔한 모독 가운데 하나, 즉 흑인은 자기 귀 사이에 아무 것도 가진 것이 없다는 것을 받아드렸고, 이 날조된 유럽의 문화적 우위에 대한 정당화를 찬양하기 위해 시의 힘을 전복시켜 갔다. 근본적으로 잘못된 것은 과정상의 잘못이다. 네그리튀드는 미리 맞춰진 인간 및 사회 양자의 유럽인 중심적인 지적 분석시스템 내에 머물렀고, 이들을 구체화한 조건에서 아프리카인과 그 사회를 재규명하려고 하였다.[24]

유럽/아프리카/아시아/라틴아메리카 문학의 체계와 같은 엄청난 일반화된 범주를 고려하는 순간, 우리는 회랑의 미로에 들어가, 모습을 반사하거나 왜곡시키는 거울, 아직까지 열려진 적이 없는 문, 닫혀 진 방 그리고 막다른 끝을 보게 된다. 비교학자들은 그 미궁이 변화된 인식과 혁신적인 연결 고리들을 무한히 제공하기 때문에 거기에 빠져 들어간다. 유럽문화의 높은 기준으로 출발하는 비교문학은 정확하게 정의 내려진 경로를, 즉 미리 결정된 시대와 문체 그리고 문학적 관습 사이를 그 학자가 안전하게 따라 여행할 수 있는 길을 제공한다. 그러나 그 미궁은 아주 더 많은 가능성도 제시한다. 그것이 제시하지 않는 것은 명쾌한 답변과 정의이다. 이런 점에서, 문학 작품의 탈식민 이론에 의해 열린 비교 미로는 1990년대의 탈근대주의자 세계의 다원주의를 지키는데 훨씬 유용하다. 문화가 진보를 향해 행진해 간 그 길을 과거의 실증주의적 개념으로 보는 것은 아무 결론에도 이르지 않게 된다.

유럽 중심적인 비교문학 연구 개념이 잘 알려진 방향을 지키고 그리스/그리스도교 문화의 길에서 옆길로 빗나가지 않을 필요에 의해 제한되고 억제되어 왔다면, 다른 관점에서 출발하는 학자들에게 있어서는 공유할 필요성은 없다. 예를 들어, 라틴 아메리카나 아프리카의 작가와 학자들에게 있어 주된 문제는 자기 자신들의 문화적 산물에 대해 그들이 지니고 있는 인식을 다른 문화의 산물과 관련하여, 특히 이들 다른 문화들이 그 용어의 모든 내용면에서 자기들의 주인이기도 했을 때, 그 인식을 분명히 말할 방법을 찾아야 한다. 따라서 네그리뛰드(Négritude)를 반박해야 함과 동시에 필요로 하게 되고, 치카노 작가들은 멕시코의 문학 전통 내부에 놓여 지기를 거부하는 동시에 라틴 아메리카 사람으로서 스스로를 보아야 하는 것이다.

1982년 가르시아 마르케스(García Márquez)는 노벨문학상을 수상하였다. 노벨상 수상 연설에서 그는 첫 번째 여행자들의 이야기부터 파블로 네루다(Pablo Neruda)까지, 이 사람은 1973년 칠레의 대통령을 살인한 쿠테타 직후에 사망하였는데, 그가 사는 대륙의 엄청난 역사를 보면서 라틴 아메리카 작가들에 대해 솔직히 말하였다. 그는 라틴아메리카의 빈곤문제와 정치적 압제를 논평하면서, 유럽적 관점에서 이들 공포를 해석하려는 시도의 위험성을 언급하고, 다른 문화를 결속하는 띠를 만들면서 유럽의 잔학한 역사나 유럽인들의 도덕적 책임에 대한 고려 없이 라틴아메리카를 '미개발된' 것으로 보았다. 그의 연설은 전율적 환상과 매우 세부적인 과학적 자료를 결합한 신세계의 항해에 관한 많은 기록으로 시작한다.

> 세계 항해에 처음으로 나서 마젤란(Magellan)과 함께 한 플로렌스의 항해자 안토니오 피그나페타(Antonio Pignafetta)는 어찌 되었든 상상 속으로의 모험처럼 보이는 남아메리카 대륙을 거쳐 가며 자신의 여행에 대하여 꼼꼼한 항해일지를 썼다. 그는 배꼽이 등에 있는 돼지, 발이 없는 새들, 수컷의 등에 자기 알을 품는 암컷 종류들, 부리가 수저처럼 혀 없는 부비새 같은 것들도 보았다고 했다. 또 머리와 귀는 노새의 모양을 하고, 낙타의 몸을 하고, 사슴의 발굽과 말의 울음소리를 한 기괴한 동물을 보았다고 썼다. 그리고 그들이 파타고니아(Patagonia)에서 처음으로 만난 원주민들 앞에 거울을 놓았더니, 너무도 흥분된 거인들이 그들이 자신의 이미지에 대한 두려움으로 이성을 잃었던 모습들을 이야기하였다.[25]

초기의 여행자들은 지각력이 있는 도구로 이루어진 새로운 것과 알려진 세계의 문학적 관습들을 묘사하고자 하였다. 그래서 그들은 매우 인기 있는 기사도의 로맨스에 그 예가 나와 있듯이, 신화적인 야수들이 갖고 있는 이미지 비축물, 미지의 상상 속의 세계 이야기에 의지하였다. 이들 환상의 이미지들은 유토피아의 존재를 믿고 싶어 하는 욕망과 결합되어 생기를 갖게 되었고, '천진난만한 원시인'이라는 라틴 아메리카에 대한 유럽인의 인식을 형성하였다. 유토피아의 이상이 바래지면서 점차 그 대륙은 뭔가 낯설고, 지구상의 마지막 장소 가운데 한 곳을 의미하게 되었다. 오늘날에도 유럽과 미국에 유행하고 있는 라틴 아메리카에 관한 신화는 그 대륙을 범죄자나 은행 강도 또는 전 나치주의 신봉자들이 도망가서 숨을 수 있는 곳, 불법 이민자들과 마약 밀매자, 살인범, 그 밖의 바람직하지 않은 악마 같은 것들이 일어나서 리오그란데(Rio Grande) 강을 건너 서구문명의 빛 속으로 들어오고 싶어 하는 곳으로 본다.

가르시아 마르케스(García Márquez)는 라틴 아메리카의 현실이 그것이 만들어내는 이야기만큼이나 환상적임을 인정하면서도 그러한 신화 창조를 거부하고 있다. 라틴 아메리카 작가가 직면한 임무는 그가 반어적으로 이름 붙인 '존귀한 과거의 유럽'이 만들어 놓은 모델에 의지하지 않고 현실에 대해 이야기할 방법을 찾는 것이다. 그럼에도 불구하고 그가 탁월하다고 인정하는 두 명의 작가들은 그의 스승이라 불리는 네루다(Neruda)와 윌리엄 포크너(William Faulkner)이다. 가르시아 마르케스(García Márquez)는 라틴 아메리카의 역사가 유럽과 세계 기타 지역사와 분리될 수 없음을 인정하면서도, 새로운 현실을 반영할 새로운 저술을 만들어낼 동시적인 필요성을 인식하고 있다. 그는 라틴 아메리카가 유럽인의 꿈의 그림자가 아니라고 주장한다. 그 현실은 유럽의 현실과 매우 다르고, 다른 방식으로 경험되고 살아 있으며 그 작가들에 의해 다르게 묘사되었다.

가르시아 마르케스는 '마법적 사실주의'라 이름 붙여지게 된 것에 공상과 리얼리즘을 한데 결합시키는 방식으로 유명하다. 카르펜티에르(Carpentier)는 전에 '놀라운 것 속의 실제적인 것'에 대해 이전에 말한 바 있으며, 보르헤스(Borges)는 이성적 우주와 비이성적 우주 사이의 경계가 새로운 관점에서 보는 작가에 의해 얼마나 쉽게 벗어날 수 있는가를 끈질기게 보여 주었다. 1986년에 보르헤스가 사망하자 옥타비오 파스(Octavio Paz)는 그에 대한 경의를 보이며 다음과 같이 말하고 있다.

> 유럽인들은 보르헤스의 보편성에 대해 놀라워했으나, 그 누구도 세계주의가 한 라틴 아메리카인의 관점이었고 또 그럴 수밖에 없었음을 깨닫지 못했다. 비유럽적 방식이었던 것이다. 유럽 전통 내부와 외부 모두에서 라틴 아메리카인은 서구를 전체로서, 그러니까 프랑스, 독일, 영국 또는 이탈리아 사람의 치명적인 지방적 시각이 아닌 관점으로 볼 수 있다.[26]

유럽의 지방주의에 대해 파스(Paz)가 언급하고 있는 부분은, 3장에 논해진 아일랜드 작품에서의 지역적인 것과 지방적인 것 사이의 카바나(Kavanagh)의 구별을 상기시킨다. 이 비교는 적절한 것으로서, 그 이유는 유럽이 중심에 있고 그 밖의 다른 사람들 모두가 지방에 있다는 개념을 수정하고 있기 때문이다. 그 개념은 후기 문명 사회에 의해 매우 깊게 흡수된 고대 로마의 오만한 고전적인 모델이다. 그래서 오비드(Ovid)는, 자신이 그 중심으로부터 추방되어져서 제국의 가장자리로 자신이 인식했던 곳으로 유배된 그의 운명에 대한 한탄으로서 ≪슬픔(Tristia)≫을 썼다. 모든 눈이 집중되어 있는 장소로부터 떨어져 지방으로 추방당하는 것, 즉 유배라는 주제가 가진 그러한 면은 많은 유럽 작가들에게 공통된 것이지만, 유럽 바깥에서 그것은 의미심장하게 달라진다. 예를 들어, 중국인, 유럽인 또는 카리브인 작가들이 사용한 추방의 주제와 이미지를 비교 연구해 보면 얼마간의 흥미로운 다양성이 나올 수 있다. 카바나는 지역적인 관점이 내부로 향하고 그 결과는 보편적이 되는 반면, 지방적인 관점은 중심의 거부를 보이면서 언제나 다른 곳을 보고 있다고 꽤 적절하게 지적하고 있다. 지역주의는 어디 다른 곳에 있는 중심에 그 어떤 은혜도 입고 있지 않으며, 다른 어떤 곳은 그저 더 이상 중요해지지도 않는다는 것이다.

라틴 아메리카 소설에 있어서 마법적 사실주의가 발전한 것은 콜럼버스 이전 기간과 과거 식민으로부터 상속된 복합적인 현실 인식에서 그 영향을 발견할 수 있다. 초기 유럽 항해자들이 묘사한 공상의 창조물들은 고대 콜럼버스 이전 신전들의 신화적인 짐승들 위에 놓여지게 되었는데, 폭군들의 지나침, 부패한 정치인들은 가톨릭 그리스도교 전통에 나오는 성인과 순교자의 이야기에 함께 섞여졌고, 과학적 지식과 불가능한 환상이 나란히 책의 면을 함께 하고 있다. 1967년 작 가르시아 마르케스(García Márquez)의 소설 ≪족장의 가을(Autumn of the Patriarch)≫은 여러 세대의 다른 독재자들에 대한 역사적 정보를 그 자신의 상상력으로 지어낸 무서운 무절제와 연합하고 있고, 1974년 로 바스토스(Roa Bastos)의 ≪나, 최고의 사람(I, the Supreme one)≫ 역시 사실과 환상을 어처구니없는 무서운 힘과 섞고 있다. 라틴 아메리카 작가들은 사실적인 것과 환상적인 것 사이에 명확한 선을 긋는데 어려움이 있다고 지적하고 있는데, 정말 그들의 글을 읽어보면 그 용어를 다시 생각하게 된다. 예를 들어, 루이사 발렌수엘라(Luisa Valenzuela)의 ≪도마뱀 이야기(*The Lizard's Tale*)≫는 초현실주의적인 이야기 기법을 사용하면서 1970년대 아르헨티나의 공포를 그리고 있고, 작가가 자기 자신이 쓴 책의 주인공으로 나타내는데, 우리는 이 작품과 같은 소설에서 무엇을 생각할 것인가? 그리고 영국인들이 어떻게 브라질 밖으로 고무 묘목을 밀수하여 동남아시아에 자기들 자신의 수익이 높은 대규모 농장을 세우고, 그리하여 노예가 된 인디언이 정글에서 개간한 땅에 오페라 하우스와 큰 저택을 세우기까지 한 아마존의 고무 경작자들의 엄청난 부를 파괴하였나하는 이야기는 너무도 기이해 그것을 역사라고 하기보다는 소설이라 예상해 넣게 된다.

문화를 섞는 것은, 그것이 얼마나 잔인하게 시작되었든지, 오늘날 아프리카, 라틴 아메리카, 그리고 카리브의 많은 다른 사회들을 생기게 하였고, 그 복합적인 문화적 맥락의 증거가 이들 지역의 문학에서 발견된다. 마법적 사실주의는 유럽인 비평가들이 보기에 소설가들이 소설의 사실주의 양식의 경계선을 거부하고 있는 것 같을 때마다 라틴 아메리카뿐만 아니라 인디언의 저술이나 터키, 체코, 루마니아 또는 나이지리아의 저술 등 세계 다른 지역에서 나온 많은 저술을 말하는데 사용되었다.

마법적 사실주의는 체계를 가로지르는 통찰력 있는 도약으로 독자를 끌어들인다. 카리브의 작가인 에드워드 브레스웨이트(Edward Brathwaite)는 작가의 임무가 그들의 탈식민 현실의 새로운 세계를 명명하는 것이라는 푸엔테스(Fuentes)의 말을 되풀이하고 있다. 그리고 그는 그 이름 붙이는 과정을 탐구와 비슷한 것으로 본다.

> 카리브 사람에게서 토착 문화를 가진 사람들과의 조상 관계를 인정하는 것은 그것이 아프리카인이든 아메리카 인디언이든 간에, 예술가들과 참석자들로 하여금 과거와 오지로의 여행을 하게 한다. 이것은 현재와 미래를 소유하는 움직임이기도 하다. 이러한 움직임을 통해 우리는 사물에 대한 말, 그리고 말에 대한 이미지를 발견하면서 우리 자신이, 진정으로 우리 자신의 창조자가 되는 것이다.[27]

소유 운동은 과거와 타협하는 것, 목소리를 찾고 사물에 이름을 붙이는 것을 포함한다. 그것은 또한 지금까지 무슨 일이 일어났는지를 그 밖의 세계에 보여주는 것을 포함하기도 하는데, 여기서 우리는 '마법적 사실주의자'라 대충 말할 수 있는 이야기 발전에 나란히 발견할 수 있는 것은, '사실주의 이야기'의 강력한 전통으로, 식민 과거의 전체적인 공포와 그것이 현재에 남기고 있는 유산을 드러내는 데에 있다. 예를 들어, 상당 부분의 치카노 문학이 치카노 농장 근로자들, 소작인, 도시 빈민가 거주자, 뒤죽박죽이 된 젊은이들이 겪는 곤궁을 그리는 데 신경을 쓰고 있다. 치카노 소설의 상태를 반영하면서 조제프 소머스(Joseph Sommers)는 비교 문화 연구가 로버트 무질(Robert Musil), 샐린저(J. D. Salinger), 리처드 라이트(Richard Wright) 또는 마리오 바르가스 요사(Mario Vargas Llosa) 같은 다른 소설가들의 작품과 더불어 토머스 리베라(Tomas Rivera)와 같은 주요 소설가의 작품도 고려할지 모른다고 제시하였다.[28] 우리는 이 목록에 치누아 아체베(Chinua Achebe)를 분명하게 더할 수 있는데, 그것은 리베라와 아체베 모두 현재에 대한 과거 식민의 영향에 대하여 쓰고 있고, 동시에 사회적 부정을 폭로하고 치카노인 또는 아프리카인들의 스스로에 대한 자존심을 회복하고자 하기 때문이다. 그리고 많은 치카노인들처럼 많은 아프리카 소설가들의 사실주의는 아마 틀림없이, 식민 문학에서 아프리카인이나 멕시코 아메리카 인들을 경멸적으로 낭만적으로 다루는 것에 대한 반응이라고 할 수 있다. 매우 많은 탈식민 사실주의자 소설들은 주인공으로서 아이들이나 젊은이들을 두고 있다는 것은 중요한 부분인데, 독자의 여행은 그 아이가 발견의 단계를 통해, 종종 환멸의 하향 소용돌이 단계를 거쳐 발달하는 것을 말하고 있다.

또한 탈식민 비교문학은 유럽인들이 지도와 해도를 가지고 도움을 받으면서 정복할 새로운 땅과 부를 찾아 떠나는 것 대신에, 이번만은 발견의 항해이고, 이 항해는 자기 인식을 향한 항해이며, 동시대 집필의 미로와 같은 세계를 만든데 있어서의 공감, 책임과 죄를 인식하고자 하는 항해이다. 유럽인들도 더 이상 세계의 중심에서부터 출발하는 그 항해에 승선하지 않고 있는데, 이는 중심과 주변이 재규명되었기 때문이다. 점잖은 체하는 지방적 쇠퇴가 없으면 흔적도 없이 사라졌을 영어 소설이, 전혀 영국에 가 본 적도 없고 가보고자 하는 관심도 거의 없으면서 영어로 쓰는 소설가들의 활력에 의해서 생기를 되찾게 되었다. 조지 램밍(George Lamming)이 일어난 일들에 대해 다음과 같이 요약하고 있다.

> 식민주의를 마치 그것이 전적으로 흑인의 경험이었던 것처럼 말하는 경향이 있는데 이것이 매우 제한적인 이해이다. 그것은 두 방향의 일이었다. 그것은 흑인의 경험이었던 것과 마찬가지로 백인의 경험이었다. 즉 그 거대한 기획의 성격을 이해하는데 백인 사회에 매우 긴 시간이 필요하였던 것이다.[29]

1990년대의 비교문학 연구는 식민주의를 인식하고 사실 두 방향의 일이었던 그 모든 함축과 함께 나아가야 할 것이다.

제5장

문화의 구성: 여행담의 정치

미셸 푸코(Michel Foucault)는 '평등과 불평등의 관계를 확립하기 위해 단위들을 분석하는 측정 방법의 비교'에는 두 가지 형태가 있다고 제안했는데, 이는 순서에 따라 가장 단순한 요소들과 그것의 배열된 차이들의 상관성을 정립하는 데 있었다.[1] 비교문학 연구는 과거에는 비교의 초기 형태, 최초의 작가와 이후 작가의 기준 설정, 위대한 텍스트와 미흡한 텍스트, 영향력 있는 문화와 그렇지 못한 문화, 다수 집단 언어와 소수 집단 언어, 그리고 암암리에 계급화와 같은 사상적 함축을 유지하기 위한 힘겨운 노력에 관심을 기울이는 경향에 두었다. 최근에서야 두 번째 비교의 형태에 대한 관심을 갖게 되었는데, 최근 비교문학 연구에서 가장 눈에 띄는 발전 양상은 다른 문화를 경험한 여행자에 의해 언급된 여행담, 일기들, 편지들, 번역물과 이야기를 읽는 우리의 독서의 변화를 포함하고 있다.

콜럼버스(Columbus)의 신세계에 대한 그의 항해 이야기는 토도로프(Todorov)가 지적해 왔듯이, '황금(oro)'이라는 마법의 단어와 밀접한 관련이 있다.[2] 연금술이 실패하자, 그는 그곳에 황금이 있을 것이라는 확신을 갖게 되었다. 다른 식민지 개척자들은 그들의 여행을 땅을 경작하거나, 곡식을 심고 비옥하게 하는 것, 괭이질, 갈묻이, 쟁기질이라는 관점에서 표현하고 있다. 그래서 최근의 학자들은 약탈에 대한 이런 종류의 환상의 평균화에 대하여 지적하기 시작했다.[3] 즉, '지배되기'를 기다리며 뒤에 남겨졌던 처녀지는 해외에서 자신들의 부를 얻고자 했던 유럽인들의 이해를 통해서 경작되리라는 것과 아메리카 식민지 버지니아가 선정적 은유를 상당히 고양시켰다고 보는 것은 외설적인 환상이라는 것이다.

장르 연구에서 파생된 별개의 방법론들, 문화 연구와 탈근대주의 이론으로 고무된 여행담의 현대 독서는 여행자들이 경험한 문화를 구성하는 명확한 방법을 알아내기 위하여 다른 지역의 여행에 대해 순수한 세부묘사에 거의 근접하는 부차적인 텍스트를 제시해 준다. 여행자들의 여행담을 통해서, 우리는 현재 문화의 정형화된 유형과 여행자의 고국 문화에서의 경향성이 어느 곳에서나 반영될 수 있는 개인적인 반응법을 볼 수 있다. 예를 들어, 제인 오스틴(Jane Austen)의 동시대인 스콧 오브 번게이, 서퍽(MR. J. B. Scott of Bungay, Suffolk 〔1792-1828〕)은 1814년 프랑스와 이탈리아를 첫 번째 여행하였는데, 예상대로 그의 일지는 나폴레옹에 대한 일화로 가득찼고, 음식에 대한 세부 묘사와 함께 그는 여행을 즐겼다. 또한 그는 풍경과 사람에 대해 진술하였는데, 다음 발췌문은 그 저술의 분위기를 느끼게 해 준다.

레그혼(Leghorn)의 여자들은 놀랍게도 프로방스(Provence)에 있는 그들의 이웃들과 혼혈아라는 것 때문에 매우 아름답다. 그녀들은 아름다운 하얀 베일을 머리에서부터 어깨 아래까지 내려오게 걸치고, 매우 큰 귀걸이를 착용한다. 투스칸(Tuscan)의 남자들은 매우 지적인 사람들이다. 그들의 프랑스에 대한 증오심은 오스트리아 인을 즐겁게 하려는 마음과 비례한다.[4]

스콧(Scott)은 바이런(Byron)과 셸리(Shelley)처럼 그의 전성기에 젊은 세대의 영국인의 유행을 따랐고, 오스트리아가 이탈리아로부터 독립해야 한다는 주장을 지지했다. 그는 또한 캠브리지 출신의 젊은 남자로서, 여자에게 관심이 많아서 그의 여행 중에 관찰한 여자들의 외모와 의상에 대해 자주 이야기했다. 그러나 레그혼의 남녀에 대한 그의 인류학적인 견해는 그들을 관찰 대상으로 치환시켜 놓고, 피조물들은 그가 그들에게 부여하는 목적 때문에 그 실체를 받아들였다. 여자들은 비정상적으로 큰 귀걸이를 하고 아름다운 머리장식을 하고 있었고, 남자들은 친절하고 지적이었다고 묘사했다. 그가 보고 가정한 것들은 희미해졌지만, 그의 잉글랜드 애국주의는 당시 관점에서 일반적으로 유럽의 악마로 비춰졌던 프랑스인에 대한 증오를 우리에게 확신하게 해주는 상관물을 찾게 했다. 스콧은 그의 주제에 대하여 권위자의 위치에 자리함으로서 여행자의 자신감과 확신에 찬 주장을 위해 기술적인 양식에서 전이한다. 스콧은 그 당시 중간 계급으로 잘 교육된, 고전적인 위대한 여행의 담당자로서의 여행자의 전형적인 모습을 보여 주었다. 그러므로 그의 여행담들은 단지 한 개인의 특별한 전형일 뿐 아니라, 그의 출신 사회의 전형적인 모습이다. 이례적으로 그의 이야기들은 ≪고국과 외국에서의 잉글랜드인(*An Englishman at Home and Abroad*,

1792-1828)≫이란 제목으로 1930년에 출판되었다. 그의 죽음 1세기 뒤에, J. B. 스콧(Scott)의 편집자인 에설 만(Ethel Mann)은 '한 잉글랜드인'으로서 그를 규정하고 있다. 무엇보다도, 그 일지의 서문은 이국에 거주하는 잉글랜드인의 위대함과 절대적인 통치의 덕에 대한 고도로 성공한 대중 소설 주인공을 나타내었고, 그리고 그 서문은 ≪솔로몬 왕의 소유(Solomon's Mines)≫와 ≪그녀(She)≫의 저자인 헨리 라이더 해거드(Henry Rider Haggard) 경의 미망인인 릴리아스 라이더 해거드(Lilias Rider Haggard)에 의해 잘 기록되었다.

우리는 여행들로부터 중대한 양의 배움을 얻을 수 있으며, 이것은 아마도 최근에 비교문학의 연구에서 서광을 비춰주는 가장 중요한 영역의 하나이다. 무엇보다도 다양한 문헌의 검증은 세대를 거치면서 전수되어 온 다른 문화에 대한 편견, 고정관념, 부정적인 견해가 어떻게 여행자들에게 보여 지고 있는지를 제시해 주었다.

여행의 기록들은 그들이 거주했던 장소에 대해 여행자들이 인식하는 방법을 통해 다양한 것들을 우리에게 보여 주었다.

그 모습을 전형적인 잉글랜드인이 아닌 다른 시대 여행자의 기록에 나타난 상이한 사례를 통해 살펴보자.

1583년 9월 21일 토요일에 엘리자베스 1세의 수학자이며 철학자이고 천문학자이며 지도제작자인 존 디(John Dee) 박사는 그의 조수인 에드워드 켈리(Edward Kelly)와 그의 가족들과 함께 잉글랜드에서 폴란드의 크라쿠프(Cracow)를 향해 여행을 떠났다. 그들은 자세히 기록되었듯이 암스테르담을 경유하는 순환로를 따라 '존 디(John Dee) 박사와 몇몇 영혼들 사이의 수년간에 걸칠 진실하고도 신뢰성 있는 관계'[5]처럼 그레이브센드(Gravesend)에서부터 조이데르 지 (Zuider Zee)와 할링겐(Harlingen)까지 배를 타고 갔으며, 그들이 10월 17일 엠덴(Embden)에 오기까지 짧은 수로를 가로지르는 보트의 행렬을 지속했다. 그들이 머무르는 각기 다른 장소들에서 영혼과의 교감은 그들이 브레멘(Bremen)에 이르기까지 계속 되었으며, 뤼베크(Lübeck)를 가로질러 마침내 크리스마스에 슈테틴(Stettin)까지 이르게 되었다. 배를 타고 육지를 횡단한 이 독특한 장소로의 여행은 삼 개월의 시간이 소요되었지만, 그들이 포젠(Posen)의 아래 지방으로 200마일 이상을 여행한 것은 혹독한 겨울 날씨에도 불구하고 단지 4일 밖에 걸리지 않았다. 1584년 3월 13일, 마침내 그 여행자들은 목적지에 도착하였다. 디(Dee)는 그들이 묵었던 크라쿠프(Cracow)에서 다음과 같은 기록을 남겼다.

> 에드워드 켈리 거장은 새로운 그레고리력(Gregorian Kalendar)인 부활 주간 금요일에 우리를 찾아 왔다. 이전에는 기존의 역법으로 3월 27일이었으나, 새로운 역법으로는 4월 6일이었고, 폴란드에서는 4월의 첫 번째 날이 부활절이어서, 새로운 그레고리력의 시행일이었다.

디(Dee)는 폴란드에 도착한 이래로 신력과 구력을 모두 기록하는데 매우 주의를 기울였다. 왜냐하면 그레고리력이 매우 최근의 것이고, 가톨릭 신자 개혁으로 고려되어 그것의 도입이 거부되었지만(그레고리력은 1752년까지는 잉글랜드에서 받아들여지지 않았다), 그럼에도 유럽 가톨릭 교회와 신교도 국가에서 온 학자들을 통해서 먼저 도입되어 굉장한 관심을 끌었다. 디(Dee)는 1538년 2월에 여왕에게 출판되지 않은 담화를 기록하였고, '진실하게 보낸 시간에 의거해서 역년과 날짜의 확충과 보편화를 위한 세속력

(Vulgar Kalendar)의 개혁의 필요와 관련하여 이를 추구하고 숙고하기 위하여'[6] 여왕을 초대하고, 역법을 수정하는 문제가 북유럽을 가로질러 크라쿠프에 체류하고, 남보헤미아 프라하(Prague)와 트레본(Trebon)에서의 그의 여행에서 중요한 요소임을 명확히 하였다.

역법 개혁에 있어서 디의 관심은 잉글랜드에서 출발하여 중부유럽에 이르는 그의 여행에서 에드워드 켈리(Edward Kelly, 그는 영혼들의 소환의식에서 중개자로서 봉사하였다.)와의 만남에서 조화를 이루었던 그의 과학적 작업이 변수로 두드러지게 되었다. 1570년대에는 디의 전성기에는 대부분의 시간을 지도 제작에 할애했는데, 캐세이(Cathay)에 이르는 북서부 길을 찾고 있었던 마틴 프로비셔(Martin Frobisher)나 1577년부터 1580년 사이에 전 세계를 항해하고 있었던 프랑시스 드레이크(Francis Drake) 경 같은 여행가들에게 도움을 주었다. 디는 1550년에 캐세이에 이르는 북동부 길을 발견하려는 초기 여행을 신중하게 계획하고 있었고, 1577년에는 저서 ≪항해의 완벽한 길에 관한 일반적이고도 드문 기록(*General and Rare Memorials pertayning to the Perfect Arte of Navigation*)≫을 출판하였다. 디의 자서전 기록자인 피터 프렌치(Peter French)는 '유례없는 영국 왕조'의 성립에 대해 디가 몰두했던, 정치적으로 민감한 문제를 포함했다는 이유로 이 책에서 빠진 중요한 두 부분을 주목하였다.[7] 디는 탐사 여행이라는 위대한 시대의 생산자였고, 그 당시에 지도 제작은 예술 이상의 과학이었으며, 이를 통해 모든 문명을 점령할 수 있었고, 결정적으로 사회적 관계의 유형을 변화시키고, 대양을 가로지른 수백만 노예 무역의 주도권을 잡는데 중요한 역할을 담당했다. 마레 해머(Mare Hamer)의 말에 따르면 지도 제작은 거대한 변화 과정이라고 명시한다.

> 측정, 순서, 규격화와 표준화, 정확한 생산의 대부분 활동은 지도측정에서 선행되는 조건이며, 물질세계의 엄격한 형성을 포함한 것은 불평등하며 먼저 있었던 물질세계의 형태에 동조하는 것이다.[8]

나중에 디(Dee)는 지도 제작에 소원해졌고, 그의 초점은 시간과 날짜 측정의 문제로 전환하여 그의 관심을 물질에 반하는 영혼의 세계와의 접촉으로 돌렸다. 이 전환은 수학, 지도 제작과 그의 시대의 방식인 마술과 화합하지 못하는 학자들의 세대에서는 문제가 되었다. 그러나 그의 동시대 사람들도 모두 이러한 화해에 어떠한 영향을 줄 수 없었다. 예를 들어 존 폭스(Jonh Foxe)는 디가 공식적으로 취소하기를 요구했던 그릇된 개념인 '악령을 부르는 자'와 '마법사'[9]로 그를 지칭했다.

그러나 디의 크라쿠프 여행 이야기를 읽는 20세기 독자를 혼란하게 하는 것은 왜 그가 그런 힘든 길을 택했느냐는 것이다. 만약 우리가 16세기 유럽에서 종교적인 무관심 속에서 지도를 제작했다면, ≪뮤어의 역사적 아틀라스(Muir's Historical Atlas)≫의 38-9쪽은 지도, 색채, 암호를 제시하여, 디와 그의 측근들이 칼빈주의와 루터주의의 구역과 가톨릭 통치 지역을 피하고, 그들의 목적지에 이를 때까지 우호적인 영토에 머무를 수 있다는 확신을 갖게 하기 위해, 발틱해에서 중부 유럽에 이르는 선택된 길을 만들려는 신중한 과정을 선택했을 것이다. 디(Dee)에게 유럽은 종교의 경계와 그의 시대에 독특한 비평적 접근에 따라 지도를 제작할 정신적 구조를 주었던 것이다.

물론 그의 시대에도 독특하였지만, 매우 다른 출발점은 프라하(Prague)의 스트라호프 도서관(Strahov Library)에 비치된 유럽의 지도인데, 이는 1592년으로 명시된 처녀지로서의 유럽(Europa)을 상징적으로 나타낸 것이다. 왕관을 쓴 처녀지의 머리에는 히스파니아(Hispania)가 있고 그녀의 어깨에는 갈리아(Gallia)가, 그녀의 왼쪽 팔에는 독일 해안을 두르고 있고, 팔꿈치는 다니아(Dania) 속으로 접혀져 있으며, 손가락들은 가는 장대를 쥐고 있어 노르베지아(Norvegia)와 스베티아(Svetia)를 분할하고 있다. 그녀의 오른쪽 팔은 이탈리아를 관통해 뻗어 있고, 그녀가 들고 있는 천체는 시칠리아(Sicilia)이다. 목 주위의 색깔은 피레네 산맥(Montes Piranei)이고, 목선을 감고 있는 것은 갈리아, 가슴은 게르마니아(Germania)와 스웨비아(Swevia), 불타는 황금빛 심장은 보헤미아(Bohemia)이다. 그녀의 긴 가운은 그녀의 왼손 쪽에 있는 모스코비아(Moscovia)와 아래쪽의 알바니아(Albania)와 그라에키아(Graecia)를 통해 오른쪽의 펠로폰네소스(Pelepponesus)에서 멀리 떨어진 폴로니아(Polonia)를 관통해 뻗어 있다. 거대한 동맥이 그녀의 치마 자락의 가장자리에 있는 삼각주의 비엔나(Vienna), 부다(Buda)와 알바 그라에카(Alba Graeca)가 시를 가로질러 몸 아래로 내리 뻗고 있다. 이 동맥과 평행으로 일리리쿰(Illiricum)에서 콘스탄티노플(Constantinopolis)에 이르는 산맥의 경계를 장식하며 내려오고 있다. 깃에서 가장자리까지의 전체 가운은 초록색이며, 노르베지아(Norvegia)와 스베티아(Svetia)의 최남단의 천 조각을 무색으로 만들고 있는 모리타니아(Mauritania)의 최북단과 소아시아(Asia Minoris)의 최동부를 따라서 희미한 대조를 드러내고 있다. 가장 두드러지는 것은, 앵글리아(Anglia)와 히베르니아(Hiebernia)]

의 자연 그대로의 섬들은 지도의 여백에 관계해서 엄청난 불균형을 이루면서 그녀의 왼쪽 귀의 옆에 떠 있었다. 1588년 초기 4년간 스페인 함대의 패배는 영국제도를 병합하려는 황제의 야심을 효과적으로 종식시켰지만, 무경험자에게 영예를 줄 수 있을 정도로 손에 닿을 만큼 가깝게 떠 있는 이 채색되지 않은 땅은 그들의 욕망의 대상으로 남아 있었다. 유럽의 이러한 비전은, 스페인제국의 통치 아래 대륙 연합의 제국 개념을 반영하는 것이 유럽 지도인데, 디는 황제의 영역 밖으로 안전한 루터주의와 칼빈주의의 구역을 통해 일정을 꾸민 것을 무서워하며 피했다.

자신의 글 서두에, 캠브리지의 피터하우스(Peterhouse)의 학생이라고 기술한 텍스트를 제작한 그 무명의 지도 제작자는 파이네스 모리슨(Fynes Moryson)과 동시대에 일했던 것 같다. 그는 유럽을 순회하는 여행으로 ≪12개 지배지를 경유하는 10년간의 여행(*His Ten Yeers Travels thorow Twelve Dominions*)≫이라는 책을 출판하였다. 1591년 여정의 첫 번째는 디의 팀이 갔던 유사한 길을 따라갔으나, 그 길을 따라가는 동안 그는 세부적인 일까지 숙고하여 서술하였다. 학생인 파이네스 모리슨은 물건의 값이 얼마인지 심사숙고했으며, 사람들과 장소들에 대한 작은 일화들까지 서술하였다. 프라하의 첫 기록을 통해 그 글 분위기의 특징을 살펴보자.

> 프라하가 세 개의 대도시들로 이루어진 것처럼, 강력한 것 못지않게 벽으로 둘러싸인 도시들은 투르크(Turkes)로 돌아가는 길의 확장을 기대하고 있고, 그들은 그 열린 대지에서 만났으며, 그 요새에는 작은 희망이 있다. 그 길은 더럽고, 잠수부들을 위한 시장이 있고, 몇 채의 집들은 건축 양식이 자유롭다. 그러나 대부분은 목재와 점토를 이용하여 아름답고 예술적으로 건축되었다. 나무 본연의 모습 그대로를 살려 벽

> 을 만들어, 나무껍질이 매우 투박하게 느껴졌다. 겨울에 몰다(Molda)는 얼어있어서, 여름에 와인과 섞이도록 얼음을 조각들로 나누어져 황제와 왕자들을 위한 저장고에 모아 두었는데, 이것은 온도를 올라가지 않게 하고, 얼게 하지도 않아, 향기롭고 건강한 보헤미아 산(작고 날카로운)와인을 만든다.[10]

여행을 계속하면서, 파이네스 모리슨(Fynes Moryson)은 지속적인 확신을 갖게 되었으며, 사람들이 입는 것과 먹는 것, 법정문제와 결혼의 실제, 형벌과 다른 세부적인 사항들에 관심을 가졌다. 그는 이런 문제를 독자들에게 직접 언급하고, 다른 여행자들에게 충고를 하기도 했으며, 초기 일정에서는 신참의 열정보다는 전문가로서의 가설 제시에 초점을 맞추었다. 그리고 이 위대한 권위자는 또 하나의 충고성의 견해를 서술했다. '여행자는 때때로 자신의 돈을 숨기고 자신의 습관을 바꾸며, 모국을 감추고 종교를 속여야 한다.' 비록 매우 냉소적인 견해이기는 하지만, 그는 잘못된 종교적인 신념 때문에 잘못된 장소에 잡혀 있는 어리석은 자들에 대해 경고를 하며, 그런 여행자들을 위한 충고를 한 것이다.

> 질투심이 많은 사람은 집에 머물러야 하는데, 이는 그들이 헤스티아(Hostia 〔Hestia의 오기: 옮긴이 주〕)나 성체를 사제의 손 밖으로 끌어내려 하기 때문이다. 그들은 그 길을 벗어남으로 그러한 숭배를 피하는 것이 좋으며, 아니면 그 호기심 많은 여행자들을 제지해야 한다. 왜냐하면 순교(Martyrdome)의 비정상적인 욕망은 받아들여질 수 없기 때문이다.

파이네스 모리슨(Fynes Moryson)과 디(Dee)는 둘 다 유럽(Europa)의 몸체를 가로질러 여행을 했지만, 그들의 기록은 어조, 내용, 의도에서 차이를 보인다. 디는 그의 만남들을 진심으로 기록하기를 원했고, 둘째는 지리학적인 기록을 하였다. 반대로 파이네스 모리슨은 일화, 경험, 삽화와 영상들의 무계획적인 수집 내용을 기록하고자 하였다. 모리슨의 일정표를 읽는 것은 우리로 하여금 그가 어디에 있는지를 잊게 하며, 비록 그가 우리에게 누렌베르그(Nurenberg)에서부터 아우크스부르크(Augsburg)에 이르는데 이틀하고도 반나절이 걸렸다는 것과 그의 말이 2달러였다는 것을 말해주기는 했지만, 그의 관심은 전혀 공간적이지 않았다. 그의 여행에 있어서 디의 기록은 지도 제작자로서의 그의 경험에 치중하며, 파이네스 모리슨은 이 여행에서 방관자이며, 모험을 찾아 전 세계를 방랑한 것에 지나지 않는다. 특이하게도, 그는 방문한 도시들의 요새들의 견고함과 크기를 기록하고 있는데, 이것은 그가 집필하고 있는 지속적인 언외의 의미가 투르크(Turks)의 공격을 두려워함을 보여준다. 그러나 무엇보다도 중요한 것은 디는 일련의 기록들에 의존하여 서술한데에 반해, 파이네스 모리슨은 전체에 걸쳐 유럽의 길에 따라 독자들을 이끌어가고 때때로 설교를 했으며, 여행 경험이 부족한 이들을 위해 충고하고 보호하려는 의도에 따라 섬세하고 세부적으로 서술하였다.

수세기를 걸쳐 심각하게 제기되고 있는 번역과 관련된 논쟁은 가시성이나 결핍에 대한 빈번한 우려였다. 번역자가 번역하는 통로는 원천 언어 텍스트를 목표 언어의 구절로 잘 번역하였는가, 또는 번역의 과정에서 기본적인 번역자가 자신인가? 유사한 질문들로 지도 제작자에게 제시되기 시작한 것은, 지도의 객관적 대상물로 가정된 도전과 지도는 과연 무엇을 위한 것인가라는 질문에, 이것이 무엇을 제시할 수 있냐는 것이었다. 탈식민 이론은 지리학적 공간의 조직에 대한 의문과 우리에게 출발 시점, 지도 제작자의 문화적 기초를 우선시하여 고려하길 요구하고 있다. 그래서 유럽의 르네상스 시대의 지도 제작자인 피리 레이스(Piri Reis 〔c.1470-1554〕)는 위대한 투르크 해군이며 ≪키타브-아이-바리예(Kitab-i-Bariye)≫의 저자인데, 그는 유럽을 우선시하여 이슬람교도의 지중해 세계에 우선권을 주었다.

지도 제작자, 번역가, 그리고 여행 작가는 텍스트의 순수한 제작자는 아니었다. 그들이 창출해 낸 작품은 어떤 다른 것을 취지로 하는 동안에 다른 문화들에 대한 우리의 태도와 형태 그리고 조건들에 대한 복잡한 과정의 한 부분이다. 지도 제작자들은 매우 특별한 방법들을 이용하여 텍스트들을 생산했으며, 번역자들은 그들이 선택한 모든 세계를 두 언어 사이의 번역하는 것에 개입하였으며, 여행 작가들은 지속적으로 그들이 기술하는 문화와 문맥에서 원산지와 관계해 스스로의 위치를 확정하고자 하였다.

1992년, 인디펜던트(*Independent*) 신문은 동양의 공산주의 정부의 붕괴를 지향하는 지도자들을 돕기 위해서 새로운 유럽의 지도를 출판하였다. 국경의 개방은 즉각적으로 수십 년 간 그 장소에 있던 용어에 대한 의문을 제기했다. 마침내, 비엔나는 지리학적인 용어로 동유럽의 공식적 계획도시인 프라하보다 훨씬 동양에서 멀리 떨어져 있음이 밝혀졌다. 지리학적 용어에서 빌려온 동양과 서구의 언어는 북부와 남부의 용어가 아일랜드(이 나라에서 최북단의 지리학점 요점은 남부에 있다)에서 그랬던 것처럼 정치적인 승인을 요구하게 되었다. '서구는 남쪽'이고 '동양은 북쪽'이라는 ≪다른 쪽(The Other Side)≫이라는 제목이 붙은 윌리 도허티(Willie Docherty)의 표제 사진과, 명백한 난제는 어느 누구에게나 북아일랜드의 상황을 친숙하게 완전히 이해시킬 수 있을 것이다.[11]

'북부'나 섬의 그 부분은 최북단의 지리학적 요점을 포함하지 않은 채 영국연합왕국의 한 부분으로 지정되어 있다. 아일랜드의 최북단 끝 부분은 그러므로 기술적으로는 이와 같이 아일랜드 공화국내의 남부이다.

인디펜던트(*Independent*)지의 지도는 유럽에 대해 새로운 비전 확장을 제공한다. 유럽은 20세기에 최동부의 경계선이라고 일반적으로 간주되었던 지점인 흑해에서 멈추지 않았다. 이전의 경계선은 언어적인 표준과 더불어 정치적인 여건에 의거하여 숫자적으로 많고 다양하였다. 1834년, ≪에오텐, 동양에서부터 고향에 이르는 여정(*Eothen, or Trace of Travel Brought Home from the East*)≫[12]의 저자인 알렉산더 킹레이크(Alexandria 〔Alexander의 오기: 옮긴이 주〕 Kinglake)는 이렇게 기록하였다. '기록된 것처럼 나는 유럽을 돌아보는 것을 끝내려고 한다. 그리고 이제 나의 눈은 동양의 흥망성쇠를 보려고 한다.' 그는 베오그라드(Belgrade)에 도착하였다. 흑해(Black Sea)와 그루지아(Georgia)를 관통하는 북쪽, 터키를 가로지르는 남쪽의 주변을 도는 새로운 유럽의 지역은 카스피해(Caspian Sea)의 오른쪽 위쪽에 있는 아제르바이잔(Azerbaijan)의 터키 공화국을 돌아 횡단한다. 갑자기 유럽은 펼쳐졌고, 방향을 바꾸었으며, 한 때 아시아 지역이었던 곳으로 수천 마일을 이동하였다. 우리가 이런 지리학적이고, 도덕적이며, 종교적이고 정치적인 경계에 대한 재해석을 읽는 것은 무엇을 의미하는가? 그것은 이전의 소련연방이 유럽의 한 국가로 분류되었지만, 이제 그 구성 부분들이 없어진 것은 실질적으로 역시 유럽의 부분인가? (비록 모든 구성 부분들은 아니더라도 어느 면에서 그렇다.) 그 지도 제작자들은 긍정적인 태도로 유럽 지위의 혜택을 보았던 것일까? 유럽경제공동체

(EEC)국가들은 한 때는 중앙아시아 국가들로 명명된 토양의 바로 아래 놓여 있는 천연 자원을 게걸스럽게 찾고 있을까? 우리는 이제 '테러, 평가절하, 악마성, 증오에 찬 야만인의 집단'[13]의 상징으로서 에드워드 사이드가 기술했던 것처럼, 이슬람을 정의했던 세기들을 지워버려야 한다.

인디펜던트(*Independent*)지의 지도 제작자는 아이슬란드에서 단절된 카스피해를 찾아내는 일에 관심을 가졌다. 아틀란티스처럼 북아틀란티스에 있는 스칸디나비아의 작은 섬은 갑자기 흔적도 없이 사라졌다. 만일 우리가 질문한다면, 냉전(Cold War)의 종식과 관계가 있는 그러한 생략이 가능한지, 소련의 군사 행동의 감시를 위해 전략적으로 기초가 되는 아이슬란드의 중요성이 갑자기 소멸할 수 있는가? 이 생략은 처음 제작된 것에 따라 지도의 버전을 확장할 때도 수정되지 않았다. 그것은 이제 하나의 대륙과 그 절반을 가로지르는 유럽으로부터 아이슬란드를 빼고 아제르바이잔에 수정을 가하는 것에 자극을 주었다. 오직 노르웨이, 스웨덴, 핀란드의 서쪽 부분들이 나타날 뿐이다. 지도의 모든 사선은 한 때 로마제국의 부분인 비티니아와 폰투스(Bithynia and Pontus), 카파도키아(Cappadocia), 아르메니아(Armenia), 콜치스와 코카서스 산맥(Colchis and the Caucasus)이었던 지역들을 향해 북유럽에서 멀어지고 있다. 오스만제국의 흥망은 지도 제작상의 솜씨와 함께 사라졌다.

파이네스 모리슨(Fynes Moryson)의 유럽에서 두려운 것이 투르크의 침입이었고, 술레이만 I세(Suleiman the Magnificent, 1520-66 〔1655를 정정: 옮긴이 주〕)의 통치기간 동안 오스만제국은 페르시아만과 지금의 헝가리, 크로아티아와 슬로베니아 지역을 통과하는 북서부 쪽, 우크라이나를 관통하는 북쪽 지역만큼까지 멀리 확장되어 있었다. 1529년 비엔나를 획득할 수 없었지만, 1689년 후반기에는 두 번째 터키의 도시 포위가 있었고, 17세기 후반기에는 오스만제국이 지금의 남부 폴란드, 코카서스 산맥의 영역, 사이프러스와 크레타의 거대한 부분을 통치하였다. 파이네스 모리슨의 열망은 확실한 증거에 기초하였는데, 오스만의 군사 조직은 매우 유용하고, 체계적이고 완전하게 영토의 합병이 가능하게 하였다.

그래서 만일 우리가 어떻게 디(Dee)와 모리슨이 세계의 정신적인 지도를 만들 수 있었는지 상상한다면, 1) 종교적인 경계에 따른 유럽의 분할과 지도의 제작, 2) 유럽, 가톨릭과 신교도들이 디노 부차티(Dino Buzzati)의 훌륭한 소설 ≪타타르인의 사막(Il desert dei tartari)≫에 등장하는 군인들처럼 동쪽의 수평선을 섬세하게 탐색하는 것은 공격을 의미하는 이동의 가능성 징표, 3) 처녀지를 침입하고 가꾸기 위한 기회를 잡기 위해 아틀란티스를 가로질러 탐욕스럽게 도착한 유럽을 생각해야 한다.

위대한 식민지 시대의 담론이 성적인 은유의 확장된 사용을 가능하게 하였다는 것은 명백하다. '오 나의 아메리카여'는 존 던(John Donne)이 그의 아내의 나체를 보고 한 말로, '내가 새로 찾은 땅이다.'뜻이다. 그래서 발전하는 학계에서는 이러한 비유적인 언어는 중세 유럽을 지나 로마 시대까지의 먼 길을 소급해서 걸쳐 있다고 제안한다. 어떤 문화가 '문명화'되었다고 보는 것의 경계 밖에는 모든 폭력이 숨어 있으며, 이런 폭력들은 성적인 차이의 용어들로 기술되고 있다. 새로운 영역은 '처녀'지로 기술될 수 있으며, 부유한 동양의 관념은 에로티시즘이나 음란함에 연관되어 있는데, 셰익스피어의 안토니우스 ≪안토니우스와 클레오파트라(Anthony and Cleopatra, Ⅱ.iii.50)≫가 말한 '동양의 침대는 부드럽다' 처럼, 그리고 다른 문화권(많은 동시대의 여행 저술에서 쓰여졌듯이)의 성적인 관습에 대한 환상성은 타키투스(Tacitus)가 다음과 같이 선포했던 것의 한 종류로서 억압된 일반화를 유도한다.

> 그래서 독일 여자가 확실한 순결을 가지고 살고 있다는 것은 연회의 흥분이나 공식적인 유혹에 의해 타락하지 않고, 난공불락이었다는 것이다. 은밀한 사랑 행각은 남자와 여자에게 알려지지 않는 것처럼…. 젊은 남자들은 천천히 친구가 되고, 그러므로 그들의 힘은 결코 고갈되지 않는다.[14]

타키투스는 북부 삼림 지역의 야만인들에 대해 기술하면서, 저자의 관점으로 보면 그의 소속 사회는 이미 타락했다고 주장하였으나, 독일인들은 여전히 비교적 훼손되지 않은 아름다움을 유지하고 있었다. 그래서 급속하게 드러나는 로마 세계의 타락 때문에라도, 독일인에게는 이상적인 용어를 제시하는 것이 필요하였다.

의미심장하게, 타키투스(Tacitus)가 매우 다른 관점에서 종교개혁 동안에 다시 읽혀졌다는 것인데, 그의 독일 여자의 순결과 독일 남자의 천성적인 고결함에 대한 견해는 로마의 지나친 호색 취미에 대조적으로 신교도의 유산인 순결의 표본을 보여주었다. 후에, 에르네스트 르낭(Ernest Renan)이 제안했던 것처럼, 북부와 남부 사이에서 또 독일인과 로마인들 사이에서 타키투스에 의한 차별은 나폴레옹에 대항하는 투쟁 때 사용되었다.[15] 그러한 연유로, 마담 드 스탈(Madame de Staël)은 그녀의 저술 ≪독일론(De l'Allemang 〔1810〕)≫에서 북부와 남부의 이분법적 반대를 소중히 간직하고 있다.

19세기 제국의 팽창기에, 북부와 남부 사이의 분열은 다시 한 번 커졌다. 오스만제국의 몰락, 약화된 동양으로부터의 위협, 그리고 동료 유럽인들에게 동양을 소개하는 많은 작가들의 목소리는 지나치게 보호주의적이며 가치를 떨어뜨리는 것이었다. 무엇보다도, 성적인 묘사의 언어에서 대치되는 문화를 기술하려는 경향은 또 다른 차원을 가졌다. 아라비안나이트(Arabian Nights)의 번역자인 레인(E. W. Lane)은(그의 작품은 1840년에 등장하였다.) 독일인의 정결 관념에 대하여 타키투스의 단언을 확실히 연상하고 있다고 공표하였다.

> 이집트의 여인들은 가장 문명화된 국가의 일원으로서 간주되기를 주장하는 것을 모든 여성들의 감정 중에서 가장 음탕한 성격의 하나로 간주하였다. 그들이 어떤 자유를 가졌든지, 그들 중의 대부분은 이것이 남용이라고 말한다. 이집트의 현대적인 대도시에서 자주는 아니지만 발생하는 현재 신뢰할만한 영화인 천일야화(The Thousand and One Nights)에서 여인들의 음모에 대한 이야기 중의 어떤 것들은…. 자물쇠와 열쇠가 없이는 안전을 보장할 수 없는 것들이 대부분이다.[16]

신뢰할만한 그림, 신뢰에 대한 담화는 여행담에서 지배적인 담화의 하나이고, 마침내 모습을 드러내기 시작한 때부터 꽤 끈덕진 번역연구를 필요로 한다. 여행자들은 신뢰를 지향하는 허세를 갖는데, 그들이 그곳에 있었고 우리는 그렇지 않았기 때문에 그들의 기록을 순수히 믿어주기를 주장했다. 그래서 레인(Lane)은 이집트의 여인들은 세계에서 최악이라는 확신을 우리에게 심어주려 했다. 반면에 그와 동시대인 리처드 버튼(Richard Burton)은 수지 양초는 하렘(Harems: 전통적인 이슬람에서 여성들이 생활하는 영역 〔옮긴이 주〕)에서는 금지된 것이었으며, '들통이 난 바나나(동성애: 옮긴이 주)는 쓸모없기 때문에 네 개의 조각으로 나눠졌다'[17]는 중요한 정보를 우리에게 제공해 준다. 외설물과 여행 저술 사이의 경계는 어떤 사례에서 매우 섬세하게 그려졌다.

라나 카바니(Rana Kabbani)와 페미니스트 방법론에 관련된 다른 학자들은 유럽인 여행자들이 동방을 성적으로 인식하고 그들의 성적인 환상의 장소로 변화시키는 방법에 대하여 검토하기 시작하였다.[18] 이것이 비교문학 연구의 새로운 차원으로 매우 중요한 것이다. 왜냐하면 우리는 다른 문화를 구조화시키는 것과 명백한 것과 모호한 것이 함께 엮어있는 것을 정리하는 것을 배웠고, 또한 실제를 묘사하는 '객관적'이고 '신뢰할만한' 자기 확신에 찬 솜씨의 과정에 대해 배웠기 때문이다.

유럽 인디펜던트(Independent)의 지도의 두 극점은 북대서양의 아이슬란드의 버려진 섬과 아시아에서 거대하게 확장된 투르크의 왕국이다. 이것은 우리의 다른 주변에서 필연적으로 반대로 보이는, 위도와 경도를 따라서 체계화시킨 지도에, 우리의 세계를 어떻게 구성할 것인지에 대해 상세하게 이야기 해준다. 변화하는 지도제작에 대한 일별에서는, 예를 들면, 마파 문디(Mappa Mundi 〔c.1920〕)는 다음과 같은 경계의 협약이 사용되지 못할 때 전 세계의 정신적 개념에 어떤 일이 일어나는지를 보여주고 있다. 세계의 정상은 북쪽이 아니라 동양이며, 그곳에서 태양이 영광스럽게 뜨나는 것과 지구의 중심은 단테(Dante)가 ≪신곡(*Divine Comedy*)≫에서 우리에게 말하듯이, 예루살렘이라는 것이다. 이런 개념이 발생한 곳에서, 마파 문디 설계자가 일반적으로 아이슬란드의 지배를 받는 울티마 툴레(Ultima Thule)섬을 포함시킨 것과 오크니(Orkeny)와 페로스(Faro)섬 역시 그려 넣는 것을 잊어버리지 않는 것이 아무런 가치가 없을지라도, 세계는 매우 다르게 그려지고 있다. 대양은 해도에도 나오지 않는 광활한 해역이 아닌 유연하게 구획되어진 지역으로서 둥근 세계의 가장자리를 돌아 흐르고 있다.

개의 머리를 가진 존재들, 박쥐의 귀를 가진 인간들, 인어들과 그리핀들은 더욱 '합리적이고 과학적인' 시대에 오랫동안 외면되었던 마파 문디에 묘사되어 있다. 오늘날 우리는 우리의 지도에서 정확성을 기대하고, 지도의 진실과 지도 제작자들이 편견이 없었기를 원한다. 그러나 1990년대 유럽의 인디펜던트지의 지도는 객관적으로 그러한 신념의 오류를 보여주는데, 어떤 시대든지 간에 지도 협약에 대한 우리의 수용은 지도 제작자의 기술에 따라 우리의 신념을 확신하였으며, 번역본을 읽은 것처럼 우리는 번역자의 훌륭한 신념을 믿기를 원하였다. 그래서 이미 지적되었듯이, 지도 제작, 번역, 그리고 여행에 대한 집필 행위는 결코 완전히 순수한 행위일 수는 없는 것이다.

클라우디오 마그리스(Claudio Magris)의 다뉴브(Danube 〔1986〕) 강에 관한 책은 유럽의 심장을 관통하여 동부로 흐르고 있는 다뉴브 강 아래 지역의 여행을 통해서 유럽 문명사에 있어서 남쪽과 북쪽의 양분되는 대치점에 대해 탐구하고 있다. 다뉴브에 관한 자료에서 시작하는 그의 책은 라인(Rhine) 강과 본질적으로 유사하여 두 방향과 두 개의 거대한 강의 상징적인 특색에 대하여 대조적인 고찰을 보인다.

니벨룽겐의 노래(Song of the Niebelungs) 이후에 라인강과 다뉴브강은 둘 다 도전과 모험의 대상이 되었다. 라인강은 독일식의 성숙과 순

> 결의 상징이며, 니벨룽겐의 성실함과 기사도의 영웅주의, 독일 정신의 위엄을 지닌 불굴의 사랑인 지크프리트(SiegFried)이다. 다뉴브강은 아틸라(Attila)의 왕국과 독일의 가치를 능가하는 니벨룽겐의 노래의 종반부에서 동부의 아시아적인 흐름을 가진 파노니아(Pannonia)이다: 부르군트(Burgundians) 족은 믿을 수 없는 훈(Hunnish) 족의 궁전에 가는 길에 이곳을 가로지를 때, 그들의 운명은-독일의 운명과 같이 정해진 것이었다.[19]

니벨룽겐의 노래는 바그너(Wagner)에 의해서 최근에야 유럽인들에게 알려진 것으로 독일의 서사시의 한 부분을 취하였으며, 이것은 중세 아이슬란드의 옛 스칸디나비아(Norse)의 영웅담의 최고점에 해당한다. 특이하게도, 정말로 매우 특이하게 만일 우리가 오늘날 지형학적으로, 유럽 문명의 역사의 개념에서 아이슬란드의 경계 지역을 고려한다면, 위대한 옛 스칸디나비아의 영웅담들은 중세 유럽의 주류 외곽에 남아있다. 영웅담들은 위대한 유럽인들의 사라진 텍스트이며, 현대 아이슬란드 문명의 중심 부분이지만 어느 곳에서도 잘 알려지지는 않았다. 만일 그들이 알고 있었다면, 그들은 틀림없이 유럽의 문학 생산의 역사를 바꾸었을 것이다. 왜냐하면 그들은 비교적 알려지지 않았고, 매혹적인 것 대신에 당연시되던 것들을 제공하였기 때문이다. 헤시오도스(Hesiod)와 호머(Homer)의 작품들이 그리스인 것처럼, 아이슬란드에 대한 텍스트들은, 오든(W. H. Auden)과 폴 테일러(Paul Taylor)의 옛 스칸디나비아 시(Norse Poems)의 서문에서 입증하고 있다.

1871년 윌리엄 모리스(William Morris)는 아이슬란드를 향한 그의 첫 여행을 하였고, 1871년에 있었던 그의 여행들에 대한 기록과 1873년에 다시 반복된 기록들은 미지의 것에 대한 그의 시도들을 가늠하게 한다. 그는 두 번째 여행에서 돌아온 뒤에 다음과 같이 썼다.

> 내가 아이슬란드에서 가졌던 여행은 매우 깊은 인상을 남겼고 그것에 대한 사랑을 증가시켰다. 그 끔찍하고도 비극적인 영광스러운 단순함, 그러나 용감한 이들의 이야기들로 잘 기억되어지는 아름다운 땅, 나의 모든 불평하는 감정들을 없애주었으며, 그리고 아내와 아이들 그리고 사랑하는 이들과 친구들의 소중한 얼굴들을 어느 때 보다도 더 생각나게 하였다. 나는 마치 나의 인생의 어느 한 확실한 순간이 이제 막 지나버린 것 같았으며 그것이 아이슬란드를 본 마지막이었다. 나를 그곳에 보낸 것은 변덕스러운 마음이 아닐 수 없으나, 진실한 본능은 내가 그것을 원했다는 것이다.[20]

모리스의 ≪아이슬란드 저널(*Icelandic Journal*)≫은 신기한 텍스트이다. 그는 갔었던 장소에 대하여 지도와 함께 지나칠 정도로 섬세하게 묘사하고 있으나, 그것들은 매우 냉정적이지는 않다. 그 텍스트들을 읽은 느낌은 다음 글에서처럼 자기 절제의 의식적인 시도이다.

> 우리는 정상에 편안해 보이는 장소와 믿기지는 않지만 인지알드숄(Ingialdsholl)이라는 (허구의) 비그룬달(Viglundar) 영웅담의 한 장면 같은 보통보다 훨씬 큰 교회가 있는 미끄러운 언덕을 올라갔다. 그 사람들은 우리가 갔을 때 마치 잠들어 있는 것 같았지만 우리가 문을 두드렸을 때 모두 가장 선한 마음으로 허둥지둥 굴렀다. 그리고 이제 밤이 되었고, 바람이 불었으며, 우리는 교회로 가서 잠을 잘 것을 요청하였다. 거기에 있는 모든 것들은 내가 부엌에서 코코아 우유를 데우기 위해 불을 피우는 동안 곧 정리가 되었으며, 모든 가정 보조자..., 매우 섬세하게 새겨진 장막 안에서 백 오십 년 전에 죽은 아이슬란드인들의

무덤에서 곧 잠을 잤다. 돌은 단단하였고, 교회 마루에는 대체로 괜찮은 편인 외풍이 있었지만, 모든 것은 내가 담요를 깐 뒤 5분이 지나서는 나에게 거의 영향이 없었다.

이 저널을 편집한 그의 딸은 그의 동료인 에릭크르 매그너슨(Eirikr Magnusson)에 의해 작성된 삽화에 해설적인 각주를 제공하고 있다.

여기서 모리스(Morris)는 이 여행에서 흔히 있을 수 있는 특이한 일에 대해서는 언급을 하지 않는다. 그가 '담요를 폈을' 때, 그는 우리에게 힛달(Hitdale)의 우승자인 비온(Biorn)의 영웅담에 대해 이야기해 주었다. 그 이야기는 충분히 읽을 만한 것으로 받아들여졌다. 그래서 그는 오래된 운문을 되돌리듯이, 영웅담의 요약을 이야기해주었다.

그리고 여기 영웅의 이야기는 끝이 난다.
이 이야기를 듣는 사람이라면 누구나 선한 신에게 갈 것이다.
그리고 청중은 그가 이야기를 끝낼 때까지 깨어 있었다![21]

우리는 그 광경과 음식, 거처에 대해 현학적으로 자세히 기록한 것 이외의 다른 것을 헛되이 찾고 있었다. 그러나 아이슬란드 여행은 작가로서 모리스(Morris)를 바꾸어 놓았다. 1876년 그는 ≪시구르드 볼숭가의 이야기와 니벨룽족의 파멸(The Story of Sigurd the Volsung and the Fall of the Niblungs〔Nibelungs의 오기: 옮긴이 주〕)≫을 출판하였고, 그의 소설을 읽는 것은 그가 아이슬란드의 광경을 환상적인 소설로 바꾸어 놓는 방법을 보여준다. 모리스는 '이상적인 여행가'로 규정될 수 있는 모범이며, 유토피아적인 사회주의 미학자로 그의 추앙받는 여행은 이미 상상의 아이슬란드를 창조하였다. 아이슬란드는 대부분의 북부지역을 유산으로 받은 모리스의 꿈의 일부분이어서, 민주적인 사회와 인공적인 풍부함의 모델을 제시한다.

그곳은 또한 그의 이상적인 남성미의 환상대로 살 수 있게 한 장소이기도 하다. 거기서 그는 미세한 요소들에 대하여 그 스스로를 시험할 수도 있었으며, 한계에 밀어 넣거나 극단의 추위와 잉글랜드 금욕주의에 적합한 육체적인 고통을 주기도 하였다. 그의 저작은, 그 충동을 다시 반영하듯이 절제해서 이야기하고 있다. 아이슬란드 일지들은 영웅담으로부터 영웅들의 발자취를 다시 따라가는 실제적인 여정의 기록을 제시하기는 하지만, 스스로 발견한 19세기 잉글랜드인의 여행의 기록을 간결하게 제시한다. 만일 그가 아이슬란드에서 돌아온 뒤에, 우리가 모리스의 출간하지 못했고 1872년 초에 시작하여 끝내지 못했던, ≪파란 종이에 쓴 소설(*The Novel on Blue Paper*)≫[22]로 유명해진 페넬로페 피츠제럴드(Penelope Fitzgerald)가 1세기 후에 편집을 한 소설과 그 일지를 비교한다면, 열정이 삭제된 것은 모두에게 더욱 흥미있는 것이 된다. 한 여인을 향한 두 남자의 사랑의 기록을 다룬 이 대단히 자서전적인 소설은 모리스(Morris)의 실제 삶을 비평적으로 반영한 것으로 그는 단테 가브리엘 로제티(Dante Gabriel Rossetti)와 그의 아내의 사랑에서 착안한 것이다. 원고는 모리스의 변형된 자아의 인물인 존이 그의 마을을 떠나 그가 사랑하는 여인과 그의 경쟁자인 그의 형제 아서(Arthur)가 있는 곳으로 가는 여행을 하는 것으로 끝을 맺는다. 아이슬란드 광경의 황량함과 고대 영웅들이 견뎠을 고난에 대한 회상은 그의 억제된 슬픔과 분노, 그리고 그것은 1871년 여름 로제티가 다름이 아닌 바로 그의 사랑하는 켈름스콧 장원(Kelmscott Manor)의 소작지와 연결되었다는 사실에 당연히 악화되었는데, 그것으로부터 모리스에게 탈출구를 준 것처럼 보였다. 병약하고 신중한 아서의 성격과 비교하여 존은 크고 강하게 배운 남자다운 인물로 그려진다. 존이 '그의 심장을 뛰게 하는 완강한 문제를 해결하고'[23] 휘파람을 불고 있는 동안에, 클라라(Clara)에게 키스한 뒤에 아서의 입술은 '형제들과 하는 키스와는 매우 다른 달콤함으로 아직도 떨리고 있었다.' 그가 감정적으로 상처를 받자, 모리스는 물질적인 풍경에서 위로를 받으려 하였고 이것은 다른 시대에서 온 사람들에 의해 받아야 하는 고통에 직면하게 되었다. 만일 로제티가 그의 이탈리아인으로서의 배경에 대해 남부인의 관능성을 예로 들었었다면, 모리스는 북부인의 전사로서 그의 정신적인 고향을 찾았던 것이다.

남성성과 북부인의 이상으로서의 아이슬란드의 평등의식은 1930년대에 이것의 신격화에까지 이르렀으며, 히틀러가 통치하는 독일로부터 온 정기적인 방문객들은 아리안족의 첫 번째로 꼽는 이상적인 종족을 관찰하기 위해 순례여행을 하였다. 이들과는 확연히 다른 이유에서 아이슬란드를 여행하였던 오든(W. H. Auden)과 루이스 맥니스(Louis MacNeice)는 북유럽 게르만족의 순결에 관한 이상적인 관념을 떠받치는 귀결을 보여주었다. 그들의 ≪아이슬란드에서 온 편지(*Letters from Iceland* 〔1937〕)≫에 보면 영웅담의 사회의 가치에 대한 주목할 만한 거부가 있는데, 남자끼리의 유대와 군국주의의 세계는 초기에 모리스(Morris)에게 매력적이었다.

> 여기에 있는 대단한 흥분은 괴링(Goering)의 형제와 파티는 저녁으로 예정되었기 때문이다. 로젠베르그(Rosenberg) 역시 올 것이다. 나치는 아이슬란드는 독일의 문명의 요람이라는 이론을 가지고 있었다. 물론, 만일 그들이 영웅담과 같은 사회를 원한다면, 그들은

> 그것을 받아들일 것이다. 나는 영웅담을 좋아하지만, 그들이 말하는 것은 오직 불한당들의 덕목만이 존재하는 썩은 사회이다.[24]

루이스 맥니스의 ≪아이슬란드로부터의 에필로그(*Epilogue from Iceland*)≫는 쇠퇴하고, 국제적인 자본주의에 의해 팔려버린 사회의 전경을 묘사한다.

> 그들은 또한 우리도 팔았다.
> 많은 양을 가진 여자들과 남자들.
> 노역과 침략, 합법적인 발뺌
> 우리의 최선을 날려버렸다…….
> 노예와 창녀들의 땀과 피를 통해서
> 그들의 표류와 함께 하는 가난한 자들을 속이는 것
> 굶주린 겨울에 칼드바크(Kaldbak)에 있는 고래.
> 그래서 오늘 그림즈비(Grimsby)의 사람들은 그들의 삶을
> 대서양의 저인망에 싣고 내리며 뒤틀린다.
> 왕을 추앙하는 물고기의 빛나는 색깔
> 여송연과 차들을 가진 시장의 행복.[25]

모리스(Morris)와 오든(W. H. Auden)때문에 아이슬란드는 영감을 띄게 되었다. 둘 다 스칸디나비아 시로 번역되었고, 이상적인 사회주의자로서 민주주의의 초기 모델로 보였으며, 아이슬란드와 고대 그리스의 비전에 대해 유사성을 가지고 있었다. 그들의 아이슬란드는 남성 위주의 사회이고, 어느 정도는 그들 스스로 바이킹의 역할을 하려고 하여, 집과 가족을 떠나 비록 오든이 모리스(그의 ≪바이런 경에게의 서한(*Letters to Lord Byrone*)≫은 정말 유치하

다)보다 더욱 역할을 잘 해내고 있기는 하지만, 그들은 둘 다 같은 놀이의 부분일 뿐이었다. 오든은 민족적 순결의 장소이며 아리안(Aryan) 문명의 보고인 아이슬란드에 대한 관점이 나치와 달라 스스로 분리하는 고통을 겪었으나, 아이슬란드에 대한 관점과 그것의 역사는 타키투스(Tacitus)의 선집인 같은 원천에서 유래했다.

아이슬란드를 여행하는 사람들은 기후적인 악조건 속에서 살아남은 인간 용기의 장점, 유럽 문명사에서 알려지지 않은 텍스트들의 힘의 위대성이 남아있는 그 장소의 고립성을 강조한다. 일반적으로 우리는 가상의 독일의 과거를 보여주는 표본으로 아이슬란드를 추정하려는 경향이 있다고 말할 수 있는데, 모리스(Morris)나 오든(W. H. Auden) 같은 여행자들은 외경을 가지고 접근한다. 우울하고, 강하고, 끔찍하고, 혹독하게 추우며, 침통한 -이러한 형용사들은 모리스의 일지에서 다시 보여 지는데, 오든과 맥니스(MacNeice)의 ≪아이슬란드에서 온 편지(*Letter from Iceland*)≫의 지나친 경솔함에도 불구하고, 동일한 주석이 넘쳐 있다.

만일 아이슬란드의 화산의 거친 지형이 자제와 자기 수양의 덕목의 상징으로 보여 진다면, 터키와 특히 이스탄불의 아름다움은 관능적인 면에서 반복적으로 보여 진다. 여행자들의 성에 관한 이야기들은 굴레에 갇혀 베일을 쓰고 있는 많은 여자들에 관한 것이다. 콘스탄티노플 거리에서의 어떤 만남에 관한 알렉산더 킹레이크(Alexander Kinglake)의 이야기이다.

> 당신은 그녀의 본질적인 자아를 어둠이 아니고서는 볼 수 없으며, 빛나는 눈동자는 당신의 얼굴을 주시하고 있다. 그리고 색깔을 입힌 그녀의 손가락들 끝은 숲 속의 텅 빈 요새를 벗어난 장미꽃 봉오

리처럼 매달려 있다. 그녀는 고개를 돌리고, 다시 돌리고, 그리고 자신이 이슬람교도들의 눈에서부터 안전한지를 살피기 위하여 주의 깊게 그녀의 모든 주위를 둘러본다. 그리고 나서 갑자기 그녀의 긴 베일을 벗어던지고, 당신의 심장과 영혼을 그녀의 아름다움의 힘과 화려함으로 비춰준다. 그리고 이것은 빛은 아니지만 가변하는 은혜로 당신이 육체와 사랑에 빠졌는지 단지 영혼을 사랑하는지를 의심하게 한다. 이것은 어렵고 힘든, 순전한 윤곽이며, 그리고 너그러운 색채의 타오름의 완벽한 보안을 숙고해 주는 아름다움이다. 비록 그곳에 불길이 또한 타오르고 -대단한 용기, 절제되지 않는 마음에 충분한 불길, 또는 영혼, 또는 무엇이든지 간에 그것은 입술에서 쉽게 떨어지지 않는 자존심의 호흡을 몰아간다.[26]

킹레이크(Kinglake)의 이야기의 후일담은 -그 여자는 그를 감동시켰고, 울었다. '그곳에는 당신을 위한 재앙이 있다', 그것은 그가 설명하듯이 그리스도교인을 향한 터키인들의 흔한 농담이다. 이것은 특이한 이야기인데, 관음증 요소와 성적인 환상이 결부되어 있다. (그 신비한 베일을 쓴 여인은 지나가는 유럽인에게 자신의 모습을 드러낸다.) 그러나 성적인 결말이 없이 문체상으로는 주위의 서사로부터 두드러지는데, 현재 시제로 쓰여 졌고 잠정적인 구인 '아마도 당신이 가파르고 좁은 경계선을 지나가야 하는 어려운 길을 선택한 것과 같습니다.'로 모든 배열을 시작하고 있다. 이것은 또한 킹레이크가 정말로 강조하려는 것과 정확하게 대조적인 것이다.(이 책을 위한 나의 변명은 그것의 진실이다.)

초기 터키 방문자 또한 그녀는 그녀가 속해 있는 사회의 진실에 대해 말하고 있다고 강조하였다. 메리 워틀리 몬테규(Mary Wortley-Montagu) 여사의 터키의 편지들은 사회의 관습, 의상과 그녀가 콘스탄티노플에 머무르는 동안 만났던 귀족적인 터키 여인들의 대화를 기술하고 있다. 메리 여사의 편지들은 그녀가 1718년 3월 10일에 동생에게 보낸 편지에서 보여주는 것처럼, 후기 황제인 무스타파(Mustapha)의 사랑 받는 아내와의 만남을 기술하면서, 그녀가 오스만의 성에 관한 관습에 대하여 환상을 제거하는 것에 관련하여 그녀가 관심을 가졌음을 보여준다.

> 나는 아마 궁전(Seraglio)이라는 우리에게는 알려지지 않은 것에 대하여 내가 모든 것을 배울 수 있는 기회를 놓치지 않았다. 그녀는 왕(Sultan)의 손수건 던지기 이야기가 전혀 터무니없다고 나를 확신시켜 주었다.[27]

여기 있는 참조는 재고의 여지가 있는 폴 리코(Paul Rycaut)의 ≪터키제국의 현 상황(1668)≫에 상술되어진 이야기이다. '처녀(Damsels)는 우두머리 시녀에 의해 순서대로 나열되었고, 그(왕)는 손수건을 그녀에게 던지고 거기서 그의 눈과 최고의 환상을 보여주는데, 이것이 그녀가 그의 침대에 선택되었다는 징표이다.'[28] 메리 여사는 궁전의 여인들이 음탕스러운 생활의 외설적인 환상을 모두 제거한다. 그녀는 꾸준히 터키 궁전과 런던과 비엔나 궁전 사이에서 유사한 것을 찾아내려고 노력한다. 그녀의 긴 기록의 하나는 스페인 귀족 여인에 관한 이야기인데, 그녀는 조심스럽게 이것을 끼워 넣고 있다. '동일한 사긴이 그녀에게 일어났는데 그녀 앞서 수년 전에 아름다운 루크레티아(Lucretia)에게 있었던 일이다. 그러나 그녀는 너무 선한 그리스도교인이어서 이교도인 로마인들이 하듯이 자살을 하였다.'[29] 대신에 스페인 여인은 지참금을 거절하고 '그녀의 조국에서는 쉽게 찾아 볼 수 있는 다른 처리를 매우 분별력있게 평가받아 그녀의 터키인 연인으로부터 자유를 얻었다.' 그녀의 스페인 친척들이 '그녀의 여생을 수녀원에 가둘 것을 확실하게 하려'하였던 사실과 비교해 보면, 그녀의 '신앙심 없는 정부는 매우 잘 생기고, 자상하며, 그녀를 깊이 생각하고 있었으며, 모든 터키의 위대한 것들로 그녀의 발을 화려하게 장식하였으므로' 그녀는 이슬람교도 남편을 선택하고 그리스도교 공동체에서 얻을 수 있는 자유의 제안을 거절하였다. 이 줄거리는 상당히 신이 난 기분으로 전해지고 있으며, 메리 여사는 명백히 그 스페인 여인이 그녀의 인생을 스스로 선택한 비정통적인 결심을 높이 사고 있다. 다양한 관점에서 메리 여사의 편지들은 관음적인 '진실 말하기'의 관습에서 변화된 신선함이다. 그들은 스스로를 주장하면서도, 반면에 동방의 남성 고정관념에 반박할 기회에 대해 기뻐하며 여성의 권리를 주장한다. 이것은 지나치게 단순히 메리 여사를 페미니스트로 기술할지도 모르나, 그녀의 편지들은 18세기 후반에 페미니즘의 개념을 일부 예시한 것으로 보여 진다. 마찬가지로 줄리아 파도우(Juila Pardoe)의 ≪왕의 도시와 투르크의 가정 예절(*The City of the Sultan and Domestic Manners of the Turks*) 〔1837〕≫과 ≪보스포러스 해협의 이름다움(*The Beauties of the Bosphorus*) 〔1839〕≫은 작가가 동방의 성적인 관습에 '전문적'인 식견을 제공하여 증가하는 외설물적 여행담을 논박하려는 관심을 가지고 있음을 보여 준다.

에드워드 사이드(Edward Said)는 18세기 이후로 서구의 작가들이 타자로 동방을 구성해 왔다고 주장한다.

> 동방에 관해 쓴 모든 이들은 그 자신 스스로를 동방에 대해 존재하

게 해야 한다. 그의 텍스트로 번역할 때도, 그 위치와 그가 받아들이고, 건축하는 구조의 형태와 그의 텍스트에 순환하는 이미지의 종류, 주제들, 모티프의 서술적인 목소리를 포함하고 있다. 이 모든 것은 독자들의 지적, 동방이 포함하는 것, 최후에 제시하는 것 또는 그 대신하여 말하는 것의 의도적인 방법들을 덧붙이려는 것이다.[30]

사이드의 오리엔탈리즘의 선구적 업적은 비판적 담론의 새로운 차원을 열고 있고, 그의 논쟁의 많은 부분들, 예를 들면 ≪에오덴(*Eothen*)≫같은 텍스트는 이것을 잘 나타내고 있다. 그러나 최근 페미니스트 비평가들은 사이드의 확고한 남성적 견지에 도전을 하고 있으며, 사라 밀스(Sara Mills)는 사이드의 작품의 중요도를 인식하는 반면에 반대 시각을 제안한다. 그녀의 여성 여행 작가들에 관한 책에서, 그녀는 여성 여행 작가들의 작품들이 '동방적인 외형 속에 무난하게 맞춰지지 않는다.'고 지적하면서, 그것은 '그들의 텍스트에서 이루어진 작업의 대립되는 담론들 때문에 변할 수 있으며 약화시킨 음성으로 이루어져 있는 것처럼 보인다.'[31]고 제안한다.

만일 우리가 콘스탄티노플의 인상을 영국의 19세기의 두 가지 관점에서 비교한다면, 이것은 두 개의 매우 다른 담론들이 사용되었음을 직접적으로 보여주게 된다. 1835년에 그 도시를 방문했던 줄리아 파도우(Julia Pardoe)는 유명한 보스포러스 해협의 유명한 명승지인 귀크-수이(Guiuk-Suy)를 기술하고 있다.

유럽인들에 의해 아시아의 달콤한 물(Asian Sweet Waters)이라고 불리었던, 뒤에 크고 잎이 무성한 나무의 그림자 아래로 흐르던 신선한 물의 작은 시내가 관심을 끌었고, 마침내는 해협의 변화하는 물결에 난쟁이 같은 작은 물결이 섞이었다. 아시아의 성(Castle of

> Asia)인 아나돌리 히사리(Anadoli Hissari)는 그것의 경계를 나타내고 고통스럽게도 삶의 어둡고 엄중한 진실을 상기시켜 주었다. 모든 것은 지속적으로 달콤하고 아늑한 지점에 연결되었다. 왕비(Sultanas)들은 금박을 입힌 마차의 잔디밭 위에서 매우 위엄있게 움직이고 있었다. 벨벳 차양으로 덮이고 은박으로 반짝이는 소가 그려진, 황금 자수와 술장식이 풍부하고, 주지사 첩(Pashas' harems)의 통의 운반이 순식간에 과거가 되고, 반짝이는 휘장으로 장식이 되어 있는, 말을 화사하게 장식하였던, 족장들(Beys), 학자들(Effendis), 왕들(Emirs)의 많은 아내들이 그들의 마차를 떠나는 반면에, 페르시아 산 카페트가 놓여지고, 여러 시간동안 즐겁게 해 주며, 파이프를 문 나이든 여자들, 그리고 손거울을 든 젊은이들, 모든 방향에서 일어나는 헤아릴 수 없는 인사들, 떠돌아다니는 과자 장수와 물장사들이 풍부한 수확을 거두어들인다.[32]

이 묘사는 메리 워틀리 몬테규(Mary Wortley Montagu) 여사에 의해 설립된 방식을 따르고 있으며, 마차와 페르시아 카페트, 왕비와 족장, 물장사와 담배 피우는 여자들이 있는 그 장면의 '이국풍'을 우리에게 환기시키는 모든 표지들이지만, 그럼에도 결코 공식적인 접촉의 정상 상태를 강조했다. 그것은 대중에 의해 자주 다니는 곳이었고, 줄리아 파도우(Julia Pardoe)는 선한 의지의 일반적인 기류와 공공정신을 따라 그런 대중의 다양성을 그대로 옮기려고 노력하였던 것이다. 이는 거의 동시에 쓰여진 보스포러스 해협에 관한 알렉산더 킹레이크(Kinglake)의 기록과는 상당한 차이가 있다. 줄리아 파도우는 '그 방문자, 아카디아(Arcadia)에서 스스로 환상에 빠질 것이다.'라는 멋진 세 개의 줄로 된 목가적인 시를 통해서 반짝이는 물의 지역으로 보스포러스 해협을 초상화 그리듯이 하고 있다. 킹레이크는 콘스탄티노플을 베니스에 비교하면서 '헤아릴 수 없는 보스포러스 해협'에 관해 쓰고 있다.

> 베니스는 안정된 대지에서 뻗어 나오고 있으며, 과거에는 거친 바다에서 청혼하고 결혼하기 위해 국가 원수를 파견하였다. 그러나 총독(Doge)의 격렬한 신부는 왕의 굽실거리는 노예이고, 그녀는 세계의 보석들로 그녀의 발을 장식하고, 그를 이 궁전에서 저 궁전으로 옮겨 놓았다. 결코 멸하지 않는 마법에 의해서, 그녀는 그녀를 따르는 무리들을 유혹하였고, 그녀 왕의 창백한 뺨에 부채질을 하였다. 그녀는 그의 무장된 해군을 그의 정원의 입구에서 사라지게 했고, 궁전(Serail)의 담을 감시하였고, 그녀는 그의 성직자들의 음모를 무산시켰다. 그녀는 궁정의 소문에는 조용하였고, 그의 적들을 없애버리고 그의 짓궂은 아내들을 모두 하나씩 침묵하게 하였다. 깊은 의심들은 얼마나 많은가![33]

킹레이크(Kinglake)의 기록 안에, 콘스탄티노플의 경계를 이루는 물은 성적인 것이다. 콘스탄티노플에 있는 바다는 19세기 남자의 외설물적 환상의 기호 형태로 그려진다. 모든 사랑을 받을 만한 노예인 여자는 그녀의 주인에게 절대적으로 복종하며 봉사하였다. ≪갈망하는 투르크(The Lustful Turk)≫는 1828년에 출현했는데, 비슷한 소설들은 같은 세기에 이미 출판되었고, 유럽 남성의 경험에 따라 동방 여자들의 성적인 기술에 대한 특별함이나 음탕한 동방인들에 의해 유럽 여자들에 대한 능욕이 그려지고 있다. 이런 주제들의 보통 형상은 여인의 육체적인 굴욕과 그녀의 채찍질, 강간, 구속의 쾌락에 따른 즐거움이다. 킹레이크의 보스포러스 해협의 묘사는 이런 종류의 환상의 반영이다. 줄리아 파도우(Julia Pardoe)는 지방의 아름다운 지점에서 만난 여인들의 모임의 공정하고 정확한 서사 기록을 주고 있다. 사라 밀스(Sara Mills)의 이런 글쓰기에 대한 논쟁은 많은 여성 여행가들의 전형이며, 이는 여성 작가들이 '그들의 이해가 이상하고 기이하며, 거짓인 것으로 오해를 받을 수 있다'[34]는 것을 알고 있었기 때문이다. 왜냐하면 그들의 독자들은 여자들에 의해 쓰인 기록을 믿으려 하지 않았고, 여성 여행 작가는 있는 그대로의 장면을 묘사하는 고통을 감당하였으며, 때로는 그들의 개요와 함께 기록을 보충하였다. 반면에 킹레이크(Kinglake)의 동방 여행에 대한 책은 의심할 것도 없이 독자들에게 다가갔고, 그의 익살스럽고 환상스러운 스타일을 나누려는 의도에도, 그의 기록의 진실성에 관한 주장은 명백히 반박을 받을 여지가 없었다. 킹레이크는 자신의 의도를 믿어주기를 바랐고, 콘스탄티노플의 뒷골목에서의 베일을 쓴 아름다운 여인들에 대한 그의 환상은 그의 독자들의 예상과 일치하였다. 줄리아 파도우(Julia Pardoe)는 다른 여성 여행 작가들과 마찬가지로 이런 바람을 가질 수 없었으며, 그래서 터키에서 그녀의 문명의 여인들의 삶의 양식을 대조하기보다는 비교함으로써 동방의 삶의 일상적인 것들을 강조하였다. 이것은 또한 가치 있는 언급으로 터키와 다른 동방의 지역에서 여성 여행자들이 그들에게서 벗어난 유럽 남자를 위한 성적인 환상의 장소를 제공하는 공간을 닫아버리기 위한 접근이었다. 그래서 그들의 기록은 직접 경험에서 파생되어 오히려 하렘(harem)의 생활에 대한 인상을 상상한 것보다 의미가 있다. 이것은 만일 우리가 18세기와 19세기의 남성과 여성의 여행 작가들의 진실성에 대한 다른 태도를 고려해야 한다면 특히 반어적이다. 사라 밀스(Sara Mills)는 내부의 산만한 틀에서 텍스트가 생산된다는 것을 고려해야 한다고 우리에게 필수적으로 환기시킨다.

> 텍스트의 생산과 수용을 고려하는 것은 중요하다. 왜냐하면 우리가 읽는 방법이 대부분 산만한 구조의 결과물이기 때문이다. 여성/남성의 구분은 텍스트들 사이에서 차이를 기술하는 명백히 만족스러운 방법은 아니다. 많은 여성 작가들이 남성작가들만큼 산만한 틀에서 글을 쓰기 때문이다. 그러나 차이는 아마도 본질적인 차이라기보다는 오히려 그들의 텍스트에 대해 만들어지는 판단의 결과인 것 같다.[35]

일탈적인 성적 개념으로 동방을 보는 모든 분위기의 전형으로 고려될 수 있는, 킹레이크(Kinglake)에 의해 기술된 콘스탄티노플의 기록 사이의 대조와, 여성 작가들이 같은 장소의 남성에 대한 환상적인 기록에 논박을 제공하려는 의식적인 노력은, 그 장소에 대한 저술에서 이러한 명확한 방향을 제공할 수 있는 것으로 성별화한다. 마찬가지로 남성 금욕주의와 고행의 환상을 가진 아이슬란드에 대한 연상은 작품에서 동일한 과정을 보여준다. 터키와 동방은 모든 여성적인 것과 연관된 판단의 가치를 가지고 여성화되는 경향이 있다. 반면에 아이슬란드와 멀리 북부는 다른 종류의 환상인 완전한 남성성을 진실된 면모의 대상으로 묘사하려는 경향이 있다.

아이슬란드 여행은 이러한 이미지에 기초한 독일 나치로부터 조직되었고, 관광객들도 키 크고, 넓은 어깨와 금발의 슈퍼맨을 종족과 성적인 이상의 전형으로 열광적으로 마음에 새겼다. 이것은 비교적 최근의 경향으로서, 성 이론은 사회 구조적이고 이미지를 형성하는 성을 다시 재고하게 하여, 파시스트 도상학에서 남성 몸의 이상적인 상에 대한 동성애적인 양상의 논쟁을 가져 왔다.

1990년대 새로운 유럽의 인디펜던트지의 지도는 예상의 다른 면모를 보여준다. 그녀의 머리에 히스파니아(Hispania)의 왕관을 쓴 처녀 유럽(Europa)은, 비록 16세기와 17세기 여행자들이 항상 존재하는 위협으로서 그 위험이 존재하는 것으로 보였지만, 소 아시아(Asia Minoris)의 떠돌이 집단의 위에 군림하였다. 18세기와 19세기에는, 민족주의 운동이 주기적으로 지도를 다시 그리게 하였고, 문명화되고 남성적인 북부와 정열적이고 여성적인 남부(동부)의 분열은 더욱 두드러졌다. 모리스(Morris)와 같은 이상적인 사회주의자들과 후기 오든(Auden)과 맥니스(MacNeice)는 힘과 장엄함 때문에 북부를 추앙하였고, 비록 후에 나치의 순회 여행 집단으로부터 스스로를 분리시켰을지라도, 그들은 북유럽의 이상을 열정을 가지고 다른 방법으로 나누었던 것이다.

이제 1990년대에는 북부/남부를 나누는 다른 징후가 나타난다. 일반적으로 세계에 아직 알려지지 않은 지역, 최근에는 흑해와 코카서스산맥 주변에서 '약하고', '미개발된', '변방의' (그리고 비록 명백하게 언급되지는 않았더라도 비슷한 어휘인 '페미니즘'을 공유하고 있으므로) 것으로 묘사되는 지역을 점유하고자 하는 욕망 때문에 지도 제작자들은 유럽의 경계를 아시아까지 대담하게 주장하게 되었다. 반면에 현대 정치적인 편의주의의 결합(전 소련연방의 이양된 지역에 발달된 시장들이 있다)과 쉽지 않은 이전 북유럽 문화의 어떤 이상은 새로운 유럽에서 아이슬란드의 생략을 가져오는 결과를 낳았다. 이런 북부와 남부, 동부와 서부의 양극화는 이전보다 훨씬 강하며, 이제는 식민지 개발에 대한 신흥 역사와 성별화된 언어를 고려하게 하는 시초가 되고 있다.

지도 제작, 여행과 번역은 명료한 활동이 아니다. 그들은 연원의 기점과, 출발과 목적의 요점을 가지고 매우 정확한 위치를 정하는 활동을 한다. 비교문학 연구의 위대한 발달은 이런 종류의 질문이 이제는 우리의 비망록이 되었다. 여행자들의 기록을 비교할 시간은 단지 우리에게만 도래한 것은 아니며, 최초의 장소에서 기술되었던 그들의 기록에 대전제를 물어야 한다. 존 디(John Dee)처럼 우리 역시 시간과 날짜를 계산하는 다른 체계의 균형의 과학을 더욱 정밀하게 하기 위하여 단순한 지도 제작에서부터 전이의 과정을 취해야 한다.

제6장

성과 주제: 기네비어의 경우

켈브(Koelb)와 노욱스(Noakes)가 최근에 주장한 것은 초창기 비교문학자들의 관심이 서서히 옮겨지고 있다는 것이다. 그 말은 '위대하고 통합적인 문화적 기획'으로서의 문학사에 대한 생각이나, 주제와 동향의 연구라는 생각에서 멀어지고 있다는 말이다.[1] 그러므로 그들은 르네 웰렉(Rene Wellek)이 그의 에세이에서 밝힘으로서 윤곽이 잡힌 비교문학의 평판이나 성격에 대한 명제에서 멀어져 가고 있다고 주장한다. 그는 비교문학은 '언어적, 인종적, 정치적 경계와는 독립된 하나의 문학으로서의 연구와 같다'[2]고 서술했다. 켈브와 노욱스의 에세이집에서도 역시 모든 장벽을 초월하는 인류의 품격을 높이는(권능을 부여하는) 힘으로서 문학을 인식하면서, '세계화'의 접근 방법과 달리하려는 움직임이 보여 진다. 그리고 이러한 경향에 대해서는 앞 장에서 이상적으로 함축하여 논의한 바 있다. 앞 장에서 '위대한' 문학에 대해서, 그리고 그 성향이 무엇이든 간에, 문학은 일방적으로 인간을 좀 더 나은 단계와 접촉하여 '끌어올릴 것'이라고 가정하고 있다. 또한 문학 체계가 다소 문맥과 분리되어 시공과 모든 형태의 장벽을 뛰어넘어 자유롭게 흘러가는 것이라고 가정한다. 이것은 물론 고전적인 형식주의의 견해들과 서부 유럽, 미국에 전반적으로 퍼져 있다.

그러나 비교문학에 제안된 그들의 열정은 20세기 말 세계적으로 퍼져있는 문학 풍조와 맞아 떨어진다. 켈브(Koelb)와 노욱스(Noakes)는 먼저 문학 이론과 비교 연구사이의 현저하게 점증하는 관계에 대해서 초점을 맞추고, 어떤 것이 경향과 주제에 대한 연구를 그 배경 속으로 불가피하게 인도하였는지 추정한다. 하지만 이 장에서는 비교문학의 개념을 기본적으로 문학의 인간화 역할에 대한 가정을 기본으로 하는 것이 정말 옳은 것인지, 문학 분석에서 현대의 추세를 바라보는 다른 길이 있는지 대해 제안한다. 주제와 경향에 대한 연구는 줄어들지 않았을 뿐만 아니라, 심지어 늘어나기까지 했다. 물론 그 차이점은 있는데, 탈식민 연구나 성 연구와 같은, '비교문학'의 것보다 다른 주제 아래의 작품 영역에서 오는 자극이라는 것이다.

시그버트 프로어(Siegbert Prawer)는 그의 비교문학에 대한 책 대부분의 장을 '주제와 예시(Themes and prefiguration)'[3]에 할애했다. 그는 연구의 다섯 개의 다른 주제를 결정했는데 이는 1) 자연현상에 대한 문학적 재현 또는 그가 말하는 '지속되는 인간의 문제와 행동 양식', 2) 반복되는 모티프, 3) 순환하는 현상들, 4) 유형의 문학적 묘사, 5) 지명된 인물들에 대한 문학적 표상이라고 할 수 있다. 그는 레몽 트루송(Raymond Trousson)이 비교문학의 가장 생산적인 분야는 저명한 인물들에 대한 문학적 표상이라고 한 점을 들어 우리의 관심을 끌고 있다.[4] 프로어(Prawer)는 그러나 주제연구에서 중요한 점은 그 주제가 어떻게 나타날 거라든지, 또는 문학사 연구의 부분으로서 주제가 어떻게 문화를 가로질러 사라지는가 하는 점뿐만 아니라, 왜 그런 과정이 일어났는지를 해결하려 시도하는 점도 중요하다고 주장한다. 다시 말하면, 주제에 대한 연구는 '문학도뿐만 아니라 사회학도나 정치학도 역시 같이 해야 한다'[5]는 이야기이다. 1986년에 출간된 그녀의 ≪신 페미니스트 비평(The New Feminist Criticism))≫이라는 선집의 소개에서, 일레인 쇼월터(Elain Showalter)의 말에 따르면, 초기 페미니스트 비평의 하나는 '문학의 실제에 여성을 싫어하는 점이 나타나는 것에 집중'되어 있다. 문학에서 여성들은 천사 아니면 괴물의 정형화된 이미지로, 고전이나 대중적인 남성 문학에서는 텍스트 상에서 여성을 괴롭힘으로, 그리고 문학사에서 여성을 배척하는 등[6]의 문학적 남용이 있음을 말하였다. 페미니스트 비평의 두 번째 국면은, 쇼월터에 따르면, 전통적으로 남성이 결정한 문학사를 수정된 시각으로 쓴 여성에 의해 쓰여진 텍스트들에 대한 것이다.

> 그래서 우리는 일관된, 비록 아직은 불완전하지만 지난 250년간 좀 더 발전된 단계의 여성들의 집필을 기술하고, 모방에서 자기 정의로의 주장까지 그리고 남성 지배적인 문화에서의 여성들의 사회적, 정신적, 미적 경험을 나타낸 반복되는 이미지, 주제, 플롯들을 역사와 국경을 초월해 연결하여 추적하고 정의한 여성 문학사의 이야기를 만들었다.[7]

쇼월터(Showalter)의 명제는 문학적 규범을 개정할 정도로 급진적이지만, 한편으로는 놀랍도록 형식주의적이며 국경을 초월한 전이의 개념에서 웰렉(Wellek)의 견해와 비슷하다. 그녀가 주장하고자 했던 것은 그 텍스트가 산출한 사회, 경제, 정치 같은 문맥과 관계없이 여성을 묘사하거나 여성의 집필에 있어서 보편적인 양식이 있어야 한다는 것이다.

그러나 이장의 목적은 역사적 사실성이나 여성들의 텍스트 산출에 대해 잘 성립된 토론을 하자는 것이 아니다. 이장의 목적은 굳이 자세히 설명을 하지 않아도, 오늘날 많은 비평가들이 하고 있는 주제연구에 대한 중요성을 설명하는 것이다. 또한 위대한 여성 작가들과 예술가들이 그 원형을 탐구하고, 서구 문화사에서 가장 두드러진 전형들의 모습들에 대해 재조명하는 것도 중요하다. 예를 들어 아리안 므누슈킨(Ariane Mnouchkine)의 1992년 버전 아트레우스(Atreus)의 가문 이야기, ≪레 자트리드(Les Atredes)≫는 남편 아가멤논(Agammemnon)에게 배신당하고 사랑하는 딸 에피게니아(Ephigenia)를 빼앗기고, 그 딸을 결혼시키지만 끝내 아가멤논에 의해 희생당하는 클리템네스트라(Clytemnestra)에게 동정의 시선을 보내고 있다. 클리템네스트라의 이미지는 지금까지 간부인, 트로이에서 돌아온 남편을 살해한 외도를 하는 아내로서 비춰지고 있어 아리안의 글은 매우 다른 시각을 보이고 있다.

마찬가지로 1980년대와 90년대 유럽 극장가를 가로질렀던 메데아(Medea)에 대한 놀라운 관심도 자식을 죽인 엄마라는 전통적으로 보여 지는 공포의 생김새라는 원형에서 벗어나고 있다. 메데아에 대한 해석은 제이슨(Jason)이 정치적인 이유로 결혼해야 할 필요가 있을 때 불필요한 것으로 고려되었고, 외도를 하는 사랑하지도 않는 남편에 의해 자포자기에 빠진 어머니와 애정어린 아내로서 그녀를 묘사되었으므로, 그리스 문화에서 추방된 국외자 또는 사악한 여인으로 보는 견해와는 다르다. 그러나 제기된 사안에 대한 다른 해석도 있는데, 에이드리엔 리치(Adrienne Rich)의 신기원을 이룬 책 ≪여성의 탄생: 경험과 관습으로서 어머니(*Women Born: Motherhood as Experience and Institution* 〔1976〕≫에서는 영아 살해의 사회적인 문제를 조사하여, 수세기동안 서구에서 공공연한 범죄였던 영아 살해에 대한 증거로서 메데아(Medea)를 해석하려 했다.[8]

그리스 전통에서, 그리스도교 전통(막달라 마리아, 동정녀 마리아, 기타)에서, 설화와 동화에서 여성 원형에 대한 재고와 재검토는 페미니스트 비평의 실제보다는 페미니스트 예술의 실제에서 더 두드러지고, 그 곳에 문학 원형과 프로어(Prawer)의 '저명한 인물들'이 있도록 강조하는 경향이 있다.

고대 신화에서, 설화와 동화에서, 유대 그리스도교 전통 일반에서, 탈16세기 문학사에서, 여성에 의한 수많은 창조적이고 학자적인 작품을 선별하면서 한 가지 재미있는 일은 아서왕 문학(Arthurian Literature)의 전통에 대한 관심의 결핍이 명백하다는 것이다. 물론 아서왕의 로맨스에 대한 관심은 앵글로 섹슨 세계에서는 일반적으로 여전히 강하고, 아서왕 소재에 대하여, 국제 사회, 그 소재의 발굴과 그 역사 연구에 헌신한 신문과 협회의 협조 하에 다양한 삽화의 소설과 영화의 다시쓰기로, 정립된 텍스트로 끊임없이 재발간되고 있다. 그러나 마가우스(Margawse), 니뮤에(Nimue), 이졸데(Iseult)와 기네비어(Guinevere) 같은 복합적이고 모호한 등장 인물은 다른 시대 작가들이 인물상으로 묘사한 제인 에어(Jane Eyre), 엘렉트라(Electra), 주디스(Judith) 또는 살로메(Salome)의 등장 인물처럼 페미니스트 작가나 비평가들에게 많은 관심을 받지 못했다.

마가우스(Margawse), 니뮤에(보통 니미안(Nimiane) 또는 비비안(Viviane)으로 알려진), 이졸데와 기네비어는 일반적으로 부정적인 형으로 취급받긴 하지만 서로 다른 의미로 되풀이된다. 마가우스, 오크니(Orkney)의 여왕이자 아서왕의 배다른 자매인 그녀는 다른 것들 중에서도 특히 맬러리(Mallory)의 버전에서는, 그녀의 오빠와 근친상간을 저질러 원탁(Round Table)의 이상을 무너뜨릴 모드레드(Mordred)를 낳게 된다고 서술된다. 클리템네스트라(Clytemnestra)처럼 그녀 역시 간통을 알게 된 그녀 아들 중 한 명에게 살해된다. 그녀는 종종 악한 여마법사로 서술되고, 20세기 아서왕 소재의 소설에서는 악의 전형적인 모습으로 나타나기도 한다. 그녀는 화이트(T. H. White)의 ≪언제나 변함없는 왕(The Once and Future King)≫에서는 대기와 어두움의 여왕(Queen of Air and Darkness)으로, 질리언 브래드쇼(Gillian Bradshaw)의 ≪오랜 바람 아래(Down the Long Wind)≫라는 삼부작에서는 어두움의 힘을 가진 아름다운 마녀로 나온다.[9]

니뮤에 역시 여마법사로 마가우스의 계획처럼 선의 힘을 약화시킬 음모를 꾸미고 있었다. 니뮤에는 아서왕의 충성스런 마법사인 멀린(Merlin)을 유혹해 그의 마법의 비밀을 알아낸 후 그 마법을 사용해 그를 가두어 버린다. 니뮤에를 비비언이라 부른 테니슨(Tennyson)은 그녀를 라미아(Lamia) 형상 종류의 뱀의 여인, 늙은 이를 속이 빈 나무 속에 영원토록 봉인해 '삶, 능력, 평판, 명성 모든 것을 잃게 한' '차가운 독사'라고 묘사했다.[10]

이졸데(Iseult)와 기네비어(Guinevere)는 죽을 때까지 연인을 사랑했음에도 불구하고 외도를 하는 부인으로 불리는 다른 범주이다. 이졸데는 그녀의 새로운 남편에게 먹일 사랑의 묘약을 실수로 트리스탄(Tristan)과 마심으로서 그들의 부주의한 사랑이 시작된다는 이야기 때문에, 결백한 열정의 피해자로서의 이미지를 만들어 일관성이 있다. 그러나 기네비어는 작가들마다 다르고, 자신의 운명을 스스로 결정하는 여인상이란 의견에 대해 수정해야 한다는 말도 자주 나오고 있다.

≪아서왕 용어집≫이라는 책을 편집했던 노리스 제이 레이시(Norris J. Lacy)와 제프리 애시(Geoffrey Ashe)는 특별히 여성 인물과 연관해 켈트족과 서력 기원 전의 많은 소재의 근원을 언급하고 있다.

> 중세에(특히 기네비어 〔Guinevere〕의 경우) 로맨스 작가들의 대부분 켈트족 왕비의 전통과 연관 지어 다룬 것은 더 이상 이해할 수 없다. 켈트족 여왕들은 그녀와 남편과 동등하게, 어떤 면에서는 더 우월하고, 마치 왕이 소실을 둘 수 있는 것처럼, 연인을 선택할 수 있었다. 중세의 아내에 대한 의무 맥락을 옮겨 온다면, 이야기는 다르게 전개될 것이고 이졸데(Iseult)는 이론적으로 '나쁘게' 된다.[11]

고대 아일랜드 문화의 '지모신(Mother Goddess)'에 대한 중요성은 ≪아네르긴의 노래(Song of Anergin)≫에 반영된다.

> 나는 자궁이다: 모든 잡목 숲의
> 나는 불꽃이다: 모든 언덕의
> 나는 여왕이다: 모든 벌집의
> 나는 방패다: 모든 머리의
> 나는 무덤이다: 모든 희망의[12]

지모신, 세 명의 여신은 각각 탄생, 생산과 죽음의 주기를 나타내며, 세 징후는 처녀, 어머니, 그리고 할머니 또는 마녀이다, 세 가지 상징적인 형태는 아서왕 줄거리에서 다른 인물들로, 그러나 서력기원 이전 구비 전통의 문학 형태로 변형되어, 여신의 힘은 현저하게 바꾸어져 되풀이되어 나타난다. 초기 모계 사회에 대한 계속적인 페미니스트 연구는 어떻게 가부장제가 여신의 묘사 안에서 근본적인 변화를 통해 성격화되는지를 보여준다. 이 세계의 들어오고 나가는 통로를 통제하던 모든 힘있는 여신으로부터 우리는 사악한 마녀, 방탕한 왕비, 마음이 잘 변하는 아내와 잔인한 연인으로 변화된다. 메리 콘드렌(Mary Condren)은 어떻게 한때 힘 있는 아일랜드의 여신에서 인류와 아담(Adam)의 파멸에 책임 있는 유대 그리스도교의 여성 개념에 관계된 열등한 위치로 떨어졌는지에 대해 논의했다.

아서왕 로맨스의 세계는 군국주의 세계로 나타났고, 원탁은 기사정신의 이상으로 재현되었다. 그러한 사회에서는, 콘드렌(Condren)이 지적한 바와 같이, 위대한 어머니(Great Mother)는 하찮은 존재가 된다.

> 어머니는 더 이상 힘의 원천이 아니라 장애이며, 전사들의 권위있는 문화에 참여하거나 대표되는 것을 방해하는 성(sex)일 뿐이다. 세 명의 여신의 삶, 죽음 그리고 영원한 회귀의 순환을 나타내는 상승하는 이미지는 이제 그 의미가 영원히 해체되었다. 어머니 중심 종교의 복합적인 요소에 대한 삼중 나선형(Triple Spiral)의 형태로 뱀(Serpent)/여신(Goddess)으로 재현된 모호함과 통합은, 결국 십자성호(Sign of the Cross)에 의해 극복되고 대체되었다. 아일랜드의 줄거리는 사건의 진실한 성격을 보존하였는데, 존속 살해는

> 가부장제 문화의 중심에 있고, 시공상 가부장제로의 파멸은 이브(Eve)의 추방된 어린이를 위한 치명적 결과였다.[13]

모계 사회에서 가부장제로 넘어가는 또 다른 버전인 그리스 신화에서는, 어머니의 파괴가 주요 모티프이다. 클리넴네스트라(Clytemnestra)와 마가우스(Margawse)는 수치스럽고 불명예로 그들의 자녀들에게 살해되었다. 아서왕은 항상 유서 팬드라건(Uther Pendragon)의 아들로 그려지는데, 그의 부계 혈통은 최고라고 묘사되어 왔다. 위대한 영국의 영웅으로서, 아서는 단 한 가지의 치명적인 흠결, 그의 아내 기네비어(Guinevere)를 제외하고는 판단력, 고귀함과 정의로움을 갖춘 군사적 기량의 모든 미덕으로 형상화되었다.

제프리 오브 먼머스(Geoffrey of Monmouth)의 ≪영국 왕들에 대한 역사(1136~8)≫는 기네비어가 아서(Arthur)를 배신한 기록을 포함하고 있다. 이 제프리 버전에서, 그녀는 모드레드(Mordred)와 불륜을 맺기 위해 그녀의 결혼 서약을 깨트렸다고 묘사되며, 모드레드는 아서의 조카로서 아서가 로마와 싸우러 자리를 비우는 동안 왕국을 통치했다고 나온다. 아서가 돌아와 모드레드를 쳐부수고, 기네비어는 수녀원으로 도망한다. 아서는 치명적으로 큰 상처를 입기 앞서, 모드레드를 추궁해 마침내 그를 살해한다. 그는 아발론섬(Isle of Avalon)으로 떠나며, 왕관을 콘월 공작(Duke of Cornwall)의 아들이자 자신의 조카인 콘스탄틴(Constantine)에게 넘겨준다. 제프리에 의하면, 이때가 A.D. 542년이었다.

외도를 하는 아내가 약점으로 있지만, 아서의 기본 소양은 이상적인 통치자였다고, 초기 아서왕 소재에서부터 놓여 있었다.. 그리고 서사시에서 로맨스로의 변모와 함께 법적인 사랑의 관습 성립, 숙녀들의 순결함의 이상화, 기네비어의 부정 모티프에 대한 처리의 변모들이 일어났다. 크레티앙 드 트루아(Chretien de Troyes)가 그의 로맨스를 쓰게 될 때까지, 이야기에 크게 변한 점이라고는 이상적인 연인, 기사 란슬롯(Launcelot) 경, Le Chevalier de la Charrette(마차의 기사 〔1179〕) 영웅이 추가된 점이었다.

크레티앙은 고전적 공손한 방식의 란슬롯을 그의 영주의 여성인, 기네비어의 진실하고 충성스런 하인으로서, 그녀가 악인 멜레간트(Meleagaunt)에게 유괴되었을 때 어떤 고통과 굴욕을 무릅쓰고 그녀를 구해내었다고 서술하였다. 그는 또한 바람난 아내를 가진 남편이지만 고귀함과 관대함의 척도로 보여 지는 아서(Arthur)에게 동정적 묘사를 보여주었다. 이러한 두 가지 관점에 있는 갈등은 독자들에게 동정심을 분열되게 만든다. 한쪽은 란슬롯(Launcelot)과 기네비어(Guinevere)의 이상적이며 고귀한 사랑이고, 반면에 아서는 부당한 취급을 받은 남편으로서 친구와 아내에 대한 믿음이 흔들리지 않고 있다. 크레티앙(Chretien)의 기네비어는 대리하기 보다는 행동한 욕망의 객체로서, 성격보다 상징이 크다.

연인으로서 기네비어의 전개는 두 고귀한 남자가 다가옴으로서 사랑의 난관에 빠진다. 비록 그녀에 대한 서술이 모두 제각각이긴 하지만 말이다. 크리스틴 드 피장(Christine de Pizan)이 그녀의 ≪도시의 숙녀들에 관한 책(Book of the City of Ladies 〔1405〕≫에 기네비어를 넣지 않은 것은 주목할 만한 일이다. 이졸데(Iseult)는 연인을 너무 사랑한 나머지 죽게 되는 여인의 예로 언급을 하였으나, 기네비어는 없다. 단테(Dante)는 기네비어에 대한 도덕적 비난에 대해 강력한 암시를 주고 있다. 프란체스카(Francesca)가 그녀의 이복동생 파올로(Paolo)와의 운명적 사건의 출발은 둘이 갈레오토(Galeotto: 데카메론의 부제 〔옮긴이 주〕)의 란슬롯(Launcelot)과 기네비어 사이의 열정 기록을 읽은 그 날 시작했다고 고백한다. 그 사랑의 이야기를 전개하면, 기네비어 역시 원탁의 붕괴에 대하여 큰 책임이 있다고 해야 한다.

기사도적으로 완벽한 배치의 창작은 곧 아서왕 소재의 기본적 요소의 하나이다. 아서, 신이 선택한 통치자, 기사들에게 새로운 질서를 세우고, 원형의 탁자 주위에 비계급적으로 앉았던 왕이다. 아서(Arthur)의 홀에서 기사들은 모험담을 이야기하고, 선의 이름으로 세운 많은 군사적 무훈을 노래하며, 성배(Holy Grail)에 대한 관심이 증가할 시절엔 서로 신성한 빛을 찾아나서는 이야기를 했다. 모든 남자들 중 가장 순수한 사람만이 성배의 빛을 볼 수 있고, 남성의 순수함에 대한 강조는 여성의 순수하지 않은 줄거리의 유포를 촉진시켰다. 기사들의 이상적인 여성에 대한 존경이 예수의 피가 담겨 있는 성배에 대한 존경으로 옮겨지자, 여성의 불완전함은 더욱 부각되었다. 기네비어(Guinevere)의 간통에 대한 주제도 더욱 악의있고 중요한 차원으로 부풀려졌고, 그녀는 희생양이 되어 남성들의 이상인 원탁의 질서를 무너뜨린 상징이 되었다. 기네비어가 그녀의 영주 아서의 기대에 미치지 못하게 되면서, 기네비어는 그들 둘에게 재앙을 만들어 낸다. 트리스탄(Tristan)과 이졸데(Iseult) 줄거리에 나오는 운명적인 사랑의 모티프는 기네비어와 란슬롯(Launcelot)의 버전을 모방한 것으로서, 이졸데가 트리스탄을 너무 사랑하여 결혼 서약마저 깨뜨렸으나 진실 된 연인으로 서술된 것은, 기네비어가 전세계 그리스도교도들의 가장 고귀한 왕의 부인이었으나, 란슬롯에 대한 통제 불능 사랑의 벌을 받았던 것과 같다.

그러므로 기네비어는 많은 로맨스 이야기에서 위험스러운 감정을 자극하는 힘으로, 그리고 분열과 해체의 상징이 된다. 이브(Eve)처럼, 기네비어도 남성의 파멸에 책임이 있는 것이다.

아서왕 소재는 중세 시대 수세기동안 인기가 계속 유지되어 왔고, 아서왕의 반복은, 영국의 소재(Matter of Britain)로도 불리며, 다른 유럽의 로맨스 이야기 순환에 따라, 독일의 니벨룽겐노래(Nibelungenlied)와 북유럽의 영웅담, 프랑스의 소재(Matter of France) 또는 샤를마뉴(Charlemagne) 대제와 그의 기사들의 무훈기록, 그리고 로마의 소재(Matter of Roma), 트로이(Troy), 알렉산더(Alexander), 아이네아스(Aeneas)의 전설에 대한 기록들의 이야기와 맥을 같이 한다. 15세기 말, 출판에 대한 발명이 동시 다발적으로 일어나면서, 토머스 멜러리(Thomas Mallory) 경이 1485년 캑스턴(Caxton)에서 ≪아서의 죽음(Morte d'Arthur)≫을 출간했는데, 그 해에 튜더(Tudor) 왕조의 출범과 헨리 7세(Henry Ⅶ)의 즉위도 보여주고 있다.

맬러리의 서사시는, 그가 강조한 것은 그 출전으로서, '프랑스어 책(French book)'의 권위에 의해, 종종 반어적인 유머를 써, 참조하였지만, 영어와 프랑스어 버전의 범주를 이용하고 있다. 그의 작품은 아서왕의 즉위, 원탁의 창립, 그리고 여러 기사들 특히 트리스탄(Tristan), 란슬롯(Launcelot)과 가웨인(Gawain)의 무훈의 기록을 제시한다. 맬러리의 버전에서 성배의 기사는 란슬롯의 아들 갤러해드(Galahad)와 일레인(Elaine)인데, 후자는 그를 속여 그의 진실한 여인 기네비어(Guinevere)가 사랑에 빠졌다고 믿게 만들었다. 란슬롯과 기네비어 사이의 열정은 실제적으로 책 6장 첫 부분에 나온다.

> 그(란슬롯 경)는 아서왕 이후 프랑스어 책(French book)에서 언급한 첫 번째 기사로 로마에서 왔다. 여기에서 기네비어 왕비는 모든 기사보다 그에게 큰 호의를 가지고 있었고, 그도 그의 인생에서 다른 어떤 처녀 여성보다 왕비를 사랑했으며, 그녀를 위해 많은 무훈을 세웠고, 고귀한 기사도 정신을 발휘해 그녀를 불 속에서 구해내기도 했다.[14]

맬러리(Mallory)의 기네비어(Guinevere)는 능동적인 인물로서, 현대 드라마의 주된 요소가 된 경쟁의 장면에서 일레인(Elaine)에게 고압적으로 란슬롯(Launcelot)을 떠나라고 명령하고, 정도를 벗어난 퍼디비어(Pedivere) 경을 란슬롯의 보호아래 놓여 있던 참수형 당한 그의 아내에 대한 속죄로서 로마로 순례를 보내기도 한다. 맬러리의 세계는 폭력적으로서, 곤경에 처한 처녀를 구하기도 하지만, 강간과 다른 형태의 폭력들에 대해서도 다루고 있다. 맬러리는 장미의 전쟁(Wars of the Roses)과 그 자신의 폭력적인 이야기는 그를 무기 소지 폭행, 산적 행위, 강간 등으로 감옥에 갇히는 이유가 되었다. 맬러리는 기사도적인 관습의 기풍을 바탕으로 한 로맨스 이야기도 썼으나, 그 소재의 처리에는 그가 다른 시대의 남성이라는 점을 보여준다. 중요한 건, 그의 기네비어는 간통을 저지른 여인이 아닌, 진실한 사랑의 예로써 나타난다는 점이다.

> 그러나 요즘 남자들은 칠야(seven nights)를 사랑할 수 없고 그들의 욕망대로 하고자 한다. 쉽게 좋아해지고, 성급하며, 뜨거워졌다가 곧 식고 마는... 여름과 겨울처럼 한 쪽이 뜨거워지면 다른 쪽은 차가워지고, 그러므로 여러분들은 기네비어 왕비처럼 5월의 추모 연인이 되어야 할 것이다. 그녀는 진실 된 연인으로서의 삶을 살았고,

그러므로 좋은 결말을 맺었다고 잠깐이나마 말할 수 있다.[15]

맬러리의 란슬롯과 기네비어에 대한 플롯의 기록은, 란슬롯이 기네비어 왕비의 방에서 발견되어 아서(Arthur)는 자신의 의지와는 상관없이 그녀를 비난해 죽여야 한다고 강요를 받는 20세기 소설 버전의 가장 기본적인 틀이다. 아서(Arthur)는 내켜하지 않으나 그의 기사들, 특히 마가우스(Margawse)의 아들들은 그렇게 하도록 강요한다. 아서의 난관을 맬러리(Mallory)는 그의 프랑스어 '출전'에서 이렇게 몇 마디로 서술하고 있다. '프랑스어 책에서 말하길, 아서는 주위의 강요에 지긋지긋해져서, 란슬롯(Launcelot)과 왕비에 대한 어떤 말도 들으려 하지 않고, 란슬롯과 왕비가 자기에게 얼마나 잘해주었는가를 생각하며, 자신도 란슬롯을 사랑하고 있다고 생각한다.'[16]

화이트(T.H. White)는 맬러리에 의해 윤곽이 잡힌 아서의 성격을 한 단계 발전시켜, 그의 가장 절친한 친구와 아내가 사랑에 빠졌다는 비극적 사실에 사로잡힌 훌륭한 인물의 초상으로 나타내고 있다. 화이트는 아서의 '생각'을 평범한 대화를 통해 숨겨진 의미를 끌어내려 한다.

> 란슬롯은 웃기 시작했고, 마침내 계속된 팽팽한 한 올의 긴장은 사라져 버렸다.
>
> '전하는,' 그가 묻기를, '도끼를 들고 쫓아오는 여자와 결혼할 수 있습니까?'
>
> 왕은 잠시 생각에 잠긴 후 말했다.
>
> '그럴 수 없네,' 그가 결국 말하길, '이미 결혼했으니 말일세.'
>
> '그웬(Gwen)과 말이죠.' 란슬롯이 말했다.

특별한 의미였다. 그들은 뜻이 맞지 않는 별개의 단어들을 가지고 대화를 하는 것 같았다. 마치 개미들이 자신의 안테나를 사용해 대화하는 것 같았다.

'기네비어(Guenever: Guinevere의 오기〔옮긴이 주〕) 왕비와.' 왕이 반박하며 말했다.

'제니(Jenny)와도요?' 왕비가 물었다.

'그래.' 그는 인정했지만, 긴 침묵 후에, '제니와도.'[17]

여기에서 별칭의 변화는 특별한 의미를 나타낸다. 기네비어(Guinevere)는 아서(Arthur)의 그웬(Gwen)이고, 동시에 란슬롯(Launcelot)의 제니(Jenny)였다. 그녀는 그들 각각에게 대응해서 이름지어진 서로 다른 방식으로 존재하였다. 란슬롯이 아서의 애칭인 그웬을 사용했을 때 아서는 똑바로 된 이름으로 고쳐주었다. 그러자 기네비어가 란슬롯에 의해 사용된 애칭을 즉각적으로 맞받아쳐, 이런 방식에 따라 삼각 관계의 원동력을 명백히 알게 된다. 그들 셋은 사랑과 우정, 혼란스러운 충성심 덫에 사로잡힌 채였다.

맬러리(Mallory)의 아서는 근본적으로 그의 고귀함을 잃지 않은 훌륭한 인물로 표현되었으며, 화이트(White)의 소설에서는 마술적인 어린 시절부터 환멸을 느낀 노년까지 서술되어 있고, 또한 항상 관심의 중심이 되었으며, 독자들에게 동정과 수긍이 가게 하는 인물로 묘사되었다. 그럼에도 맬러리나 화이트 둘 모두 아서를 이상적인 군주와 인간형으로 보았으며, 그의 아내와 관련지어 인간 차원의 발전에 대한 주제를 제공했다. 비록 두 소설 모두 전쟁 배경에 관해서는 상관없이 썼으나(≪언제나 변함없는 왕(*The Once and Future King*)≫의 처음 3권은 각각 1939, 40, 41년에 출간), 아서의 군사적인 무훈은 그의 기사들보다는 덜 중요했고, 두 텍스트의 영웅적인 모험은 란슬롯이었으며, 아서는 좀 더 사색적인 성격으로 나온다. 화이트소설의 끝부분에서 늙어버린 왕은 인류가 완벽해질 수 있다는 것에 대한 그의 믿음이 깨지면서 원탁의 파멸을 생각하게 된다.

> 그가 운명적으로 정해졌던 공헌은 힘과 인류의 정신적인 병에 부딪히게 된다. 그의 원탁, 기사도 정신, 성배, 정의에 대한 헌신, 그 모든 것들이 그의 인간은 고귀하다는, 처음 전제에 의존하고 있다. 그의 삶을 되돌아 볼 때, 그는 모든 시간을 불가항력(Force Majeure)이라는 홍수와..., 치수를 하는 데 썼던 것 같다.[18]

화이트(White)의 아서(Arthur)는 맬러리(Mallory)처럼, 버려진 땅의 통치자로서, 완벽했던 기사도의 파괴와 함께, 최종 전쟁에 대해 무의식중에라도 책임지려 하는 그의 가장 친한 친구와 삶에 대한 사랑과 함께 끝난다. 그러나 두 소설 버전 모두 마지막 대참사에 대한 비난을 기네비어(Guinevere)에게 두지 않았다. 차라리 세 연인의 이야기는 감정과 고귀함이 혼란스러워진 삼각 관계에 있어, 원인은 아니었으나, 불화의 상징이 되었다. 더욱이 맬러리와 화이트는 모두 기네비어가 아이가 없다는 것을 들어, 아서의 결혼 생활의 중심에 큰 슬픔을 강조했다.

죽은 사람도 살릴 수 있다고 하는 성배도 아서에게는 도움이 되지 못했다. 아이를 거부함으로써, 그런 이유로 성공적이었던, 그의 왕국은 붕괴되었다. 물론 그것은 왕위 계승문제로 혼란스러웠던 15, 16세기에는 고귀한 일이었다. 1485년 리처드 3세(Richard Ⅲ)의 죽음은 튜더가(Tudors)로 하여금 왕위를 넘보게 했으며, 헨리 7세(Henry Ⅶ)는, 맬러리의 '다시 올 것이고 성스러운 십자가를 획득할 것'에 관계된, 이 신화적인 왕을 기념하여 그의 장자에게 아서(Arthur)라 이름 지었다. 아서의 갑작스런 죽음은 헨리 8세(Henry Ⅷ)로 하여금 왕위를 잇게 했으며, 왕위 계승 문제는 여전히 그의 통치 지역과 세 자식들 에드워드 6세(Edward Ⅵ), 메리(Mary), 엘리자베스 1세(Elizabeth Ⅰ)에게 크게 남아 있었다.

자신의 책을 ≪저주하는 법 배우기: 초창기 근대 문화에 대한 에세이(Learning to Curse: Essays in Early Modern Culture)≫라 이름 지었던 스티븐 그린블랫(Stephen Greenblatt)은 '새로운 역사주의' 비평의 기본 원칙에 대해 논했다. 그가 제시한 새로운 역사주의는 문학 텍스트를 보고 가능한 한 독창적 생산과 수용의 역사적 환경을 회복시키자는 것이고, 거기에서 나온 환경과 비평가들의 환경 사이의 관계를 분석하는 것이다. 새로운 역사주의는 그러므로 비교 방법론이며, 지질학적보다 시간적 경계를 넘어 비교 과정을 수행하는 것이다. 화이트(White)의 맬러리(Mallory)에 대한 세부적 연구는 작가로서, 남자로서 그리고 2차 세계대전(Second World War) 초기에 그가 경험했던 절망과 15세기 말 골칫거리인 폭력적인 사회를 비교하며 둘 사이에 다리를 놓으려는 그의 시도였다. 그린블랫에 의해 논의된 비평들처럼, 화이트 역시 '안정되고 조립식의 배경이 아닌 종종 사회 세력이 반발하고 개정된 밀집한 관계망으로서, 문학 텍스트들이 놓여 진 교차적인 환경'[19]을 이해하려 시도했다.

헨리 7세의 그의 아들에 대한 상징적인 이름에도 불구하고, 잉글랜드 르네상스(English Renaissance)의 발흥기 때 아서왕 소재는 쇠퇴했다. 거의 모든 종류의 출전으로 플롯을 구성했던 셰익스피어(Shakespeare)도 아서왕 화제는 무시했으며, 어린 엘리자베스 1세를 가르쳤던 인간주의 학자 로저 애스컴(Roger Ascham)도, 맬러리(Mallory)의 작품은 경멸적으로 묵살했다.

> 우리는 선조 시대에, 홈 통 같은 가톨릭교가 잉글랜드 전체를 덮쳐 흘렀을 때, 몇 권의 책은 과거와 즐거움을 이야기하며, 기사도에 관해 우리의 언어로 읽혔는데, 혹자는 그것이 게으른 수도승이 수도원에서 쓴 것이라고도 하고, 또는 고의적인 정전: 하나만 예를 들어 ≪아서의 죽음(Morte Arthure)≫을 보면, 이 책이 주는 즐거움은 크게 두 가지인데, 우발적 살인과 대담한 음란이다. 이 책에서 말하는 고귀한 기사란 무기 없이 가장 많은 사람을 죽인 사람이고, 감지하기 힘들게 바꿔 더러운 간통을 한 사람이다. 란슬롯(Launcelot) 경과 그의 영주 아서왕(King Arthur)의 아내가 그렇고, 트리스트럼(Tristram) 경과 그의 삼촌 마크왕(King Mark)의 아내가 그렇고, 라메로크(Lamerok) 경과 그의 아주머니였던 로트왕(King Lot)의 아내가 그렇다. 이것은 현명한 사람이 비웃고, 정직한 사람이 즐거움을 빼앗기에는 좋은 재료였다. 난 아직 신의 성경이 궁정에서 사라졌거나 ≪아서의 죽음≫이 왕자의 방에서 나왔다는 말은 듣지 못했다.[20]

애스컴(Ascham)의 아서와 그의 기사 줄러리의 비도덕성에 대한 불만은 당시 자유로운 인간주의에 대한 공통의 관심을 반영하는 것이다. 안정적인 결혼 생활은 지속적인 국가의 존속을 반영한다고 믿었기 때문이다. 캐서린 벨시(Catherine Belsey)가 말하길,

> 16세기 초 인간주의자들의 잉글랜드에서의 순회 강연은 좋은 정부와 좋은 가족에 대한 새로운 정의를 만들어 냈다. 인간주의자들의 과제는 강요하기보다는 설득하며, 그런 건전한(설득적인) 교육은 아마도 충분히 합리적이고 덕있는 성인을 보장할 수 있었다.[21]

이러한 문맥에서, 우리는 왜 아서왕 소재는 계발되지 않는가, 그 뿐만 아니라 위험할 정도로 비도덕적인 문학이 되고 있는지 알 수 있다. 애스컴(Ascham)은 기사도 질서의 성립이나 성배에 대한 모험에 대해서는 언급하지 않았으나, 그것들 중 어느 것도 16세기 새로운 세계의 질서 확립에는 울림이 되지 못했다. 대신에 그는 야만성과 맬러리(Mallory)의 등장 인물의 성적인 과도함, 그리고 무엇보다도 항상 존재하는 간통 모티프를 강조했다.

아서왕(Arthurian) 소재는 그런 이유로 쇠퇴하여 수세기 동안 사라졌다. 18세기 말경에 이런 저런 것들이 나타났으나, 19세기 중반에서야 작가와 예술가들은 영감을 받아 아서의 소재를 다시 돌리고자 했다. 그들이 하고자 했던 것은, 그들은 그 줄거리를 통해 빅토리아(Victorian) 왕조 사회의 중심에 대한 반박을 드러내고자 다시 말하려 했다. 그 당시 비평가들이 자주 논의했던 것은, 전원적인 어린 시절에 대한 이미지와 청소년들의 타락의 유행에 대한 대조, '천사의 집(Angel of the House)'에 대한 이상과 많은 작가들의 아내의 부정에 대한 강박 관념, 세계 강국으로서 잉글랜드의 이미지와 그 강국에 살면서 수고를 하는 노동자들의 소름끼치는 사회적 조건, 공공연한 인종차별과 외국인 혐오의 배경에 반대하는 영국다움 이상의 전개 등이었다.

당시 갈등의 예로서 고려할 만한 특히 두 텍스트는 아서왕 소재가 어떻게 취급되었는지에 대해 반박의 형태를 드러내었는데, 이는 테니슨(Tennyson)의 ≪국왕의 목가(Idylls of the King)≫와 윌리엄 모리스(William Morris)의 ≪기네비어의 변호(The Defence of Guinevere)≫이다.

테니슨의 글은 12권이며, 1830년대부터 시작해서 1869년에 완성되었다. 맬러리의 ≪아서의 죽음(Morte d'Arthure)≫은 1816년과 17년에 다시 출판되었고, 널리 읽혀졌다. 테니슨(Tennyson)은 맬러리(Mallory)의 작품에 기반을 두었으나, 상당한 차이가 있었다. 그의 아서(Arthur)는 이상적인 모습으로서 관능성을 피하고 있다. 첫 번째 책 '≪아서의 돌아옴(The Coming of Arthur)≫' 에서는 기네비어(Guinevere)의 아름다움을 표현하는 네 줄로 시작된다. '그녀는 세상의 모든 것들 중 가장 희게 태어났다.' - 그리고 그녀의 아버지는 딸을 끔찍이도 사랑했다.[22]

다음 책에서 아서는 육체적인 사랑과 정신적인 사랑에 대한 투쟁에 사로잡히면서 이상주의에 대한 완만한 쇠퇴를 보여준다. 책 5권 '≪발린과 발란(Balin and Balan)≫'에서 성배가 처음 언급되고, 기사들이 '아서가 말한 예의, 성인다움, 기사도에 관한 것을 배우기 위해' 등장한다.

발린은 정원에서 란슬롯(Launcelot)과 기네비어의 말을 우연히 듣고, 이 발각 이후, 의심의 씨앗이 싹튼다. 갈롱(Galon) 경은 아서에게 '좋은 아내로의 숭배가 감추고 싶은 부끄러움을 덮어준다'며 기네비어의 부정에 대한 첫 번째 명백한 암시를 주었으며, 여마법사인 비비언(vivien)에 의해 더 부풀려진다.. 다음 책에서는 비비언이 멀린(Merlin)을 파멸시키는 줄거리가 나오고, 첫 대사는 어두운 예감으로, '폭풍은 다가오고 있으나, 바람은 여전히 잔잔하네.'로 시작한다.

란슬롯과 기네비어의 열정은 가장 통렬한 일곱 번째 책 '≪란슬롯과 일레인(Launcelot and Elaine)≫'에서 나온다. 기네비어의 '죄 없는 경쟁자' 일레인은 그녀를 사랑하지 않는 남자를 사랑하며 죽었고, 슬픔에 잠긴 아버지는 그때까지 완전히 밝히지 않았던 진실을 말하게 된다.

> 이것은 나도 알고, 모든 사람들도 아는 것,
> 그는 왕비를 사랑하네, 공공연히 부끄럽게도:
> 왕비는 그에게 사랑을 되돌려 주었네, 공공연히 부끄럽게도,
> 이것이 숭고하다면, 대체 무엇이 낮은 것일까?

책 11권 '≪기네비어(Guinevere)≫'에서 마지막으로 '부끄러움'의 중요한 모티프가 나온다. 끝에서 두 번째인 이 책은 도망자로서의 기네비어에게 , 수녀원으로 도망가고 난 후, 마드레드(Madred)로 부터 탈출하기 위해, 전쟁의 파괴로부터의 도망 등에 집중되어 있다. 테니슨(Tennyson)은 그녀를 자신의 이름마저 밝히기 꺼려하는 죄 많고 슬픈 완전히 제정신이 아닌 자로 묘사했다. 고전의 빅토리아(Victorian) 멜로드라마 장면에서는, 기네비어가 궁정에서의 사건 버전을 젊은 수련 수사에게 말하겠느냐며, 기네비어는 끝까지 '사악한 왕비', '원탁에 혼란을 야기한 불성실한 삶을 산 여인', '죄 있는 왕비'로 묘사한다. 그녀의 기질을 제어하지 못해, 결국 기네비어는 수련 수사를 내보내고, 짧은 기간의 회고를 하는데, 여기에서 테니슨은 그녀의 내면을 최대한 가까이 들여다본다. 그녀는 아서(Arthur)를, 신부로서 처음 만났을 때를 회상한다.

> 그리고 의식 없이 과거를 움직이면서,
> 왕을 처음 보았던 시점으로
> 그 도시로부터 그녀를 향해 말을 타고 오는, 그를 찾는다
> 그녀의 여행은 끝나고, 그를 보며, 그가 차갑게 느껴지는데,
> 높고, 자족적이고, 열정도 없고, 그가 싫어,
> '나의 란슬롯(Launcelot) 같지 않아'

그녀의 환상은 아서의 도착에 의해 방해되며, 전형적인 빅토리아 방식으로 그녀를 비난하고 또 용서하는 것이다.

> 그의 발아래 엎드리는 동안,
> 그녀는 왕의 숨결이 그녀의 목 근처에서 맴돌고 있음을 느끼며,
> 그리고 어둠 속에서 그녀는 머리를 떨구고,
> 그의 십자를 긋는 손을 느낀다.

가장 '높은 사람'을 사랑하는 것이 그녀의 의무임을 너무 늦게 자각하며, 기네비어(Guinevere)는 신에게 삶을 맡기기로 하고 수녀원에 남는다. 마지막 책 ≪아서의 죽음(The Passing of Arthur)≫에서, 영웅왕으로서 종말을 상술하기 위해 맬러리(Mallory)에게 돌아온다.

테니슨(Tennyson)의 기네비어의 초상에는 흥미롭게도 얼마간의 갈등이 들어있다. 그녀는 사랑하고, 그 사랑 때문에 벌을 받지만, 그녀의 란슬롯(Launcelot)에 대한 사랑은 잘못이나 죄 또는 부끄러움 같은 단어에 의해 묘사된다. 이것은 고귀하거나 품격을 높이는 사랑이 아닌 비밀스럽고 죄 많은 사랑인데, 아서왕과의 마지막 대면에서 그는 고귀하고 그녀의 '오염된 육체'를 여전히 사랑할 수 있는 관대한 사람으로 나온다. 테니슨의 기네비어의 육체적 아름다움으로 인한 명백한 매력에서 유래된 긴장은, 12권의 책 내내 그녀를 열정적이고 따스한 여인으로 등장시키고, 이러한 테니슨의 의도는 사랑하는 란슬롯에 비해 상대적으로 아서를 차갑게 묘사함으로써 기네비어를 무죄로 만들려는 것이다.

≪국왕의 목가(Idylls of the King)≫가 헌신하는 것은 알버트 왕자

(Prince Albert), 1861년에 죽은 빅토리아 여왕(Queen Victoria)의 배우자에 대한 기억이다. 작가는 그녀에게 너무 슬퍼하지 말고, 천국에서 죽은 남편과 다시 만날 것을 기약하라고 강요하고 있다. 빅토리아는 얼마간 그 재결합이 있다.

모든 사랑이여
그의 사랑은, 보이진 않지만, 모두가 느낄 수 있고,
그들의 아들의 사랑은 그들을 둘러싸고,
그들의 딸의 사랑은 그들을 소중히 하며,
그들의 사람들의 사랑은 그들은 편하게 하네,
신의 사랑은 그들을 그의 곁으로 다시 돌려줄 것이네!

그러나 기네비어(Guinevere)는, 만약 그녀가 영혼을 정화하고 그리스도에게 의지하면, 아서(Arthur)는 그 약속을 지속하였을 것이지만, 별로 확신이 없다.

그 세계 이후로 어디에 모든 순수함이 있는지
우리 둘은 고귀한 신과 당신 이전에 만났고
나에게 봄이었고, 나를 필요로 하였는지, 아는가
나는 작은 영혼이 아닌 너의 남편이고,
란슬롯(Launcelot)도 아니고, 다른 이도 아니어라.

테니슨(Tennyson)의 시는 영토에 대해 '바다의 절반을 잃고 섬의 삼분의 일을 잃은' 것으로 여왕에게 보내는 마지막 편지에 기술되는데, 이는 잉글랜드에 대한 비통함이다. 아서왕(Arthurian) 소재는 테니슨에게 그의 시대에 속한 나라들을, 서문과 후기에서 증명하는 것처럼, 탐구할 수단을 준다. 그러나 오늘날 읽어보면,

충격적인 것은 여성 성생활에 대한 모호한 처리이다. 기네비어(Guinevere)는 아서의 정신적인 차가움과는 대조적으로 열정적이나, 그녀는 처음에 언급한 것으로 벌을 받는다. 의무에 대립하여, 그녀는 '한이 없는 모국의 대양제국/영원히 팽창하는 잉글랜드'의 법을 거역했고, 그녀는 프랑수아 바레-뒤크로(François Barret-Ducrocg)의 ≪빅토리아 시대의 사랑(*Love in the Time of Victoria*)≫에 기록된 이름 없는 수백의 여자들처럼, 그녀는 결국 패자였다.[23]

≪기네비어와 다른 시들의 변호(*The Defence of Guinevere and other poems* 〔1858〕)≫는 라파엘 전파(Pre-Raphaelite)의 시집으로서 첫 권이었다. 같은 해 모리스(Morris)는 기네비어로서, 미래의 아내 제인 버든(Jane Burden)을 그렸고, 그림, 극시와 그의 선집을 위한 제목 선택의 조합은 신비스런 왕비의 모습을 위한 그의 매력을 입증한다. 그러나 모리스(Morris)를 특히 끌어당겼던 것은 왕비의 관능성이었다. 그는 기네비어를 가운을 입히고 벨트를 꽉 조여, 드레스에 가깝게 보이도록 하고, 그녀의 방 뒤에는 붉은색으로 피리 부는 남자 모습을 그리고, 그녀는 두 권의 책이 있는 경대를 내려다 보도록 그렸다. 그림의 중앙에는 그녀 바로 뒤에 침대가 있고, 액자의 대부분을 차지하게 하였다. 상당히 무질서하게, 침대 시트는 헝클어져 있고, 수 놓아진 침대보는 뒤로 팽개쳐 있어, 마치 누군가 조금 전까지 머물다 떠난 것 같았고, 작은 여우같은 개는 웅크리고 자고 있었다. 우리는 여기서 기네비어(Guinevere)가 애인과 열정적인 사랑을 나눈 후 옷을 입고 있는 장면이 아닐까 의심하게 되고, 선정적인 느낌을 주는 붉은빛의 오렌지색이 그러한 느낌을 부추긴다. 모리스(Morris)는 이런 식으로 그의 아내를 그려 오늘날 호기심적인 예언을 불러일으키고 있다.

모리스의 선집에 제목을 준 장문의 시는 ≪삼운구법(Terza rima)≫에 쓰여 있어, 극적으로 독백적인 효과를 낳고 있다. 그것은 기네비어의 재판의 순간을 시작하고 있으며, 그녀의 변호에 논쟁을 낳는다. 테니슨(Tennyson)의 ≪국왕의 목가(Idylls)≫처럼, 우리가 가졌던 첫 이미지는 기네비어의 것이나, 모리스 버전에서 그녀는 사냥되는 것 같은 억압 하의 생명력이다.

> 그러나 그들이 그녀의 말을 무시한다는 것을 알면서,
> 그녀는 젖은 머리카락을 눈썹으로부터 뒤로 넘기고,
> 뺨을 만지고 있던 손이 입 쪽으로 다가간다.[24]

기네비어의 변호는 여러 단계를 거쳐 진행된다. 그녀는 마지막 판결의 이미지를 제공하면서 시작하는데,. 마치 죽어가는 사람이 선택을 해야 하는데, 잘못된 선택을 한 것 같은 이미지이다. 이 말의 함축적인 의미는 그녀가 잘못된 선택, 즉 란슬롯(Launcelot) 대신 아서(Arthur)를 선택했다는 의미이고, 이것은 '당신이 있음에도 불구하고, 가웨인(Gauwaine:Gawain의 오기 〔옮긴이 주〕) 경은, 누워있다.'로 시작하는 세 줄의 후렴의 첫 사용에 의해 강화된다.

그녀의 변론의 두 번째 단계는, 란슬롯(Launcelot)이 처음 아서(Arthur)의 궁전에 왔을 때 그녀가 느낀 즐거움을 열거하는 것이고, 이것은 마치 그녀가 '아서라는 거대한 이름/ 그의 무관심에 팔려가기 전의 시간'으로 돌아간 새로운 빛 같았다고 한다. 그녀는 여기에서 결혼을 강요받았다고 주장했고, 이것은 반면 테니슨(Tennyson)에게는 명백히 드러난 반면, 모리스(Morris)의 버전에서는 거의 나타나지 않는다. 두 번째 단계는 그녀가 정원에서 첫 키스를 했을

때를 회상하며 진행되고, 이것은 단테(Dante)의 파올로(*Paolo*)와 프란체스카(Francesca)의 ≪지옥 Ⅴ(*Inferno* Ⅴ)≫의 삽화에 기반을 두고(아마 무의식적으로) 있다. 그들 사이의 성적 열망에 관한 명백한 인정은 다시 억제로 종결되고, 이후 그녀의 방향이 변한다.

이제 그녀는 여성 행동의 고정 관념에 대해 조심스럽게 이성적인 논쟁을 벌인다. 그녀의 진실을 알고 있는 사람들을 파괴하고 그녀의 의식을 무시한 부정한 왕비에게서부터 시작한다. 그녀가 한 일이 정말 유죄라면, 그녀는 곧바로 가웨인(Gawain)을 찾아가 그의 우정과 동정에 호소하고, 그녀가 본질적으로 선함을 입증하여 그를 극복하려 해야 할 것이다. 그녀는 그에게 자신은 항상 궁중에 있어야 하기 때문에 주의하라 하지만, 마침내 그녀의 침대에서 란슬롯의 상처로 인한 피가 증거로 나타난다. 그녀의 대응은 간결하다. 그 피에 대해 설명할 이유가 없다는 것이다. '어떤 법이/ 침대보에 있는/ 붉은 점에 대해 왕비더러 설명을 요구하는가?' 월경의 금기 가능성을 높이며, 궁극적인 여성적 특성으로 기네비어(Guinevere)는 남성의 가치와 반응을 공격하며 그녀의 방에서의 싸움을 이끌어 그녀를 고소한 멜리아그랑스(Mellyagraunce)를 죽음으로 몬다.

멜리아그랑스(Mellyagraunce)는 폐하에 대항해 싸웠습니다.
그러므로, 왕이여, 주의하십시오.

이 모든 사악함에, 말이 무분별하지 않도록
나에 비해 아름답던 내 눈이
너무 울어 잿빛이 되어버렸오, 내게 칼을 다오.

당신의 피에서 당신을 떠올려요, 가슴이 뛰어요
자줏빛 바다의 출렁임처럼, 여기 내가 있어요....

이 마지막의 애원은 위협(누군가가, 아마 란슬롯(Launcelot)일테지만, 와서 그들을 파멸시킬 것이라는)과 그녀의 아름다움이 충분히 그들을 굴복시킬 것이라는 본능적인 믿음의 합성이다. '너희가 감히' 그녀가 묻는다. '너희가 내 이마 위쪽을 잠깐이라도 보았을 때/ 내가 이렇게 말하는 것이 부당한가?'

이것은 그녀의 마지막 무기이다. 시의 전개는 다시금 변하고 이제 기네비어(Guinevere)의 어조는 불확실하다. 그녀는 란슬롯과의 행복했던 기억과 현재의 외로움을 비교하고, 그가 그녀에게 와 그녀와 함께 있던 것이 발견되었던 순간을 떠올린다. 세 번째로 그녀는 머뭇거리며 다음과 같이 끝맺는다. '내가 말한 모든 것은, 예수님의 고귀한 눈물을 걸고 사실이에요' 그리고 시의 마지막 줄에서, 세 번째 사람이 기네비어에게 란슬롯이 그녀를 구하기 위해 오고 있다고 말한다.

≪기네비어의 변호(The Defence of Guinevere)≫는 여러 면에서 전형적인 중세풍의 자각, 떠오르는 감각의 목표와 다른 시대의 비싼 그림들의 창작 면에서 라파엘 전파(Pre-Raphaelite)의 작품과 흡사하다. 또한 여성의 미가 남성을 파멸로 이르게 하는 요부(femme fatale)의 주제를 다루는 전형적인 예이고, 마리오 프라츠(Mario Praz)가 보여준 학자들처럼,[25] 19세기를 통틀어 강한 이미지로 남아있다는 점 등에서 전형적이다.

윌리엄 모리스(William Morris)와 그의 동료 라파엘 전파들은 죄를 범한 여성의 생각에 관심을 가졌던 것 같다. 비록 그들은 글을 쓰거나 그림을 그릴 때는 이상적인 이미지의 여성을 묘사했더라도, 요부의 시각에서 기네비어(Guinevere), 릴리스(Lilith), 트로이의 헬렌(Helen) 그리고 그리스 신화의 키케로(Circe) 같은 여성들을 재창조했다. 여성은 강하지만 위험한 존재로, 또 그 위험성은 그들의 성적 매력에서 온다. 모리스(Morris)보다 로제티(Rossetti)가 창녀나 '타락한 여성'을 잘 그렸고, 그가 그린 빅토리아(Victorian) 용어는 천사같은 이상적인 여인의 이미지와 반대로 놓여있다. 모리스의 시가 빅토리아 시대 자신의 행복을 찾으려는 여성에 대한 남성들의 모호한 태도의 좋은 예다. 왜냐하면 비록 기네비어가 강한 의지와 결단력으로 그녀에 대한 비난을 반박하려 하지만, 그녀의 힘은 바로 신체적 언어상 여성다움으로 나타나는 성적 매력이고, 최후에 그녀는 성공하지 못하고 구출되어야만 했다. 그녀의 논박은 모두 감정적이고, 그녀 감정의 육체적 표현은 내내 가장 관심이 가는 부분이다.

테니슨(Tennyson)의 묘사 관점이 바뀌면서 기네비어는 사랑 때문에 그녀 남편의 차거움에도 불구하고 벌을 받게 된다. 그녀가 아서(Arthur)와 만나는 마지막 장면에서 올바름에 봉사하는 그녀의 의무를 소홀히 했기 때문이다. 테니슨(Tennyson)의 기네비어(Guinevere)와 19세기 소설의 인물들 간에는 확실한 평행선이 있다. 특히 토머스 하디(Thomas Hardy)의 여자들에서, 욕망과 의무 사이의 충돌이 파국을 일으키는 부분에서 그렇다.

19세기와 20세기는 아서왕 소재에 기반을 둔 작품의 확산이 보이며, 몇몇은 국제적 성공을 거둔다. 화이트(White)의 소설은 뮤지컬 카멜롯(Camelot)과 그 뮤지컬을 영화화한 작품, 심지어는 디즈니(Disney)의 ≪돌에 박혀있는 칼(The Sword in the Stone)≫에도 토대를 제공했다. 또한 어린아이들이나 10대를 위해서도 많은 버전들이 나왔고, 그것들은 모두 그들의 취향에 맞게 재편집된 것이다. 질리언 브래드쇼(Gillian Bradshaw)의 로맨틱 소설의 관습을 따르는 버전인 ≪오랜 바람 아래(Down the Long Wind)≫삼부작은 다른 관점의 이야기를 보여준다. 브래드쇼는 이제 봄에서 겨울까지, 희망에서 절망으로 가는 전통적 장치를 따르고 있다. 마지막 책, ≪겨울의 그늘에서(*In Winter's Shadow*)≫는 웨일즈(Welsh) 철자법 Gwynhwfar로 쓰는, 기네비어에 의해 처음 언급한 사람이 등장한다.

브래드쇼의 등장 인물은 불행한 가족 배경을 가지고 있었고, 그래서 아서(Arthur)와의 결혼은 반가운 탈출구였는데, 첫 장에서 기네비어(Gwynhwfar)가 아이가 없는 것은 상속인을 낳기 위해 그녀와의 이혼을 거절한 아서를 강조하기 위함이었다. 브래드쇼 버전은 감정이 풍부한 여인은 예기치 않게 사랑(이 버전에서는 베드비어〔Bedwyr〕)에 빠지는 것을 필요로 한다고 서술한다. 비록 1982년에 쓰여진 테니슨이 말한 여성의 고정 관념에 의존하고 있긴 해도, 또 20세기 멜로드라마의 관습에 대한 양해-주인공이 '떨리는 손'으로 방에서 '비틀거린다거나' 그녀의 남편이 '제국(Empire)으로 인해 무거운 짐을 지고' 있어 그녀를 위한 시간은 거의 없다는 등에 따르긴 해도 말이다. 브래드쇼의 버전은 따분한 드라마의 기네비어(Guinevere), 아서(Arthur)와 란슬롯(Launcelot)의 줄거리를 변형하였다. 이렇게 여러 단계를 거쳐 환상의 옷을 입고 등장한 것이 ≪간단한 만남(*Brief Encounter*)≫이다.

같은 기본적 소재를 다룬 여러 문학이 서로 오랜 기간의 시간적 차이가 있다면 그 텍스트를 보고 무엇을 얻을 것 같은가? 이 문제는 비교학자들이 수 대 동안 관심을 가졌고, 문학사로서의 비교문학과 문화적이고 일시적인 경계를 넘어, 주제와 관련된 소재를 추적하는 태도의 다른 것을 보여줄 수 있는, 문맥과 무관한 텍스트의 실제적 비교로서의 비교문학에서의 쟁점에 대한 관심이었다. 켈브와 노욱스(Koelb and Noakes)는 주제에 대한 연구는 그들의 전성기가 있었고 형식주의 방법에 관한 한 맞을 것이라고 한다. 연관이 없는 텍스트 사이에 유사성이 없다는 것은 좋은 교육적 자료가 되고, 문학 체계의 독특성에 대한 편견을 없애는데 도움이 될 것이나 작품을 맥락적 문헌이 없이 비교하는 것은 쉽게 지루해질 수 있는 형식주의의 방법이다.

프로어(Prawer)는 크로체(Croce)가 다른 작가들의 작품에서 같은 이름의 인물은 서로 연관성이 없다고 주장하고, 인물은 작가의 개성이 아닌 주요 주인공[26]일 뿐이라고 주장한 것을 논박한다. 하지만 크로체의 주장은 탈근대 문맥에서 약간의 동정을 찾을 수 있다. 그는 작가가 시대 어느 한 순간의 산물로서, 그리고 우리가 오늘날 논의하고 있는 특별한 이데올로기로서, 그것의 발표와 관련하여 소재에 일어날 수 있는 조건들, 그것의 생산, 수용 등으로 소재를 조정하는 방법을 지적해 냈다.

기네비어(Guinevere)의 모습에 대한 해석의 짧은 개요는 문학 관습에 많은 변화를 일으켰고 또한 이데올로기의 변화, 특히 결혼의 신성함과 이상적인 아내의 역할을 주장했다. 우리가 받아들이건 말건 이졸데(Iseult)나 마가우스(Margawse), 그리고 다른 힘있는 여마법사들처럼 기네비어도 가설일 것 같은 켈트족의 여신의 이미지에서 나왔고, 그녀의 줄거리를 다루는 문제는 그 당시 종교적 기원에서 멀어지면 멀어질수록 사라지지 않고 더욱 증가될 것은 확실하다. 궁전의 사랑에 대한 추종은 비난이 없다고 말할 수 있는 결혼을 제외하고, 사랑을 선택한 왕비에 대한 줄거리의 골격을 제공해 주지만, 그 시대의 순결파 신자(Cathars)나 다른 유사한 종파를 무자비하게 뭉개버릴 지배적인 그리스도교 이데올로기로, 다가올 세기를 지배하려는 가부장적인 보편적(university 〔universal의 오기: 옮긴이 주〕) 제도로 기네비어의 줄거리를 원죄와 연관된 타락한 여인 이브(Eve)처럼 취급하고 있다.

19세기의 중세 시대에 대한(비록 중세 시대의 19세기 버전일지라도) 관심의 부활은 소재의 폭력성과 독자의 기대 사이의 간격을 드러내 그 시대의 성적 이미지의 노출과 숨김을 평행하게 해야 했다. 테니슨(Tennyson)은 아서왕(Arthurian) 주제에 씨름하였으나 그것을 끊임없이 부드럽게 만들었다. 예를 들어 아서의 어머니인 이그레인(Ygerne)에 대한 유서(Uther)의 강간이 다음과 같이 나타난다.

> 그녀는 눈물 속에 그와 결혼해야 했다,
> 그리고 부끄러움은 사라지고....

여성 행동의 지배적 이상은 독자들의 반응에 의해 결정된다. 그래서 테니슨(Tennyson)은 빅토리아(Victorian) 시대 독자들에게 맞췄다. 야우스(Jauss)는 다음과 같이 썼다.

> 기대 지평의 재현 하에, 예전에 만들어져 우리에게 받아들여진 작품에서 그 시대의 독자들이 그 작품을 어떻게 이해하고 견해를 가졌을까 하는 문제를 기본적으로 대답해 주고 발견할 수 있는 텍스트는 무엇일까 하는 의문이 생겨났다. 이러한 방법은 고전적 예술의 개념이나 현대화를 찾는 해석에 대한 인정되지 않은 가치를 수정하고, 그 당시의 순환적 추론이 포함된 일반적인 생각에 대한 의지를 피하게 한다. 또한 작품을 이해하는데 현대와 과거 사이의 해

석의 차이점을 알 수 있게 한다. 그러므로 거기에는 문학은 영원히 존재하고 거기에는 객관적 의미, 항상 결정적이고 어느 때나 해석자에게 직접적으로 열렸다는 명백하게 자명한 격언의 철학적 형이상학의 플라톤화한 교리로 도전한다.[27]

독자들은 새로운 역사주의 같은 이론, 특정한 시대의 산물로서의 텍스트와 다른 문맥에 영향을 받은 텍스트 사이의 변증법적 관계를 인정한 작품들에 대해 반응한다. 야우스는 텍스트에 대한 보편적이고 객관적인 의미의 '플라톤화한 교리'라 부를 것에 명백히 반대하고 있다. 비록 일부 비평가들이 불가능한 이상의 명확한 예로 문화를 넘어 주제의 부활을 연구하고 있긴 하지만, 주제연구는 오늘날 그리 구실이 많진 않다. 두 개의 서로 다른 기네비어(Guinevere) 줄거리의 다른 버전에서 우리가 볼 수 있는 것은 단지 다른 작가가 다른 방법으로 쓴 작품이 아닌, 그 시대 산출로서 작가들이 독자들의 기대에 놓여진 제약을 염두에 둔 것이다. 그래서 다른 남자를 사랑한 왕비의 모습에 끌린 모리스(Morris)와 테니슨(Tennyson)은 19세기 영국의 주요 쟁점이었던 여성의 독립이라는 문제에 사로잡혔다. 결혼에 있어 소유권에 대한 여성의 권리를 찾자는 투쟁이 몇 년간 지속되었다. 기혼 여성의 소유권 개혁 법안(Married Women's Property Reform Bill)은 1855년 하원 의회(House of Commons)까지 이르렀고, 1870년에는 그 법을 크게 잘나낸 버전으로 결국 통과되었다. 여성의 투표권과 교육받을 권리에 대한 투쟁은 몇 십 년간 계속되었고 우리도 알다시피 테니슨의 저술에서 여성의 교육권에 대한 지지는 전혀 비밀이 못되었다.[28] 모리스 역시 비록 그가 유토피아적 사회주의자라 할지라도, 그의 저술들이 탄압을 받게 되면서, 로제티(Rossetti)에 대한 그의 아내의 사랑을 대처하는 데 있어 개인적 어려움을 겪었다. 이런 갈등들은 부분적으로는 개인 환경이나 사회 단체의 통제에 있긴 하지만, 주요 책임은 모리스와 테니슨의 기네비어(Guinevere)에 대한 서술에 있다.

질리언 브래드쇼(Gillian Bradshaw)의 줄거리 처리를 강조한 로맨틱 소설의 형식은 여성은 남자와의 관계에서 만족과 행복을 찾아야 한다는 전제가 깔려 있다. 그녀의 기네비어는 비록 책의 서술자이긴 하지만, 열정적이고 도움이 필요한 인물로, 특히 자신의 힘을 모른 채 끝까지 지내게 된다. 그리고 그녀는 자신이 '마치 수녀원장처럼 말하자' 거의 놀라 실신할 정도가 된다. 죄책감에 짓눌린 브래드쇼의 기네비어는, 운명에 이끌려, 자신이 자신의 삶이나 운명에 한 번도 대응하지 못하는 전형적인 로맨틱 여성 영웅이다. 그런 소설이 생산되고 20년간이나 성공적으로 페미니스트들의 생각과 글이 서술된 것은 특별한 문학 유형에 대한 형식 안에 종속된 여성다움의 전통적 이미지에 대한 끊임없는 힘의 증거이다.

여기에 실린 텍스트 중에서 기네비어에게 가장 긍정적인 이미지는 맬러리(Mallory)의 버전이다. 페미니스트 역사가들은 여전히 르네상스 이전 세계에서 우리가 여성의 지위에 대해 언급한 증거에 대해, 여성의 소유권이나 길드에 속해 교육에 접근할 수 있는 기회는 르네상스 이후 세계보다 높았다는 대중적인 믿음에 반대하여 재검토하는 과정에 있다. 낙관주의자들은 19세기 비교문학의 발전은 억압되고, 인류의 역사는 꾸준히 원시주의로부터 계몽주의로 진보하고 있다고 생각한다. 이 글을 읽음으로서 어둠으로부터 다시 일깨워졌다는 르네상스의 의미를 강화했고, 맬러리는 미가공의 이야기꾼으로서의 재능과 올바른 방향으로 나아가는 미개인 시기의 산물에 부합되었다.

현대의 진보적인 이야기로서 문화사에 대한 생각은 부분적으로 현실의 뛰어남에 대한 믿음으로부터 생겨난다. 그런 입장에서 보면, 비평가들은 뒤를 돌아보고 길을 비추어주는 불빛처럼 위대한 작품의 정전에 대한 규정을 만든다. 영문학의 정전은, 예를 들어, 우리가 16세기 후반 말로(Marlowe), 셰익스피어(Shakespeare), 그리고 그와 동시대의 사람들을 찾기 전까지 큰 빛나는 빛인 초서(Chaucer)와 작은 등으로서의 와이엇(Wyatt)과 서리(Surrey)가 있다. 영문학사 관점에서, 요목을 전개해 보자면, 맬러리는 이상한 일로 보여지는 정전화된 자격의 저술이 많이 생기지 않았던 시대의 불안한 위치에 있던 사람이다. 그러나 완전하게 무시한 것은, 다른 형태의 글쓰기의, 특히 번역에서의 중요성이다. 15세기는 변역 활동이 활발했던 시기였고, 실제 르네상스의 특징은 많은 양의 번역이 고대와 근대 언어에서부터 일어났다는 것이다.

아서왕(Arthurian) 소재에 대해 다시말하기는 또한 번역의 과정이지만, 번역연구가 전적으로 원천 텍스트(또는 '원문' 텍스트)를 강조하던 것에서 생산 과정과 목표 텍스트의 지정된 독자들의 경향을 고려하는 쪽으로 간다면, 그들의 다시쓰기의 연구는 어떻게, 언제, 왜 다시 쓰게 되었는지 비교함으로서 문학사에 새로운 시각을 제공할 수 있다. 기네비어(Guinevere)의 줄거리는 문화사에서 서로 다른 때를 바라보는 기회의 창으로서, 독자들이 무엇을 읽었는가 하는 공공연한 세부 사항뿐만 아니라, 여성의 지위와 결혼의 역할이 암호화된 각 텍스트에 어떻게 변했는가 하는 가정을 강조해 준다.

제7장

비교문학에서 번역연구까지

이 책 첫 장에서 비교 관습이 살아 있고 다른 명명법으로 번창한다고 하더라도, '비교문학'이라는 용어는 최근 그 중요성이 쇠퇴하고 있다고 제안했다. 그러나 대조적으로 번역연구는 더 분야를 획득하고 있고 1970년대 말 이래로 전문적인 학회, 잡지, 출판사의 목록과 박사 논문의 확산과 함께 그 자체가 하나의 학문으로 여겨지고 있다.

비교문학과 번역연구 사이의 관계는 복잡하고 문제적인 것이다. 번역은 훈련된 글쟁이에 의해 옮겨지고 마침내 그에 따라 재정적으로 보답 받을 수 있는 것으로, 재능과 창의성과 관련성이 거의 없는 활동으로, 서투른 관계로 간주되는 경향이 있다. 힐레어 벨록(Hiaire Belloc)은 1931년 테일러 강연(Taylorian Lecture)에서 불행하게도 일부 나라들에서 모두가 인식할 만한 상황을 요약했다.

> 번역의 예술은 부수적인 예술이고 파생된 것이다. 이런 견해 때문에 번역은 원본 작품의 위엄을 부여 받은 적이 없고, 문자에 대한 일반적인 판단에서 많은 고통을 겪었다. 그것의 가치에 대한 자연스런 과소 평가는 요구된 기준을 낮추는 실제적으로 나쁜 결과를 낳았고, 일부 시기에서는 거의 모두 그 예술을 파괴했다. 그것의 특성에 대한 오해에 상응하여 그것의 비하는 더해졌다. 그것의 중요성뿐만 아니라 어려움도 모두 이해받지 못했다.[1]

벨록(Belloc)의 강연은 그것의 저하된 지위를 올리려는 견해를 지니고 청중들에게 번역 과정의 복잡성을 상기시키고자 했다는 점에서 격론적이다. 끝에서 그는 그 쟁점들을 과장했는데, 번역이 '원본 작품의 위엄을 부여 받은 적이 없다'는 것은 그냥 결코 사실이 아니다. 벨록이 언급한 상황은 17세기부터 점차 나아지고 있다. 확실히 19세기까지 번역의 위상은 일반적으로 '원본'의 위상보다 낮게 간주되었고, 비교문학 이론가들은 그들 작품에서 번역의 역할을 인정하면서도 원어로 읽는 중요성을 주장하는 경향이 있었다. 비교문학의 연구들은 번역을 단순한 장이나 세부 항목으로 점점 더 격하시켰고, 종종 용어를 '각색' 또는 '모방'처럼 대체했으며, 더 많은 파생어와 부차적인 유형의 텍스트들로 모두에게 암묵적으로 제안되었다.

이분법적 비교 연구들은 번역 개념에 대항하면서 확고하게 일어섰다. 이분법적 모델에 따르면, 능숙한 비교학자들은 원본 텍스트들을 번역이 포함된 어떤 것보다 무한하게 읽기의 우월한 형태인 원어로 읽는다. 문학 텍스트에서 보편적인 가치 개념에 기초를 둔 북미(North American) 모델은, 전적으로 번역의 질문을 간단히 무시했다. 한 텍스트가 다른 텍스트로 옮겨질 수 있는 과정들을 연구의 유용한 목적으로 여기지 않거나, 문학학자들보다 언어학자에 의해 탐구될 영역으로 간주하지 않는다. 번역의 낮은 위상은 다른 방식으로도 소중히 나타난다. 예로 분리된 영역으로 '번역'을 격하하는 편집 실제에서 종종 저자의 작품 편집에서 '젊은 시절 작품'과 같이 하찮게 여겨지는 것, 번역에 대한 빈약한 보수, 홍보 기준을 결정할 때 비평 작업보다 번역 등급이 더 낮은 경우 등이다.

1970년대 한 학자 집단은 번역연구에의 다른 관점을 나타내기 시작했다. 텔아비브(Tel Aviv)로부터 이타마르 에번 조하르(Itamar Evan-Zohar)에 의해 처음 읽혀진 대로, 그 집단은 그들의 목적을 '번역연구들(Translation Studies)'을 정의하는 것이라고 제안했다. '오늘날의 번역 이론(Translation Theory Today)'이라는 논문에서, 에번 조하르는 번역 과정의 많은 사고의 선명치 못함을 제거하는 체계적인 접근을 제안하기 전에 번역에 대한 우세한 관점들을 요약하기 시작했다.

> 우리는 특별한 지식이 없는 사람들, 전문가나 초보자의 미숙한 상투적인 표현으로 많은 곤란을 겪어 왔는데, 번역이 결코 원본과 동등하지 않고, 언어들은 서로 간에 다르다. 문화 '또한' 번역 과정들에 포함된다. 번역이 '정확'할 때 그것은 '문자 그대로'인 경향이 있고 이런 이유로 원본의 '정신'을 잃는다, 텍스트의 '의미'는 '내용'과 '문체' 등등 모두를 뜻한다. 규범이 명백하거나 은밀히 진술된 접근 방법들은 말할 것도 없이, 예를 들어 번역을 어떻게 보아야 하는가 또는 한 개나 다른 평가 표준이 어떻게 인식이 되는가 등이 말해진다.[2]

물론 에번 조하르(Evan-Zohar)에 의해 강조된 말은, 원본을 우선적으로 처리하고 오로지 원본에만 나타나는 필수적인 요소를 손실시키는 열등한 복사본으로 번역을 보는 담론의 일부이다. 그는 그러한 전문 용어의 부적절성에 관심을 기울이고, '미숙한 사람들, 전문가 또는 초보자'라는 용어에 대해 생각을 지속하면서 그들의 비평가들을 조롱한다. 이 논문에서 드러내고자 하는 것은, 번역에 대한 그의 나머지 작업, 번역과 관련된 문학 세계에서 신기하게도 정신분열적인 입장의 만연이다. 보르헤스(Borges)가 최종적인 텍스트의 개념을 오직 종교나 잡역에 속한다고 제안했던 시대, 그리고 탈구조주의 비평가들이 단일의, 최종적인 읽기에 대한 믿음이 오류임을 보여주던 시대에서, 번역에 대한 담론은 '원작'과 '정확성'을 말했고 부정적인 성향의 전문 용어를 계속 사용했다. 번역은 원작의 일부를 '배신하다', '비방하다', '깎아내리다', '감소시키다', '손상시키다'로 제안되고, 번역은 '파생된', '기계적인', '부차적인'것이며, 시는 번역하면서 손상되고, 어떤 작가들은 '번역될 수 없다'는 것이다.

원작에 대한 배신으로서의 번역의 개념은 특히 일반적이다. 점증하는 페미니스트 번역학자들 중의 한 명인 로리 체임벌린(Lori Chamberlain)은 이러한 전문 용어의 성적 매력에 관심을 기울이면서, 그것이 가리키는 것을 다음과 같이 보았다.

> 아마도 '부정한 미녀들(les belles infidèles)'라는 속담이 여성에게 매우 친숙하게 여겨지는 어구인 것처럼, 번역은 아름답거나 충실해야만 한다. 프랑스어 리듬과 '번역(traduction)'이라는 낱말이 여성스러웠기에 그 어구는 만들어질 수 있었고, 이로써 남성 명사(beau)가 사용된 'les beaux infidèles'는 불가능했다. 이 어구는 오래 지속

> 되었는데 - 그것은 17세기에 만들어졌다 - 음성의 유사성 이상으로; 진실의 모습을 주는 것은 그것이 번역의 충실함과 결혼의 쟁점들 사이에서 문화적인 연루를 포착했다는 것이다. '부정한 미녀들'에서, 충실함은 번역(여성으로서)과 원본(남편, 아버지 또는 저자로서) 사이에 내포된 계약으로 정의된다. 그러나 전통적인 결혼에서 그러듯이 악명 높은 '이중 잣대'가 여기에서 작용한다. 그 남편/원본은 법적으로 취급할 수 없으나 '외도하는' 부인/번역은 공공연하게 재판받게 된다. 간단히 말해, 이 계약은 원작에 충실하지 않음을 유죄로 여기는 것을 불가능하게 만든다. 그런 태도는 아버지임과 번역의 문제에 관한 실제 걱정을 배신한다. 그것은 아버지임 - 어머니임이 아니라 - 부계의 친족 체계를 흉내 내며 자식을 정당화한다.[3]

로리 체임벌린(Lori Chamberlain)은 여기에서 중요한 점을 지적하는데, 번역과 결혼의 충실함 사이에서 문화적인 연루를 강조했다. 저처럼 상당한 수의 페미니스트 번역학자들, 바바라 존슨(Barbara Johnson), 바바라 고다르(Barbara Godard), 셰리 시몬(Sherry Simon), 애니 브리셋(Annie Brisset) 또는 수잔 드 로트비니어 하우드(Suzanne de Lotbiniere-Harwood) 모두 1980년대 번역에 대한 글에서 '충실하지 않음'의 비유나 대안적인 결혼 계약을 그들의 저술에서 사용하기 시작했다는 것은 결코 우연이 아니다, 왜냐하면 새로운 목표 청중을 위해 텍스트가 만들어낸 더 높은 지위에 원작을 두는 번역 관점을 모두 다시 생각하는 데 관심이 있기 때문이다.

정전이나 정확성의 개념에 대한 도전처럼, 원본에 대한 도전 즉 단일한 읽기는 명백히 넓은 범위에 걸친 탈근대주의 전략의 일부이다. '진실'을 위한 읽기 대신에, 우리는 지금 해독자로서 읽는다.

바바라 존슨(Barbara Johnson)은 읽기와 다시읽기의 전체적인 활동은 더 많은 틈과 불확실성을 드러낸다고 제안했다.

> 서구의 역사에 대한 차이를 드러낸 철학자나 작가들에 의해 텍스트를 다시 읽음으로써, 눈에 안 띄게 기능하고 옹호로 읽혀지며 텍스트의 확실성을 약화시키는 억압, 발음생략, 모순, 언어적 차이의 인식이 가능하다.[4]

번역연구의 방식은 원본의 우세에 대항하여 공격을 증가시키기 시작했고, 복종의 위치로 번역이 격하된 결과는 처음에 에번 조하르(Evan-Zohar)와 그의 동료들의 작업, 특히 다체계 이론에 관한 저명한 기드온 토리(Gideon Toury)의 작업을 통해서였다.왜냐하면 에번 조하르는 번역을 둘러싼 언어의 모호성을 단순히 공격하는 것보다 훨씬 더 나아갔기 때문이다. 그는 비록 번역이 국가 문화 발달에 주요 역할을 맡는 것처럼 보여도, 이 사실은 문화사 학자들에 의해 거의 무시되었고, 문학 체계 내에서 문학 번역의 기능에 대한 연구가 실제적으로 전혀 없었음에 주목했다. 예를 들어 르네상스는 일반적으로 집중적인 번역 활동 시대로 인식되었으나, 무엇인지, 왜인지, 누구에 의해서, 어떻게 번역된 것인지의 체계적인 평가가 아직도 일어나지 못했다.

번역에 대한 에번 조하르의 다체계 접근의 급진적인 영향은 즉시 명확해졌다. 예전에는 중요하게 여겨지지 않았던 모든 종류의 질문이 지금은 물어볼 수 있었다. 왜 몇몇 문화들은 번역을 더 하고 또 몇몇은 덜 할까? 어떤 종류의 텍스트들이 번역되는가? 목표 체계 안에서 저 텍스트들의 위상은 무엇이고 원천 체계 안의 텍스트 지위에 비교했을 때 어떠한가? 우리는 주어진 순간에 번역 관습과 규범에 대해 무엇을 알며, 혁신적인 힘으로써 번역을 어떻게 평가할까? 문학사상 광범위한 번역 활동과 정전으로 여겨지는 텍스트 생산 사이의 관련성은 무엇인가? 어떤 이미지들을 번역가들이 그들의 작품에 가지고 있고, 그 이미지들이 어떻게 비유적으로 표현되는가? 이런 질문들과 그리고 끊임없는 다른 질문들이 일어나고 있는 인식에 있어 큰 변화를 입증하는데, 번역이 이차적, 주변적인 활동이 아니라 문학사 내 주요 형태의 힘으로써 여겨질 수 있다.

1976년에 쓰인 한 논문에서, 에번 조하르(Evan-Zohar)는 어떤 조건이 문화적으로 높은 번역 활동을 결정한다고 주장한다. 그는 세 가지 주요 사례들을 밝힌다. 문학이 초기 발달 단계에 있을 때, 문학이 자신을 주변적이거나 '허약한' 또는 둘 모두로 받아들일 때, 전환점이나 위기 또는 문학적인 공백이 있을 때[5]이다. 다음의 작업은 이러한 아이디어들을 따라서, 세부적인 사례 연구들을 더욱 많이 발전시켰다. 예를 들어, 마리아 티모치코(Maria Tymoczko)는 번역이 서사시에서 로맨스까지 12세기 큰 변화에서 중요한 역할을 했다고 주장한다.

> 12세기는 서구 문화에서 가장 중요한 변화인 서사시에서 로맨스로의 변화가 일어난 시기 중 하나다. 그 변화는 물론 시학의 하나다. 그 변화는 전통적인 구비 영웅 이야기에서 저자-혁신적인 문학이라고 쓰여 진 것을 나타낸다. 그 변화는 장르와 인물 유형 분류학처럼 큰 문학적인 요소 뿐 아니라 새로운 음보, 수사적인 장치의 발달과 같은 형식적인 변화도 포함한다. 변화는 또한 이데올로기적인 것이다. 그 변화는 전사 정신에서부터 품격 있는 규약에까지 로맨틱한 사랑의찬양을 포함한다.[6]

티모치코(Tymoczko)는 번역이 이 변화의 기본적인 부분을 낳았음을 제안했고, 로맨스의 요소들이 앞선 번역으로 추적될 수 있으며 로맨스가 다문화의 맥락으로부터 나왔음을 지적했다. 시학적인 것뿐 아니라 생산의 수단을 강조함으로써, 즉 유명한 후원자를 위해 쓰여 진 저자들의 작품을 향한 점진적인 움직임을 추적함으로써, 티모치코는 번역이 낳은 중요한 역할을 제시한다. 문학 언어로서 유럽 전역에 저속한 언어를 사용했던 기간 동안, 서사시에서 로맨스로의 전이 사례는, 번역 활동이 문학 발달 초기 단계에 높았다는 에번 조하르(Evan-Zohar)의 가설과 부합한다.

출판업자 목록에서 편집한 번역된 텍스트의 당대의 수치는, '주요한' 것으로 인식된 문학 체계와 대조적으로, '주변적인' 문학 체계가 크게 번역되었다는 가설의 훌륭한 예를 제공한다. 예를 들어, 영어로 번역되어 출판되는 비율은, 스웨덴어나 폴란드어, 이탈리어로 번역된 출간물의 비율과 상당히 대조적이다. 명백히 이것은 급속히 확립되고 있는 관습 양식과 관련이 있고, 전체로서 영어권 나라의 기술적인 자급자족할 수 있는 것과 관련되며, 영어가 이차 세계 대전 이래 세계 언어로 급부상한 것과 관련이 있다. 그러나 1992년 로렌스 베누티(Lawrence Venuti)에 의해 인용된 수치는 일부 놀라운 차이들을 제시한다. 1980년대 이탈리아에서의 수치는, 문학 번역으로 여겨지는 개인 출판업자의 생산량의 50%, 70%, 90%의 증가와 함께, 주로 영어로 매년마다 출판된 번역 책이 26%임을 보여준다. 예리하게 대조하면, 1984년과 1990년 사이에, 번역은 매해 미국에서 출판된 책의 오직 3.5%만 차지했고, 영국에서는 이보다 더 낮은 2.5%를 차지했다.[7] 영국이 제국의 힘을 가졌던 19세기 동안 번역 활동의 지속적인 감소는, 자존감의 변화와 관련

될 수 있고, 이 책 처음에 논의했던 바대로 영문학 체계 내부의 우월성에 대한 믿음과 관련된다.

19세기 초 체코의 부활은 번역의 의미를 통해 모델 범위의 확장을 추구하는 신흥 국가 문학의 예를 제공한다. 체코 학자 블라디미르 마쿠라(Vladimír Macura)는 체코 부활에서 번역이 낳은 역할을 연구했고, 명백한 문화 정책으로서 번역의 중요성을 지적한다.

> 번역은 외국의 문화 자극에서 수동적인 굴복으로 보이지 않는다. 대조적으로, 그것은 능동적, 공격적인 활동, 외국의 문화 가치의 도용으로 여겨진다. 번역은 경쟁자 영역의 침범, 즉 전쟁의 풍부한 전리품들을 뺏으려는 의도로 착수된 침입으로 보인다. 그의 번역의 서문에 나오는 실러(Schiller)로부터, 세계적으로 유명한 생리학자가 된 체코 작가 얀 에반겔리스타 피케인(Jan Evangelista Purkeyně)은, 외국 문화의 파괴적인 영향에 대항하고, 슬라브족이 과거에 받았던 피해에서 보복으로써의 직역 행위에 대항하면서, 즉각적인 반응으로 번역을 해석하려 했다. '만약(슬라브족의 손상에서) 독일인, 이탈리아인, 헝가리인이 평범한 사람과 높은 계층 둘 다의 국적을 이탈시키려고 한다면, 우리는 더 고결한 방식의 보복으로 마음의 세계에서 그들이 창조한 훌륭한 것들을 소유하는 것으로 가져 간다.'[8]

마쿠라(Macura)는 이 수용적인 기능이 체코의 부활에 너무 중요해서 번역을 위해 엄선된 텍스트의 선택을 조건화했다는 제안을 계속한다. 그는 수년 동안 비평가들에 의해 치열하게 논쟁되었던, 융만(Jungmann)의 ≪실락원(Paradise Lost)≫의 번역을 재해석한다, 그리고 그는 이 번역이 인간 문화의 장대함 속에 통합된 다른 문화들(그리스도교, 유대교, 이교도)의 혼합물을 나타내는 텍스트를 새롭게 신흥 문학 체계로 가져오기 위한 의식적인 시도였다고 주장한다. 그러므로 밀턴(Milton)의 작품은 범 슬라브적인 기원의 보편성을 강조하는 의미로도 상징적인 의미를 가진다.

종종 문화와 문학사의 근본적인 개정을 포함한 이 학파는, 번역 연구의 발전과 특히 다체계에 의해 가능했다. 1985년 출판된 가치 있는 에세이에서, 벨기에 학자 호세 람베르트(José Lambert)와 릭 반 고르프(Rik van Gorp)는 이런 접근에 의해 제공된 가능성들을 요약하려고 애썼다. 그들은 발전될 수 있는 많은 조사 영역을 목록화했는데, 그것은 텍스트의 세부적인 분석과 생산의 수단 둘 모두를 포함한다. 그들은 가치 있는 조사 영역에서, 원천과 목표 체계 둘 다 어휘, 문체, 시학적이고 수사적인 형식을 연구하는 것을 포함하기를 제안한다. 번역이 목표 체계에서 그리고 그 체계에서 그것의 역할과 상태에서, 어떻게 불리는지 분석하면서(예를 들어, 그것은 번역으로, '각색', '모방'으로, 또는 '기원'으로서 제시된다), 번역 이론의 역사와 특별한 시대에 특별한 문학 비평을 그려보면서, 집단의 출현이나 번역의 학교와 그런 중요성을 연구하면서, 번역이 보수적인지 혁신적인지의 역할을 규명하려는 견해 등등을 갖고서, 문학 체계 발전에서 번역의 역할을 추적하였다. 의미심장하게도, 람베르트(Lambert)와 반 고르프(Van Gorp)는 '계획의 주요 이점은 주로 원천 지향과 불가피하게 규범적인 번역의 '충실'과 '질'에 관해 뿌리깊인 전통적인 아이디어들을 우회할 수 있게 한다.'[9]고 언급한다.

람베르트와 반 고르프의 에세이는, 테오 헤르만스(Theo Hermans)에 의해 편집된 논문집 ≪문학의 솜씨(*The Manipulation of Literature*)≫에, 1985년 출판되었다. 이 논문집의 출간은 번역연구 발달의 또 다른 단계를 나타냈는데, 왜냐하면 그 책의 초점은 문학의 구체화한 힘뿐 아니라 제1의 솜씨 있는 텍스트 전략으로 번역을 생각하기 때문이다. 첫 단계에 다체계 이론은 필수적으로 목표 체계에 초점을 두었는데, 주로 원본의 탁월함과 번역 활동의 부수적인 상태라는 오래된 개념을 반박하기 위해서, 그러나 1980년대 중반 처음 다체계에 기초를 둔 더 복음적인 조사 단계는 또 다른 것으로 변형되어 갔다. 사실상 번역연구 발달에서 세 가지 뚜렷한 단계에 관해 지금 말할 수 있다. 다체계 이론에 깊이 영향받은 첫 단계는, 번역에서 확립된 담론을 위해 직접적인 도전의 연속과 관련됐다. 언어학의 문맥에서 떼어놓고 고찰된 작품은 한편으로 도전받았고, 문학 연구에서 평가적이고 비체계적인 작품은 다른 한편에서 도전받았다. 이 단계에서 결정적인 것은 종종 동등 이론에서의 신랄한 논쟁이었다.

이중 언어 사전의 생각으로서 번역의 전통적인 개념은, 체계들 사이의 개념적인 동등성이라는 이전 존재 때문에, 언어들 사이의 번역이 가능하다. 사피어-워프 가설(Sapir-Whorf hypothesis)에도 불구하고 다음이 논쟁됐다.

> 두 개 언어들은 동일한 사회적 현실로 나타난다고 여겨지도록 충분히 유사하지 않다. 살아있는 다른 사회의 세계는, 붙여진 다른 표지가 단지 같은 세계가 아니라, 먼 세계이다.[10]

번역가 세대들은 동등하게 믿기를 원했고 동일성의 용어로 정의되기를 추구했으며, 때때로 동일성이 다른 방식으로 해석될 수 있다고 타협에 개방적이었으나, 그럼에도 불구하고 가능하다고 논쟁하였다. 동일성으로서 동등 이론이 가진 명백한 문제는 그것이 원천과 목표 텍스트와 문화 사이에서의 계급적 관계들의 존재를 부인하는 것이고, 동등하게 놓인 체계 사이에서 번역이 수직축으로 놓인다고 가정하는 것이다. 반대로 다체계 이론은 체계가 결코 동등하게 있지 않음을 주장하고, 텍스트나 문학 체계에서 우위나 하위 개념들이 항상 작용한다고 주장한다.

두 번째 번역연구의 단계는 이전의 담론에서 도전을 넘어서서 움직였고, 때맞추어 주어진 순간에 번역 활동의 형태를 추적하는, 지도 제작과 기본적으로 관계가 있다. 이 단계의 강조점은 여전히 주로 대개 목표 체계에 있었으나, 많은 중요한 역사적인 조사가 나타나기 시작했다. 이 두 번째 단계에서 중요한 발전은, 다체계 이론의 구조주의의 기원과 탈구조주의 번역연구들을 향한 단계로부터 명확한 변화를 표시하는, 서문에서의 증거처럼, 일반적으로 작업에 관한 상응과 진술로서, 그 작업은 번역가에 의해 사용된 비유적인 언어에서 수행되어졌다.

≪문학의 솜씨(The Manipulation of Literature)≫는 또한 네덜란드, 잉글랜드, 프랑스에서 작업하면서 작품을 묘사하기 위해 은유 사용을 목록화하고 명확한 사고 형태를 드러냈던,[11] 르네상스 번역가 테오 헤르만스(Theo Hermans)에 의한 선구적인 에세이를 포함했다. 헤르만스는 번역가가 사용했던 은유 덩어리들이 그들 자신의 시대에서 번역의 역할과 상태에 대한 그들의 생각을 어떻게 반영하는지 보여준다. 일반적으로 수사학과 관련된 예측 가능한 은유는, 발자취를 따름, 옷이 바뀜, 보물이나 연금술의 전이 발견을 포함하고, 이러한 은유는 또한 원천 텍스트를 향해서 어느 정도의 애매성을 보여주는데, 원천 체계 안에서 텍스트의 지위는 그것이

지닌 목표 문화의 권리뿐만 아니라 번역가의 태도와 전략을 결정짓는 중요한 요소이다.

당시 주어진 지점에서 사용된 은유 덩어리들을 그려보는 것은 번역 활동에 우세한 태도를 드러낸다. 해외를 향해서 노예 무역의 성장과 유럽인들의 인식의 변화가 특징화되었던 시대에, 17세기 번역 은유는 흥미로운 사실을 드러내준다. 예를 들어, ≪타키투스의 연대기(*Annals of Tacitus*)≫의 번역에서 페로 다블랑꾸르(Perrot d'Ablancourt)의 서문은 그가 동료[12]이기보다는 오히려 노예로서 '한걸음 한걸음씩' 타키투스를 따랐다는 진술을 포함한다. 반면에 드라이든(Dryden)은 ≪이니에드(*Aeneid*)≫의 헌정사에서 '우리가 노예이고, 또 다른 사람의 농장에서의 노동이라고 말한다. 즉 우리는 포도밭을 손질하나 그 포도주는 소유자의 것이다.'[13] 라고 말한다.

원천 텍스트의 하인, 노예로서 번역가는 19세기에도 지속된 강력한 은유이다. 이 은유에서 암시된 것은 목표 텍스트를 넘어선 원천 텍스트 작가의 우세함에 대한 사고이다. 비교적 번역 과정의 다른 이미지를 제공한 외로운 울림인 여성 작가 마담 드 구르네(Madame de Gournay)는, 1623년에 번역이라는 것을 다음과 같이 제안했다.

> 새로 작업을 낳는 것. 나는 불러 일으키다라고 말하는데, 왜냐하면 (고대의 작가들은) 유사한 과정으로 환원되기 위해 깊고 날카로운 반영으로 분해되어 왔음으로, 마치 고기가 우리의 몸을 형성하기 위해서 우리의 위 속에서 분해되어야 한다는 것처럼 말한다.[14]

번역을 위한 은유로서 원본/남편에의 충실함과 주인에 대한 노예의 충성심 둘 다, 탈르네상스 세계에 읽기와 쓰기의 변화들을 깊게 반영한다. 발견의 여행은 관점이 달라졌고, 강력한 유럽인들에 의해 관통되고 수정되기를 기다리는 새로운 세계인 식민지화된 원본들은, 앞 장에서 논의된 대로 성적인 용어에서 일관되게 묘사되어 왔다. 푸코(Foucault)는 언어의 엄청난 변화들을 유사하게 지적한다. '16세기에 인간은 스스로에게 기호가 의미하는 바가 무엇인지 사실상 지적하여 알 수 있는지 물었다. 17세기부터 인간은 기호가 그것이 의미하는 것과 어떻게 연결될 수 있는지를 묻기 시작했다.'[15]

번역가들의 은유적인 언어로서의 현재의 작업은 번역연구들의 세 번째 단계에서 중요한 양상이다. 1980년대 초 많은 작업이 비록 표준이 아니더라도, 여전히 번역 연습에 대한 진술, 그림, 도표와 주장으로 첨부됐고, 다체계 집단의 구조주의 원본에서 검증됐다. 그러나 80년대 중엽 '문학솜씨 학파'의 출현으로, 전체 번역연구 분야 작품은 엄청나게 다양화 되었다. 탈구조주의 단계라 명명할 수 있는 세 번째 단계는, 많은 수의 개념이 원천 텍스트에서 충실함의 신조를 대체하고 원본의 생각을 다양한 관점으로 도전하도록, 텍스트의 솜씨 과정을 하나의 번역 영역으로 생각한다.

예를 들어 안드레 르페비어(Andre Lefevere)는, 번역이 '다시쓰기'라고 불리던 것과 함께 연구되어야만 한다고 제안한다.

> 비평이나 번역의 형태일 수 있는 다시쓰기는(그리고 나는 사료 편찬과 명시 선집의 형태라고 추가할지 모른다), 문화를 받아들이는 규범으로 '외국'(시간과 지리학적인 위치)에 적응하기 위해 문학의 수호자들이 사용한 매우 중요한 전략으로 드러난다. 그렇듯이 다시

> 쓰기는 문학 체계의 발전에서 매우 중요한 역할을 한다. 또 다른 기준에서, 다시쓰기는 수용의 증거이고, 분석되어질 수 있다. 이것들은 문학 이론과 비교문학 둘 모두에서 다시쓰기의 연구를 더 중심적인 상태로 매기기 위한 두 가지 완벽한 좋은 이유인 것처럼 보인다.[16]

르페비어의 논쟁은 설득력이 있다. 번역은 중요한 문학 전략으로 여겨질 필요가 있고, 다시쓰기의 틀 안에서 번역 시험은 주어진 문학 체계의 수용에서 변화 형태를 드러낼 것이다. 그는 아르민 폴 프랭크(Armin Paul Frank)와 동료들의 괴팅겐(Göttingen)에서의 작업이 검증하는 것처럼, 또한 번역연구 조사의 또 다른 성장 영역, 사료 편찬과 명시 선집에 대한 역할의 중요성으로 주의를 끌었다.[17]

1970년대 초기에 다체계 이론의 출현은 번역연구에 이데올로기를 소개했다. 1976년에 번역연구의 신흥 학문을 위한 선언문에서 르페비어의 초기 시도는, 중요한 차이를 강조한다.

> 학문의 목표는 번역의 생산을 위한 지침으로 사용될 수 있는 이해 가능한 이론을 산출하는 것이다. 그 이론은, 영감에서 어느 것도 신실증적이지도 않고 해석적이지도 않은 것이 아니라, 지속적으로 사례사에 의해 검증된 논쟁의 경계에 따라 발전됨으로써 얻을 수 있다.[18]

15년 후, 바스넷(Bassnett)과 르페비어(Lefevere)는 그 사이 기간에 거대한 발전의 빛을 이룬 목표를 재진술한다.

> 그것 자신의 권리에서 학문으로서의 번역연구 발전, 비교 연구자와

> 문화사를 이끄는 방법학, 번역은 세계 문화의 발전에서 주요한 형태의 힘을 지녀왔고, 비교문학의 연구는 번역에 관한 것 없이 생겨날 수 없게 되었다.[19]

번역 기술의 역사, 생산, 번역의 분배와 재정, 번역가의 학파와 집단 그리고 주어진 순간에 번역이 놓인 역할의 용어에서, 번역사의 발전은 마침내 전문 용어의 문제를 명백히 한다. '정확성'과 '충실성'의 강조는 17세기 번역 활동에의 태도들로부터 끌어낸 것으로 보인다. '정확성'은 측정되고 수량화할 수 있도록 과학적이고 정밀하며, 반면에 '충실함'은 이중의 함축을 지닌다. 좋은 아내가 그녀의 남편에게 충실한 것과 훌륭한 하인이 그의 주인에게 충실한 것, 둘 다 원본 텍스트에 대한 열등감의 위상이 있다.

17세기에는 모두 같은 방식으로 묘사했던 두 언어 사이의 전이 활동과는 다른 유형을 갑자기 찾아낸다. 고전적인 텍스트 번역에 참여한 작가들이 말하는 번역이란, 위대한 문학 민감성과 관련된 활동이다. 예를 들어 드라이든(Dryden)은 비록 위에서 인용한대로 원본의 노예로서 번역가를 관련시켰을지라도, 1711년 ≪루시안의 인생(*Life of Lucian*)≫의 서문에서 역시 번역가를 다음과 같이 진술한다.

> 그 저자의 천재성과 감각, 대상의 본질, 그리고 주제를 다루는 예술적인 용어들을 전적으로 그리고 완전히 소유해야만 한다. 그리하고 나면 마치 그가 원본을 쓴 것처럼, 그는 그 자신을 타당하게 그리고 삶대로 표현할 것이다. 반면에 낱말 그대로를 베끼는 그는, 지루한 수혈로 모든 영감을 잃는다.[20]

여기서 주요 단어는 '소유'이다. 번역가 드라이든(Dryden)은 작가가 제공하는 모든 것을 그 자신이 소유해야 하고, 그리하고 나면 그는 원본만큼 많은 삶을 가진 어떤 것을 창조할 수 있다고 주장한다. 여기서의 함축은, 만약 번역가가 글자 그대로 '베끼지' 않는다면, 번역이 사실상 그것 자신의 권리로서 원본이 될 수 있다는 것이다.

처음에 같은 작가에 의해 표현된 견해의 갈등인 것처럼 보였던 것은, 사실상 단순히 번역 활동의 다른 형태에의 인식이다. 문자 그대로에 토대로 둔 언어 학습을 위한 문법책과 텍스트 책이라는 이중 언어 사전의 발달은, 수량화할 수 있는 정확성에 토대를 둔 교육 체계에서 번역 형태의 응용을 초래했던 언어들 사이로 전이된다. 또 다른 언어 학습에서 학생의 능력을 측정하기 위해서, 원본 텍스트에 대한 문자 그대로의 번역의 '정확성'이 요구된다. 그러나 동시에 드라이든(Dryden)은 같은 기술을 시의 번역에 적용하면 처참해질 수 있다고 인식한다.

외국어 교수의 도구로서 번역의 '정확성'에의 요구는, 일찍이 확립됐고 아직도 남아있다. 그러나 남은 문제는, 번역한 텍스트의 활동인데, 비록 전문 용어는 둘 다 같아도, 문법과 통사론을 이해하는 것은 문학 텍스트를 해독하거나 재부호화 하는 번역과는 다르므로, 원천이나 목표 언어의 능숙함을 위해서는 문제가 남는다. 게다가, 17세기에 책의 거대 산업으로의 변화와 새로운 독자 시장의 출현은, 문학 텍스트의 생산이 급속히 큰 사업이 되었음을 의미했다. 유사한 과정이 극장에서 일어났고, 17세기 후반의 앞으로의 번역부터 런던 무대에 상영된 많은 희곡은 주목할 만하다. 시장의 요구를 충족시키기 위해서, 번역들은 종종 빠르게, 최소한의 능숙함을 지닌 사람들에 의해 만들어졌다. 고전 텍스트와 시장성 있는 대량 생산 텍스트 번역을 포함한, 번역 작품 유형간의 차이는, 일단 이 활동들을 묘사했던 전문 용어 반복이 동일함을 남겨두더라도, 동시대의 비평가들에 의해 끝임없이 논평됐다.

문학 활동의 높은 지위로서 번역을 묘사하기 위해 동일한 전문 용어 사용으로 야기된 혼란, 대량 시장에서 교육학의 도구와 난도질 작업으로서의 번역은 오늘날까지 여전히 지속되고, 전반적인 번역 활동에 관한 모순적인 느낌들을 설명하도록 돕는다. 우리가 가진 것은 '번역'은 반응들의 다른 집합을 작동시켰고, 번역 활동에 관한 추정과 기대의 다른 유형과의 관련된, 혼란한 역사의 유산이다. 흥미롭게도, 여기서 측정된 정확성의 사고는 모두 중요하기 때문에, 교육의 역할은 위대한 힘을 얻을 수 있는 것처럼 여겨진다.

에즈라 파운드(Ezra Pound)는 문학 번역에서 그러한 기준 적용의 오류를 진술했다.

> 나는 5년 동안 타키투스(Tacitus)가 라틴어로 썼던 대로 영어로 쓰기를 노력하면서, 나의 영어 산문체를 망쳤다. *매우 나쁘다.* 그런, 나는 그것에 의해 어떤 것을 배웠을지도 모른다. 지금 나는 두 언어의 천재성은 동일하지 않음에 있음을 안다.[21]

그밖에 번역으로서 ≪섹스투스 프로페르티우스(Sextus Propertius)에 대한 경의(*Homage to Sextus Propertius*)≫의 '부정확함'에 대한 학자들의 공격에 대응하면서 그는 그의 작품을 옹호했다.

> 번역의 어떤 질문도 없이, 문자 그대로의 번역이 남아 있다. 나의 직업은, 살아있는 인물로 나타나도록 삶에서 죽은 이를 나타내는

것이다. 라틴어 교수 그리고 라틴어 시인들이 왜 읽혀지지 않는지의 예처럼, 문헌학자 시인들이 왜 내놓기 좋아하는지의 예처럼, 헤일(Hale: 파운드 〔Pound〕 에 대해 대부분 독설을 한 반대자〕 은 흠잡을 데 없고 오류가 없어야만 했다. 그는 자살을 그만두기를 주장하지 않았다, 만약 그가 어떤 지점에서 실수하더라도 … 학식의 가면은 꼭 내가 추정하지 못하도록 한다. 나는 꼭 먼지더미에 내던져진 것이다.[22]

파운드(Pound)는 매우 의도적인 은유인, 삶을 등진 죽은 남자를 데려오는 것으로를 통해서 그의 작업을 옹호한다. 그의 번역 개념은 목표에 초점을 두는데, 그는 그의 임무를 죽은 시인의 독자층을 찾는 것으로 본다. 즉 파운드(Pound)의 번역 과제의 관점은 보들레르(Baudelaire)의 ≪파리의 풍경들(*Tableux Parisiens*) 〔1923〕≫의 독일어 번역에서 도입한, 발터 벤야민(Walter Benjamin)과 연결되는데, 역시 사후 세계라는 번역 은유를 사용해 연결한다. 벤야민의 에세이는 1980년대 번역 이론가들에 의해 재발견됐고, 탈근대 번역 이론의 가장 중요한 텍스트의 하나가 되었다. 데리다(Derrida)의 벤야민 읽기, 그의 에세이 '≪바벨의 경유(Des Tours de Babel) 〔1985〕≫'는 의미를 찾는 문제에서 원본과 번역의 생각들을 낳는다. 그가 추구했던 것은 원본의 최고의 생각에 대한 근본적인 공격과는 더 멀리 있다. 데리다에 따르면, 원천 텍스트는 전혀 원본이 아니다. 그것은 의미에서 생각의 정교함이다. 간단히 말해 그것은 그 스스로 번역이다. 번역에 관한 데리다 생각의 논리적인 결론은, 번역을 이차적인 지위로 격하시키려는 관점의 종료를 위해,[23] 원본과 번역 사이, 원천과 복사 사이의 이분법에 대한 폐지를 말한다. 벤야민은 변화시키는 과정으로서 번역의 역할이 삶을 강화한다고 이미 선언해 왔다. '번역은 원본보다 나중이고, 세계 문학의 중요한 작품은 그들의 원본 당대에 선택된 번역을 결코 찾을 수 없기에, 그들의 번역은 지속적인 삶의 단계로 나타난다.'[24] 그러므로 번역은 특히 특별한 활동이다. 그것이 또 다른 문맥에서 삶을 지속하는 텍스트일 수 있기에, 번역된 텍스트는 새로운 문맥에서 지속된 존재의 힘으로 원본이 된다.

데리다와 다른 동시대의 철학자에 의해 제시된 관심은 점증하는 번역의 중요성과,[25] 번역연구에서 증가하는 학문 간 작업의 징후와는 더 멀리 있다. 그리고 철학자, 문학과 문화의 역사가들, 사회언어학자와 문학 이론가들에 의해 번역 일면에 대한 연구가 증가함에 따라, 번역의 논의를 지배한 부정적인 용어는 마침내 사라지기 시작한다. 번역에서 요소를 잃어버린 것과 관련된 오랜 유형의 불평과, 원천 텍스트에서 새로운 삶을 수용한 새로운 번역 개념 사이에는 차이의 세계가 있다. 게다가, 번역사학자는 번역의 계보학에 관해 더 발견했는데, 텍스트의 두 언어 간 전이가 문화 발달의 필수적인 구성 요소로 나타나는 것을 드러냈다.

에번 조하르(Evan-Zohar)를 따르는 학파와 다체계 학문은 또한 미국과 함께 유럽인에 의한 경향이 있고, 역사와 함께 주로 그들 스스로에게 영향을 미치는 경향이 있다. 유사 과정으로 지속되는 여성 연구와 함께 번역사의 흥기와 그 증가를 비교하는 것은 흥미가 있는데, 그 결과는 문학과 문화의 역사에 관한 우리의 많은 가정들의 끊임없는 개정이다. 제6장에서는 살펴 보는 대안 방법일지도 모른다고 제안하였는데, 예를 들어 15세기에는 선통적으로 '위대한' 작가들이 생산되지 않았으므로 영문학에서 잠자고 있는 시기로 간주됐다. 이 기간에 대한 관점이 다소 바뀌고, 번역의 높은 산출이 나타남으로서, 우리는 지금 15세기를 문학 모델의 외면을 보는 과정으로, 그리고 목표 체계를 재활성화 하는 수단으로 번역가를 활용하는 고전적인 예의 시대로 본다. 중세와 르네상스 번역에서 작품의 상당한 일부는 이와 같지 않고, 즉 번역가에게 이용되는 전략을 볼뿐만 아니라 문학 체계 발달에서 번역에 의해 놀이를 한 역할을 본다.[26]

이 책의 앞에서, 많은 흥미 있고 혁신적인 비교 작업이 유럽 밖에서 발생하는데, 때로는 유럽 학계에 의해 사용된 전통적인 것과는 다른 이름으로, 번역연구 작업에서는 말해진 것과 같은 이름으로 행해진다고 지적했다. 특히 현재 브라질과 캐나다 번역가에 의해 제안된 번역 이론은, 번역 과정의 중요함으로 새로운 은유와 새로운 관점을 제공하므로 특히 중요하다.

탈식민 이론은 분석의 여파를 고려한다. 그것은 번역 과정에서 필수적으로 포함되는 재구성과 재검토를 수반한다. 애슈크로프트(Ashcroft) 등은 다음과 같이 말한다.

> 탈식민 문화는 '접붙여진' 유럽문화 체계와 독립적인 지역 정체성을 창조 또는 재현하기 위한 충격과 함께 토착의 존재물 사이의 변증법적 관계를 필연적으로 포함하는 혼합적인 현상이다. 그런 구성과 재구성은 오직 유럽의 지배적인 체계와 '주변적인' 전복 사이의 역동적인 상호작용에서 발생한다. 순수한 식민지 이전 시대의 문화적 순수성을 재발견하거나 되돌아가는 것은 불가능하며, 유럽 식민 기획 속의 역사적 함축에서 전적으로 자립한 국가나 지역적인 편성을 구축하는 것도 불가능하다.[27]

그들이 여기서 제안하는 것은, 원본처럼 여겨지는 것은 있을 수 없고, 탈식민 시대 문화는 체계들 사이에서 변증법적인 관계를 포함한다는 것이다. 라틴 아메리카의 경우, 식민지의 가장 최초의 과정이 번역가가 배신자나 협력자 양쪽으로 보여짐을 포함한다는 것은 중요하다. 코르테스(Cortés)의 부인/해석자인 라 말린체(La Malinche)는 번역의 표리 있음을 상징하는 인물이다. 그녀 삶의 한 버전은 그녀가 코르테스와 함께 살았고 그녀 자신이 그녀의 사랑하는 동포들과 함께 가기를 노력했던 고결한 인도 여성임을 나타낸다. 다른 버전에서는 그녀는 자기의 동지를 침략자에게 팔고 멕시코 문명의 붕괴를 위해 필요로 하는 언어학적인 다리를 제공했다고 본다. 그러나 또 다른 버전에서는 그녀는 강간의 피해자로서, 식민지 주인에게 봉사하도록 강요됐고, 사회 폭동의 거대한 과정에서 마지못해 중개자의 행위를 강요받았다는 것이다..

식민화의 초기 단계에서 라 말린체(La Malinche) 역할에 대한 해석의 애매성은, 유럽을 향한 라틴 아메리카 작가들과 비평가들에 의해 경험된 애매성, 문학 모델의 원천, 원본의 긴 목록을 보여준다. 비록 번역이 즉 사후 세계, 생존, 부활을 통한 지속, 복제가 아닌,[28] 벤야민(Benjamin)과 데리다(Derrida)에 의해 주장된 감각으로 이해될지라도, 최근에 라틴 아메리카는 유럽 '번역'으로 보여질 수 있다고 제안되어 왔다.

1920년대에 브라질 근대주의(Brazilian Modernism)는 궁극적으로 식인주의(cannibalism)같은 유럽의 금기에 대한 재평가를 제안했다. 오즈와우드 지 안드라지(Oswald de Andrade)의 '≪식인종 선언(Manifesto Antropófago)≫'[29]은 1554년에 브라질 원주민에 의한 식인 의식으로 먹힌 포르투갈 주교의 사례에 유념했고, 이 사건을 두 가지 다른 방식으로 이해하는 것을 지켜보았다. 유럽인의 시각에서는 문명화된 행동의 표준에 위반되는 신성 모독의 행위로서 혐오스러운 것이었다. 그러나 유럽에서 심문의 고문실은 끔찍하게 여겨질지라도, 고문자가 그들의 피해자를 먹는 것은 하지 않는다. 하지만 비유럽인의 관점에서 생각해보면, 사람을 먹는 행위는 완벽하게 받아들일 수 있는 희생을 통해 힘과 가치를 흡수하기 위한 존경으로서 고려될 수 있다. 게다가, 그리스도교에서 존경의 행위로서 식인주의는 매우 다르게 해석될 수 있는 문화이기 때문에, 그리스도의 몸과 피를 삼키는 상징을 미사의 기본 전제로 한다. 식인주의 운동(Antropófagista Movement)은 유럽과 브라질의 문화 사이의 관계에 대한 두 개의 비유 관점을 보여준다. 랜들 존슨(Randall Johnson)은 다음과 같이 말한다.

> 비유적으로 말해서, 패권적 힘과 함께 문화적인 관계에 대한 새로운 태도가 나타난다. 전통적인 단어 감각에서 모방과 영향력은 더 이상 불가능하다. 식인종(antropófagos)은 유럽문화를 복제하기를 원하지 않으나, 덩어리째 수용하여 긍정적인 면을 이용하고 부정적인 면을 거부하며, 원본 즉 그밖에 정교한 문화 표현의 형태를 위한 그릇보다 예술적인 표현의 원천이 될 수 있는 민족 문화를 창조한다.[30]

번역학자에 의해 적용된 비유가 어떻게 되는지를 살펴보기는 쉽다. 식인종(antropófagos)은 그들의 가치가 브라질 작가의 작품을 관통하도록, 유럽 모델이 무조건적으로 받아들여야만 한다고 제안한다. 유럽문화와 브라질 사이의 힘의 변화 관계에 따르면; 브라질 문학 작가는 모방자가 아니고, 더 이상 유럽문화 전통에 어떤 방식으로도 종속적일 필요도 없으며, 전통을 공유하는 것을 거부하고 항의하는 것도 아니다. 차라리 브라질 작가는 영양분을 끌어당기되

전체적인 새로움을 창조하면서 원천 문화와 상호작용한다. 마담 드 구르네(Madame de Gournay)가 4세기 전에 제안한 바와 같이, 번역가는 원천 텍스트를 흡수하여 다시 새롭게 낳기 때문에 번역과 관련된 비유는 특별한 울림을 얻는다.

아랄두(Haraldo)와 아우구스투 지 캄푸스(Augusto de Campos)는 번역의 식인 개념에 대한 일반적인 이론가와 실천자를 언급했다. 그들은 고의로 원천과 목표 체계의 경계를 지운다, 1979년에 출판된 아알두 지 캄푸스(Haraldo de Campos)의 번역본 괴테(Goethe)의 ≪파우프트(*Faust*)≫는 ≪괴테의 파우스트 안의 하느님과 악마 (*Deus e o diabo no Fausto de Goethe*)≫라고 붙여진다. 이 제목은 괴테라는 작가와 파우스트라는 작품 사이를 연결짓기를 강조하며, 악마와 신 사이의 충돌 및 작품 주제를 직접적으로 언급한다. 또한 단호히 번역가/작가의 존재와 파우스트의 독일인 창작자와의 관계를 주장한다. 그러나 브라질 독자는 또한 다른 것을 의미한다. 그것은 글라우버 로샤(Glauber Rocha)의 영화, ≪태양의 나라에서 하느님과 악마(*Deus e o Diabo na Terra do Sol*)≫[31]와 직접적으로 관련되게 된다. 엘스 베이라(Else Veira)가 언급하기를

> 가장 흥미 있는 표제는 '수용' 문화가 완전히 퍼져서 원본을 변화시킬 것이라는 제안이다. 제목에서처럼 번역은 더 이상 원천에서 목표 문화로의 한쪽 방향만으로의 흐름이 아니라, 쌍방의 두 개 이상의 문화에 걸친 기획이라 할 수 있다.[32]

게다가, 드 캄푸스는 '번역'으로서가 아니라 '메피스토와 파우스트의 루시퍼로의 변형(transluciferacao mefistofaustico)'으로서 그

의 일을 묘사하고, '기원이나 원본을 지우는 것을 의도'[33]하는 끔찍한 일들을 논쟁한다. 그에게 번역은 물리적인 과정인데, 원천을 집어삼킬 듯이 읽는 것, 변화 과정, 흡혈귀화의 행위라 할 수 있다. 그에 따르면, 번역은 '꼬무 트랑슈푸자웅 지 쌍기(come transfusao. De sangue: 수혈로서의 번역. 피의)'이다.[34]

식인주의나 흡혈귀 행위와 같은 번역 이미지는, 탈근대주의의 탈식민 번역 이론에서 나온 급진적인 은유로서, 목표 텍스트를 보다 더 강하게 하거나, 피의 수혈이 수용자의 새로운 삶에 기여하기 위해, 번역가가 원본 텍스트의 피를 빨아 먹는다고 본다. 상당히 그들은 위에서 논의한 번역 이론의 논의들을 다른 발전된 것들과 연결하는데, 보통 공동으로 모든 것을 가졌던 원천 텍스트를 특권화했고, 번역가를 이차적 역할로 격하시켰던 계급적 힘의 거부를 통해 이룩했다. 엘스 베이라(Else Veira)는 번역의 실제를 위한 식인적인 이론의 중요함을 요약하고 있다.

> 원천 텍스트와 목표 문학의 두 저수지로부터 영양분을 공급하는 식인적인 번역 철학과, 같은 범위로, 벤야민(Benjamin)과 데리다(Derrida)에 의해 운용된 번역의 거꾸로 읽기는 한물간 전통의 답으로는 부적절한 많은 인식론적 질문을 노출한다. 그렇지 않으면 벤야민의 용어를 사용하거나, 한물간 전통성에 번역, 그리고 개정을 요구한다. 만약 식인적인 철학에서 번역이 쌍방향의 흐름을 감소시키게 된다면, '원천'과 '목표'의 전문 용어가 약화될 것이다. 같은 이유로, 원천과 목표의, 우월한/열등한 사이의 관계적인 힘은 중단된다.[35]

브라질 번역연구의 새 작업은 독창성이 없는 관대한 은유와는 대조적으로, 두드러진 날카로움이 폭력적으로 취급되는 육체적 은유를 그 특징으로 삼는다. 유사하게, 1980년대 중반부터 캐나다에서 그 분야의 발전은, 성적 관계 용어를 재정의하고 페미니스트 시각을 감지하더라도, 육체적인 것을 강조하게 된다.

엘렌 식수(Helene Cixous)는 '페미니즘' 쓰기가 여성과 남성 두 가지 간극에서 발생한다고 제안한다. '쓰기는 결국 살아남지 못하는 것이나, 제 무덤을 파는 과정이 같거나 다름을 점검하는 것의 중간에 있는 진귀한 작업이다.'[36] 페미니스트 번역 이론가들은 새로운 방식을 발전시키기 위해, 식수의 중간적임 개념을 내세운다. 예를 들어 이중 언어학자이자 두 문화의 작가이자 비평가인 니콜 워드 주브(Nicole Ward-Jouve)는 다음과 같이 말한다.

> 번역가는 중간적임에 있다. 번역 용어는 그녀/그의 의미 사이에서 무한히 표류한다. 그녀/그는 번역을 이용한 선택된 읽기보다 외국어라 할 수 있는 읽기 활동을 정교하게 추구하는 중개자가 되고자 한다. 당신은 어떻게 번역이 특별히 구성되었는지 반영할 수 있도록 이끈다. 한 언어에서 다음 언어까지 구절에서 잃은 것, 얻은 것, 바뀐 것까지.[37]

오래전부터 두 번역 개념은, 원본과 번역된 텍스트들을 두 개의 극으로 보았다. 페미니스트 번역 이론은 두 극 사이의 상호 작용하는 공간을 강조하고, 남성다운과 여성다운 용어로 해석되어온 지점들을 진술한다. '부정한 미녀들(belles infidèles)' 은유의 기초는, 원천과 원본이 남자답고 전능한 것인 반면에, 목표 텍스트는 여성답고 부차적인 것이다. 중간을 환영하는 페미니스트 번역 이론은 양성애처럼 하나도 아니고 다른 하나도 아닌 것이 속하는 것을 발생시키는 공간을 재조직한다.

캐나다에서 번역 작업에 가장 흥미 있는 페미니스트 몇몇은 여성 동성애자나 양성애적인 이론가와 번역가에 중심을 두었다. 예를 들어 니콜 브로사르(Nicole Brossard) 주위의 함께 작업하는 집단은 작가나 독자가 우선 순위가 될 수 없음을 주장하면서, 작가 중심 비평과 최근의 독자 중심 비평 둘 다를 거부한다. 캐시 메제이(Kathy Mezei)는 번역가가 독자와 작가 모두가 되어야 함을 인식하면서, 번역 과정을 '읽기와 쓰기 행위의 합성'으로 묘사한다. '내가 텍스트를 읽고 번역하게 되고, 나는 그 텍스트를 계속해서 다시 읽고 나면, 나는 나의 언어와 단어로 쓴다. 나는 내가 읽은 것을 쓰고 읽기는 나의 쓰기를 다시 쓰게 한다.'[38] 번역을 원천 텍스트의 '특별한 관통'으로 본 조지 스타이너(George Steiner)는, 텍스트가 '생포' 되고 번역가는 공격 행위에 대한 반환 몸짓[39]에 의해 보상되도록, 번역에 대한 다른 관점을 제안한다.

또 다른 캐나다 번역학자 바바라 고다르(Barbara Godard)는, 페미니스트 번역 작업과 탈근대주의의 번역 이론을 연결해왔다, 비록 전통적으로 부정적인 주제(topos)라고 논쟁되더라도, 페미니스트 번역에서 '차이'는 긍정적이다.

> 제시된 바와 같이 페미니즘 이론은 인지 과정과 비판적인 방식에 주된 차이가 있다. 비판적인 차이를 단언하는 페미니스트 번역가는, 다시 읽고 다시 쓰는 끝없는 기쁨이 그 텍스트의 징후를 솜씨 있게 해 준다고 과시한다. 여성에게 다루어진 번역 텍스트는 대단치 않으면서 자기를 내세우지 않는 번역가를 대체해 주는 것을 포함한다.[40]

페미니스트 번역가, 고다르는 텍스트의 소유와 회수가 자만되고 과시되고 있음을 선언한다. 그녀의 번역가는 브라질의 '루시퍼화되기(luciferizing)'같은 번역가처럼 자기를 내세우지 않으며, 원천텍스트 형태를 유지하고 솜씨 있게 다루는 권리가 있음을 주장한다. 또 다른 캐나다 번역 학파의 수잔 드 로트비니어 하우드(Suzanne de Lotbiniere-Harwood)는 그녀의 번역 실제가 정치적인 활동이고, '번역은 그것을 배신하는 대신에 원본 텍스트를 종종 풍요롭게 하는 언어의 발견 행동'[41]이라고 선언한다.

브라질과 캐나다 번역 이론가 집단은 오래된 가부장제/유럽 계급을 재조직하기 위해 추구했던 위반에 대한 행위에서 보이는 번역가의 역할을 찬양하는 공통된 목적이 있다. 번역은 실상 정치적인 활동이자 최고로 중요한 것으로 간주된다. 아랄두(Haraldo)와 아우구스투 지 캄푸스(Augusto de Campos)는 번역을 정전으로 여겨지는 유럽문학을 다시 읽고 회수함으로써 브라질인의 권리를 주장하는 수단으로 사용하는 반면에, 캐나다 여성들은 번역을 두 개의 언어를 사용하며 남성/이성 중심의 가치에 대항하는 페미니스트의 존재 기반으로 삼는다. 두 집단은 전해져온 유럽 유산의 지배를 파열하기 위한 번역 실제와 전문 용어를 찾는 데 유념한다. 그들의 다른 방식들에서, 피와 죽음의 은유 언어를 지닌 한 집단과 '모국어'의 개념으로부터 나온 일련의 은유는, 낡은 제국주의 견해에 대항한 번역의 탈식민 개념을 목적으로 한다. 앙리 메쇼닉(Henri Meschonnic)은 우리에게 상기시킨다. '문화 제국주의는 자신의 역사를 잊게 하고, 문화에서의 번역의 역할을 재인식하지 못하게 망치는 경향이 있다.'[42] 그러므로 근본적인 번역의 재고는 탈제국주의 문학 연구의 기본 요소이다. 문화사는 번역의 역사를 통해 간주되고 목표 텍스트에서 그들의 수용은 문학 사이의 상호 관계에서 새로운 빛을 발할 수 있다. 이외에도 '다수'와 '소수' 저자들의 도전적인 규범화 된 위계, 그렇지 않으면 문학 활동의 더 많거나 적은 기간들이 있다. 에번 조하르(Evan-Zohar)에 의해 제안된 다체계 이론은 재고 과정을 위한 한 가지 방법 이상을 제공하지만, 그러나 동등하게 두 개 언어를 활용하는 캐나다 페미니스트 번역가와 브라질 학파의 업적은 전통적으로 주변화 된 번역에 도전을 위한 대안을 제시한다. 에번 조하르는 문학사에 관한 새로운 사고 방식을 제공한다. 드 캄푸스(de Campos) 형제는 번역자의 역할에 우선 순위를 매김으로써 원천과 목표 관계에 대한 새로운 사고방식을 제공하지만, 반면에 니콜 브로사르(Nicole Brossard)와 수잔 드 로트비니어 하우드(Suzanne de Lotbiniere-Harwood)는 이분법적인 대립에 대한 어떤 아이디어도 거부하고 둘 사이의 역동적인 공간을 탐색한다.

현재 번역연구 분야에서 일어나는 놀라운 업적인 새로운 학술지의 출간, 국제적인 회의의 확산, 박사학위 논문들의 출판은 이전에 주변적이거나 존경받지 못한 연구 분야에 활력을 제공하고 있다. 왜냐하면 다른 방법론들은 번역연구가 진정으로 학제 간의 분야가 되고 문화 간 연구를 묘사하는 더 좋은 방법일지 모르기 때문이다. '비교문학' 용어는, 이 책에서 언급한 바와 같이, 오늘날에는 뜻을 갖지 않고(그것은 초기의 뜻에 비해 훨씬 더 큰 의미가 없다.), 그리고 어느 정도 그것은 역동적인 주제 영역이기 때문에, 지금은 한낱 비교문학의 하위범주로 간주하기 어려운 반면에, 형식주의 실습으로서의 비교문학은 감소하고 있다.

물론 번역연구와 비교문학 사이의 관계에 대해 다른 생각을 가진 학파들도 있다. 여전히 번역을 미미한 활동으로 보거나, 다체계 집단의 제의를 거절하면서 일반화된 문명의 힘을 지닌 문학의 개념을 들기도 한다. 그런 학파들은 명백히 유럽 중심의 관점을 띠면서, 정전이라는 '위대한' 업적에 대한 연관성을 지속적으로 믿는다. 반면에 번역연구와 비교문학은 공통된 것이 없고 다른 관점과 방법론이 있으므로 함께 취급하면 안 된다고 주장하는 이들도 있다. 비교문학은 여전히 형식주의의 고리에 잡혀있고, 끊임없는 위기의 상태와 쉽지 않은 상황의 얽매임에서 역사적이고 언어학적인 적절한 관심과 새롭게 출현한 번역연구 학문의 악영향에 여전히 분투하고 있다.

이 상태는 꼭 추구할 가치는 아니다. 이 책은 비교문학의 위기가 19세기 유럽 중심의 실증주의 유산과 문화 간 이동의 정치적인 영향을 거부함에서 유래되었다고 보고, 그 어떤 비교 활동보다도 근본적인 것을 찾아왔다. 이른바 위기는 아프리카, 인도, 중국 또는 라틴 아메리카의 비교학자가 함께 체험할 수 없기에 논쟁의 대상이 되었는데, 그들은 비교문학 연구를 다른 이데올로기적인 기초의 출발점이, 두 개 이상의 문화를 가진 보편적인 아름다움의 추상적 개념이 아니라, 그들 자기 문화의 즉각적인 필요에 의해 구성했기 때문이었다. 그리고 국어(또는 언어)는 일관되게 중대한 경험적인 필요에 의해 농축되고 발전된다. 다체계 이론은 발전의 과정이 영향이나 운동이 아니라, 구체적인 번역 방침과 전략에 의한 것임을 볼 수 있는 방법을 제공한다. 무엇을 번역할 것인지, 누구에 의해 언제 이루어질 것인지, 어떻게 받아들일 것인지 그리고 목표 문화가 갖는 위상이 무엇인지에 대한 기초적인 질문들은, 비교문학 전문가들이 아니라 번역연구 작업을 하는 사람들에 의해 요청되기 시작했다. 왜냐하면 번역은 권위, 힘을 가질 필요가 있는데, 안드레 르페비어(Andre Lefevere)는 다음과 같이 말했다.

> 번역은 단지 '또 다른 세상을 여는 창문'이나 약간의 경건하고 진부한 이야기가 아니다. 상당히 번역은 약간의 마지못해 하는 열린 통로인데, 이를 통해 외국의 영향력은 토착 문화를 관통할 수 있고, 그것을 도전하고, 그것을 전복하는데 기여한다.[43]

바스넷(Bassnett)과 르페비어(Lefevere)는 ≪번역, 역사와 문화(*Translation, History and Culture* 〔1990〕)≫에세이집 도입부에서 비교문학에서 번역이 주변적임을 재고해야 할 때가 왔음을 주장한다.

> 그것 자신의 권리에서 학문으로서의 번역연구의 발전, 비교학자와 문화사를 이끄는 방법론, 이제는 다시 생각해야 할 때가 왔다. 번역은 세계 문화의 발전에서 중요하고 예리한 힘을 차지하고, 번역에 관하지 않고는 비교문학의 연구도 일어날 수 없다.[44]

비교문학은 학문으로 간주될 수 있는지 아닌지에 대해 지속적으로 논쟁되어 왔음에 비해, 번역연구는 전 세계 분야에서 힘 있고 에너지 있는 작업이자 학문으로 뚜렷이 확인해 주고 있다. 이제는 새로운 시작으로서, 비교문학과 번역연구의 관계를 재고할 때이다.

1979년에, '≪마르크시즘과 페미니즘의 불행한 결합(The Unhappy Marriage of Marxism and Feminism)≫'이라는 하이디 하르트만(Heidi Hartmann)의 에세이는 결혼이라는 은유로서 출발한다.[45] 그녀가 말했듯이, 그 관계는 치유 되었는가 그렇지 않으면 이혼했는가? 전통적으로 비교문학과 번역연구 사이의 관계는, 번역보다 우월한 문학의 지배와 굴종의 은유적 동반자를 잘 빌려올지 모른다. 관계의 재정의는 힘의 균형을 바꾸는 것이고, 비교문학이 더 이상 지배적이 아니라 번역연구를 주요한 동반자로 본다. 이 두 분야는 최근 연구의 다른 상태에 대해서 뿐만 아니라 연구의 다른 목적에 대해서도 의미가 통한다. 비교문학은 옹호되고 있는 확실한 가치들을 다방면으로 주장하고 범위와 방법론의 단순한 정의에 대한 요구를 거부함으로써 스스로를 규정하기 위해 끊임없이 분투해 왔고, 번역연구는 텍스트와 맥락, 실제와 이론, 통시성과 공시성 그리고 문화 상호 간의 전이와 이데올로기적 함축의 솜씨 과정들과 특히 관련되어 있다.

20세기 말이 됨에 따라, 우리는 시대의 끝을 분명히 인정하게 된다. 글쓰기는 외부와 단절된 상태에서 일어나지 않고 한 문화 체계에서 다른 문화 체계로 들어가는 번역 텍스트들의 맥락과 절차에서 생성되는데, 중립적이고 순수하며 투명한 활동은 아니다. 대신에 번역은 열정적이고 초월하는 활동이며, 번역의 정치적인 면과 번역하기에 대해서 과거에 비해 훨씬 더 주목을 받을만 하다. 번역은 문화 변화에 근본적인 역할을 차지해 왔는데, 번역 실제의 통시성을 숙고함으로써 원천 텍스트 문화와 비교하여 수용 문화의 입장을 많이 배울 수 있다.

학문으로서의 비교문학은 지나간 과거의 일이다. 여성의 연구, 탈식민 이론, 문화 연구에서의 여러 문화가 섞인 업적은 일반적으로 문학 연구의 양상을 변화시켰다. 번역연구는 앞으로 주요한 학문으로서 뿐만 아니라, 비교문학과 함께 가치 있고 부수적이지 않은 주제 영역으로 보아야만 한다.

주

INTRODUCTION: WHAT IS COMPARATIVE LITERATURE TODAY?

1. Matthew Arnold, *On the Modern Element Literature*, Inaugural Lecture delivered in the University of Oxford, 14 November 1857.
2. Johann W. von Goethe, 'Some passages Pertaining to the Concept of World Literature', in Hans Joachim Schultz and Phillip H. Rhein (eds) *Comparative Literature: The Early Years*, Chapel Hill, University of North Carolina Press, 1973, pp. 3-11.
3. René Wellek, 'The Crisis of Comparative Literature', in *Concepts of Criticism*, New Haven and London, Yale University Press, 1963, pp. 282-96.
4. Benedetto Croce, 'Comparative Literature', in Schultz and Rhein, 1973, pp. 215-23.
5. Croce, p. 222.
6. Charles Mills Gayley, 'What is Comparative Literature?' *Atlantic Monthly*, 92(1903), pp. 56-68.
7. François Jost, *Introduction to Comparative Literature*, Indianapolis, Bobbs-Merrill, 1974, pp. 29-30.
8. René Wellek and Austin Warren, *Theory of Literature*, London, Jonathan Cape, 1949, p. 44.
9. Harry Levin, *Comparing the Literature*, Presidential Address at the meeting of the American Comparative Literature Association, Indiana University, 1968. Publ. in *Grounds for Comparison*, Cambridge, Mass., Harvard University Press, 1972, pp. 74-90.
10. Swapan Majumdar, *Comparative Literature: Indian Dimensions*, Calcutta, Papyrus, 1987, pp. 53.

11. Ganesh Devy, 'Comparartive Literature in India', *New Quest*, no.63, May-June 1987, pp. 133-147.
12. Homi Bhabha, 'Articulating the Archaic: Notes on Colonial Non-sense', in Peter Collier and Helga Geyer-Ryan (eds), *Literary Theory Today*, Cambridge, Polity Press, 1990, pp. 203-19.
13. James Snead, 'Repetition as a figure of black culture', in Harry Louis Gates Jr. (ed.) *Black Literature and Literary Theory*, New York and London, Methuen, 1984, pp. 59-80.
14. Terry Eagleton, *Literary Theory: An Introduction*, Oxford, Blackwell, 1983, p. 22.
15. Eagleton, p. 30.
16. Edward Said, *Orientalism*, London, Routledge and Kegan Paul, 1978, p. 203.
17. Zhang Longxi, 'The Myth of the Other: China in the Eyes of the West,' in Yang Zhouhan and Yue Daiyun (eds) *Cultual Inter-flow East and West: Literatures, Histories and Literary Histories*, Shenyang, University of Liaoning Press, 1989, pp. 188-223.
18. Bill Ashcroft, Gareth Griffiths and Helen Tiffin, *The Empire Writes Back: Theory and Practicein Post-Colonial Literatures*, London and New York, Routledge, 1989, p. 2.
19. See: Itamar Evan-Zohar, 'Polysystems Theory', Poetics Today I, 2(Autumn, 1979) pp. 237-310. Theo Hermans(ed.), *The Manipulation of Literature*, London, Croom Helm, 1985. Gideon Toury, In Search of a *Theory of Translation*, Tel Aviv, the Porter Institute for Poetics and Semiotics, 1980.

CHAPTER 1. HOW COMPARATIVE LITERATURE CAME INTO BEING

1. René Wellek, 'The Name and Nature of Comparative Literature', *Discriminations*, New Haven and London, Yale University Press, 1970, pp. 1-36.

2. Matthew Arnold, letter to his sister, May 1848, cited in Siegbert Prawer, *Comparative Literary Studies: An Introduction*, London, Duckworth, 1973.
3. Cours de M. Philarète Chasles à l' Athénée. Séance d'ouverture, 17 janvier, 1835. Pub. in *Revuede Paris*, XIII, no.17, 1835, pp. 238-62. English version in H.J. Schulzand P.H. Rhein(eds), *Comparative Literature: The Early Years*, Chapel Hill, The University of North Carolina Press, 1973, pp. 13-39.
4. Byron, Preface to *The Prophecy of Dante, 1819, The Poetical Works of Lord Byron*, London, Oxford University Press, 1959, p. 37.
5. Vladimír Macura, 'Culture as Translation', in Susan Bassnett and Andre Lefevere (eds) *Translation, History and Culture*, London, Pinter, 1990 pp. 64-71.
6. See Timothy Brennan, 'The National Longing for Form', in Homi K. Bhabha (ed.) *Nationand Narration*, London, Routledge, 1990, pp. 44-71.
7. Frédéric Lolliée, *A Short History of Comparative Literature from the Earliest Times to the Present Day*, trans. M. Douglas Power, London, Hodder and Stoughton, 1906, p. 79.
8. Minute addressed by Lord Macaulay to Lord Bentinck, Governor General of India, 2 Feb. 1835. Reprinted in Philip D. Curtin (ed.) *Imperialism: The Documentary History of Western Civilization*, New York, Walker & Col., 1971, pp. 178-91.
9. Edward Fitzgerald, letter to Cowell, 20 March 1857.
10. Jawaharlal Nehru, 'The Economic Background of India: The Two Englands', *The Discovery of India*, New Delhi, 1981, p. 287.
11. C. L. Wrenn, *The Idea of Comparative Literature*, pamphlet publ. by the Modern Humanities Research Association, 1968, p. 5.
12. Chasles, 1835.
13. Ulrich Weisstein, *Comparative Literature and Literary Theory*, Bloomington, Indiana University Press, 1973, p. 171.
14. Paul Van Tieghem, *La Littérature Comparée*, Paris, Colin, 1931,

p. 57 (cited in English in Weisstein, 1973, p. 5).

15. Ferdinand Brunetière, 'European Literature', *Revue des deux mondes* 161(1900), pp. 326-55, in Joachim Schultz and Phillip Rhein(eds) *Comparative Literature: The Early Years*, Chapel Hill, University of North Carolina Press, 1973, pp. 153-82.
16. Max Koch, Introduction to *Zeitschrift für vergleichende Literaturgeschichte*, I.O.S. (1887), pp.1-12, in Schultz and Rhein, pp. 63-77. 21 Van Tieghem, 1931. See Weisstein, 1973, p. 4.
17. Van Tieghem, 1931. See Weisstein, 1973, p. 4.
18. Weisstein, 1973, p. 200.
19. Hugo Meltzl de Lomnitz, 'Present Tasks of Comparative Literature', in Schultz and Rhein, pp. 53-62.
20. Lolliée, pp. 226-7.
21. René Wellek, p. 17.
22. Weisstein, 1973, pp. 13-14.
23. René Wellek, 'The Crisis of Comparative Literature', in *Concepts of Criticism*, New Haven, Yale University Press, 1963, pp. 282-96.

CHAPTER 2. BEYOND THE FRONTIERS OF EUROPE

1. Henry Remak, 'Comparative Literature, Its Definition and Function', in Newton Stallknecht and Horst Frenz (eds), *Comparative Literature: Method and Perspective*, Carbondale, Southern Illinois Press, 1961, p. 3.
2. Remak, p. 7.
3. Remak, p. 3.
4. Charles Mills Gayley, 'What is Comparative Literature?', in *The Atlantic Monthly*, 92,1903, pp. 56-68. Reprintedin Joachim Schulz and Phillip Rhein(eds) *Comparative Literature: The Early Years*, Chapel Hill, University of North Carolina Press, 1973, p. 102.
5. Hutcheson Macaulay Posnett, 'The Science of Comparative Literature', *The Contem porary Review*, 79, 1901, pp. 855-72,

reprinted in Schulz and Rhein, p. 188.

6. Posnett, p. 197.
7. Arthur Richmond Marsh, 'The Comparative Study of Literature', *PMLA*, 11, no. 2, 1896, pp. 151-70, reprinted in Schulz and Rhein, P. 128.
8. Fredric Jameson, *The Prison-House of Language*, Princeton, Princet on University Press, 1972, p. 45.
9. René Wellek, 'The Name and Nature of Comparative Literature', *Discriminations,* New Haven and London, Yale University Press, 1970, pp. 20-1.
10. Ulrich Weisstein, *Comparative Literature and Literary Theory*, Bloomington, Indiana University Press, 1968, pp. 13-14.
11. Weisstein, p.13.
12. Swapan Majumdar, *Comparative Literature, Indian Dimensions*, Calcutta, Papyrus, 1987, p. 54.
13. Majumdar, p. 54.
14. Sri Aurobindo, *The Human Cycle*, Ashram, Pondicherry, 1943, p. 83.
15. Chidi Amuta, *The Theory of African Literature*, London, Zed Books, 1989, p. 19.
16. Chinua Achebe, *Morning Yet on Creation Day*, London, Heinemann, 1975, p.9.
17. Kimberley W. Benston, 'I yam what I am: the topos of (un)naming in Afro-American literature', in Henry Louis Gates Jr. (ed.), *Black Literature and Literary Theory*, New York and London, Methuen, 1984, pp. 151-75.
18. Sigmund Freud, *Group Psychology and the Analysis of the Ego*, trans. James Strachey, New York, Norton, 1959, pp. 33-4.
19. Siegbert Prawer, *Comparative Literary Studies: An Introduction*, London Duckworth, 1973, p. 102.
20. Henry Gifford, *Comparative Literature*, London, 1969, p. 73.
21. Richard Johnson, 'The story so far: and further transformations?',

in David Punter (ed.), *Introduction to Contemporary Cultural Studies*, London, Longman, 1986, pp. 277-314.

CHAPTER 3. COMPARING THE LITERATURES OF THE BRITISH ISLES

1. Seamus Heaney, 'An Open Letter', in Field Day Theatre Company, *Ireland's Field Day*, London, Hutchinson, 1985, pp. 22-30.
2. Glanville Price, The Languages of Britain, London, Edward Arnold, 1984.
3. Price, p. 186.
4. Henry Wyld, *The Growth of English*, London, Murray, 1907, p. 48.
5. George Sampson, *English for the English*, London, 1925, p. 41.
6. Saunders Lewis, 'Byd a Betws' (1941), cited in Thomas Parry, A History of Welsh Literature, trans. H. Idris Bell, Oxford, Clarendon, 1955, P.412.
7. Hugh Macdiarmid, from 'A Drunk Man Looks at the Thistle', in M. Grieve and W. Aitken (eds), *Complete Poems*, London, Martin Brianand O'Keeffe, 1978.
8. Thomas Davis, 'Our National Language', in Mark Storey (ed.), *Poetry and Ireland since 1800: A Source Book*, London, Routledge, 1988, p. 47.
9. John Williams, *Twentieth-Century British Poetry. A Critical Introduction*, London, Edward Arnold, 1987, p. 95.
10. Heaney, 1985.
11. John Hewitt, 'An Irishman in Coventry', in Frank Ormsby (ed.), *Poets from the North of Ireland*, Belfast, Blackstaff Press, 1979, p. 28.
12. Sorley Maclean, in Robin Bell(ed.), *The Best of Scottish Poetry*, Edinburgh, Chambers, 1988, p. 112.
13. Michael O'Loughlin, 'Cuchulainn', in Sebastian Barry (ed.), *The*

Inherited Boundaries: Younger Poets of the Republic of Ireland, Dublin, Dolmen, 1986, p. 123.

14. John Montague, 'Like Dolmens Round My Childhood, the Old People', in Ormsby, pp. 89-90.
15. Norman MacCaig, 'Rings on a Tree' (1968), in Charles King, *Twelve Modern Scottish Poets*, London, University of London Press, 1971, p. 102.
16. John Speirs, 'A Survey of Medieval Verse', in Boris Ford (ed.), *The Age of Chaucer*, Harmonds worth, Penguin, 1954, p. 54.
17. William of Malmesbury (c.1130) cited in Bruce Dickins and R. M. Wilson (eds), *Early Middle English Texts*, London, Bowes and Bowes, 1951, p.xvii.
18. Douglas Hyde, *A Literary History of Ireland*, London, Benn, 1967(first published 1899), p. 216.
19. Hyde, p. 453.
20. Hyde, p. 493.
21. *The Complaynt of Scotland* (1549), cited in Glanville Price, p. 189.
22. *The Complaynt of Schtland*, cited in Rory Watson, The Literature of Scotland, London, Macmillan, 1984, p. 93.
23. Parry, p. 196.
24. Michael Kelly, *Reminiscences*, vol.1, cited in Hyde, p. 622.
25. Nicholas Phillipson, *The Enlightenmentint Context*, Cambridge, Cambridge University Press, 1981, pp. 19-20.
26. Sean Lucy, 'What is Anglo-Irish Poetry?', in Sean Lucy (ed.), *Irish Poets in English*, Cork and Dublin, 1973, p. 15.
27. David Cairns and Sean Richards, *Writing Ireland: Colonialism, Nationalism and Culture*, Manchester, Manchester University Press, 1988, p. 154.
28. Siegbert Prawer, *Comparative Literary Studies: An Introduction*, London, Duckworth, 1973, p. 13.
29. Pierre Bourdieu, 'Le paradoxe du sociologue', in *Questions*

desociologie, Paris, Editionsde Minuit, 1980, p. 86.
30. Patrick Kavanagh, from *Collected Prose*, 1967, in Storey, pp. 200-6.
31. Kavanagh, pp. 205-6
32. Jackie Kay, 'Photo in the Locket', in *The Adoption Papers*, New castle upon Tyne, Bloodaxe Books, 1991, p. 49.
33. MacDiarmid, pp. 1170-1.
34. Alun Llewellyn-Williams, 'Here in the Quiet fields', cited in Parry, p. 431.
35. Paul Durcan, 'Ireland, 1972', in Paul Muldoon (ed.), *The Faber Book of Contemporary Irish Poetry*, London, Faber and Faber, 1986, p. 314
36. Ian Crichton-Smith, 'Seagulls', in King, p. 172.
37. Geoffrey Hill, 'Idylls of the King', from *Tenebrae*, London, André Deutsch, 1978.
38. Anthony Thorlby, *The Times Literary Supplement*, 25 July 1968, p. 794.
39. C. D. Narasimhaiah, *The Swan and the Eagle*, Simla, Indian Institute of Advanced Study, 1969, p. 8.
40. Clayton Koelb and Susan Noakes, *The Comparative Perspective on Literature: Approaches to Theory and Practice*, New York, Cornell University Press, 1988, p. 6.
41. Koelb and Noakes, p. 6.

CHAPTER 4. COMPARATIVE IDENTITIES IN THE POST-COLONIAL WORLD

1. Peter Hulme, *Colonial Encounters, Europe and the Native Caribbean 1492-1797*, London, Routledge, 1986, pp. 49-50.
2. Edmundo O'Gorman, *La invención de America*, Mexico, FCE, 1984.
3. Carlos Fuentes, 'García Márquez and the Invention of America', in *Myself with Others, Selected Essays*, London, André Deutsch,

1988, p. 184.

4. Fuentes, p. 184.
5. Wole Soyinka, *Myth, Literature and the African World*, Cambridge, Cambridge University Press, 1976, p. vii.
6. Chidi Amuta, *The Theory of African Literature*, London, Zed Books, 1989, p. 3.
7. Ngugi Wa Thiong'O, 'On the abolition of the English Department', in Home coming: Essays on *African and Caribbean Literature*, Culture and Politics, London, Heinemann, 1972.
8. Nadine Gordimer, *The Black Interpreters*, SPRO-CAS/RAVAN, Johannesburg, 1973, p. 5.
9. Jahnheinz Jahn, 'Die Neo-Afrikanische Literatur', *Kindles Literatur Lexicon*, p. 695, citedin James Snead, 'European Pedigrees/African Contagions: Nationality, Narrative, and Community in Tutuola, Achebe, and Reed', in Homi Bhabha(ed.) *Nation and Narration, London*, Routledge, 1990, pp. 231-49
10. Bill Ashcrft, Gareth Griffiths, Helen Tiffin, *The Empire Writes Back, Theory and Practice in Post-colonial Literatures*, London, Routledge, 1989, p. 36.
11. J. Hector St. John Crèvecoeur, *Letters from an American Farmer*, citedin Russell Reising, *The Unusable Past: Theory and the study of American Literature*, London, Methuen, 1986.
12. Fuentes, 1988.
13. Ashcroft, *et al.*, 145.
14. George Lamming, *The Pleasures of Exile*, London, Michael Joseph, 1960, p. 3.
15. Rodolfo Gonzalez, *I am Joaquín (Yosoy Joaquín)*, Toronto, New York, London, Bantam Books, 1972, p. 1.
16. Hulme, 1986; see chapter 3, 'Prospero and Caliban', pp. 89-137.
17. Hulme, p. 128.
18. Lamming, 1960, p. 3.
19. See: unpublished doctoral thesis on Wilson Harris and García

Márquez, Patricia Murray, University of Warwick, 1993.

20. Octavio Paz, *The Labyrinth of Solitude*, New York, Grove Press, 1961.
21. Gordimer, p. 5.
22. Gordimer, p. 6.
23. Soyinka, p. 127.
24. Soyinka, p. 129.
25. Gabriel Barcía Márquez, 'The solitude of Latin America', Nobel Address, 1982, in Bernard McGuirk and Richard Caldwell (eds), Gabriel *García Márquez, New Readings*, Cambridge, Cambridge University Press, 1987, pp. 201-11.
26. Octavio Paz, 'El arquero, la fleche y el blanco', *Vuelta*, no.117, August 1986, pp. 26-9.
27. Edward Brathwaite, 'Timehri', *Savacon* 2 (Sept, 1970), p. 42.
28. Joseph Sommers, 'Critical Approaches to Chicano Literature', in Joseph Sommers and Tomás Ybarra-Frausto (eds), Modern Chicano Writers, Englewood Cliffs N.J., Prentice-Hall, 1979, pp. 31-41
29. George Lamming, quoted in interview by Raymond Gardner, *The Guardian*, 10 July 1974.

CHAPTER 5. CONSTRUCTING CULTURES: THE POLITICS OF TRAVELLERS' TALES

A version o is chapter will be appearing simultaneously in *Comparative Criticism*.

1. Michel Foucault, *The Order of Things*, London, Tavistock, 1970, p. 51.
2. Tzvetan Todorov, *La Conquêtede L'Amérique: laquestiondel'autre*, Paris, Seuil, 1982.
3. See Peter Hulme, Colonial Encounters, London, Routledge, 1986;

Sabina Sharkey, 'Ireland and the Iconography of Rape: Colonization, Constraint and Gender', *University of North London Occasional Papers Series*, no.4, Sept. 1992.

4. J. B. Scott, *An Englishman at Home and Abroad 1792-1828*, Ethel Mann(ed.), 1930, pp. 76-7.
5. *A True and Faithful relation of what passed for many Yeares between Dr. John Dee, a Mathematician of Great Fame in Q. Elizabeth and K. James their Reigns, and some Spirits: Tending (had it succeeded) To a general Alteration of most States and Kingdomes in the World··with Preface by Meric Casaubon*, London, printed by D. Maxwell and T. Garthwaite, 1659.
6. Charlotte Fell Smith, *John Dee: 1527-1608*, London, 1909, p. 133.
7. Peter French, *John Dee: The World of an Elizabethan Magus*, London, Routledge and Kegan Paul, 1972, p. 180.
8. Marry Hamer, 'Putting Ireland on the Map', *Textual Practice*, 3, no.2, Summer 1989, pp. 184-202.
9. French, p. 8.
10. Fynes Moryson, *An Itinerary: His Ten Yeeres travels thorow Twelve Dominions*, J. Beale, London, 1617, p. 29.
11. Willie Docherty, photograph called 'The Other Side, Waterside, Derry, 1988', in Docherty, *Unknown Depths*, Belfast, FFotogallery, 1991.
12. Alexander Kinglake, *Eothen, or Traces of Travel Brought Home from the East* (first pub. 1844), Oxford, Oxford University Press, 1982, p. 7.
13. Edward said, *Orientalism,* London, Routledge and Kegan Paul, 1978, p. 59.
14. Tacitus, *Germania*, trans. H. Mattingly, Harmondsworth, Penguin, 1948, p. 116.
15. Ernest Renan, 'What is a Nation?' (lecture originally given at the Sorbonne, March 1982) in Homi K. Bhabha (ed.), *Nation and Narration*, London, Routledge, 1990, pp. 8-23.

16. E. W. Lane, *Manners and Customs of the Modern Egyptians*, London, 1836, p. 296.
17. Richard Burton, *The Book of the Thous and Nights and a Night*, London, 1885-8, 17 vols., vol.1, pp. 234-5.
18. Rana Kabbani, *Europe's Myths of Orient*, London, Macmillan, 1986.
19. Claudio Magris, *Danube*, trans. Patrick Creagh, London, Collins Harvill, 1990, p. 29.
20. William Morris, *Journals of Travel in Iceland. The Collected Works of William Morris*, vol.8, New York, Russell and Russell, 1966, pp. xxxiii-xxxiv.
21. Morris, p. 139 and 239.
22. William Morris, *The Novelon blue Paper*, Penelope Fitzgerald(ed.), Londonand West Nyack, The Journeyman Press, 1982.
23. Morris, 1982, p. 70.
24. W. H. Auden and Louis MacNeice, *Letters from Iceland*, Faber and Faber, 1937, p. 119.
25. Auden and MacNeice, pp. 128-9.
26. Kinglake, pp. 36-7.
27. *The Complete Letters of Lady Mary Wortley Montagu*, Robert Halsband (ed.), Vol. 1, 1708-20, Oxford, The Clarendon Press, 1965, p. 383.
28. Paul Rycaut, *The Present State of the Ottom an Empire*, London, J. Starkey and H. Brome, 1668.
29. Montague, p. 408.
30. Said, p. 20.
31. Sara Mills, *Discourses of Difference: An Analysis of Women's Travel Writing and Colonialism*, London, Routledge, 1991, p. 63.
32. Julia Pardoe, *Beauties of the Bosphorus*, London, George Virtue, 1838.
33. Kinglake, pp. 32-3.
34. Mills, p. 121.

35. Mills, p. 199.

CHAPTER 6. GENDER AND THEMATICS: A CASE STUDY

1. Clayton Koelb and Susan Noakes, (eds), *The Comparative Perspective on Literature*, Ithaca, Cornell University Press, 1988.
2. René Wellek, 'The Name and Nature of Comparative Literature', *Discriminations*, New Haven, Yale University Press, 1970, p. 19.
3. Siegbert Prawer, *Comparative Literary Studies: an Introduction*, London, Duckworth, 1973. See chapter 6, 'Themes and Prefigurations', pp. 99-114.
4. Raymond Trousson, *Un Problème de littérature comparée; les études de thémes*, Paris, 1965.
5. Prawer, P. 102.
6. Elaine Showalter, *The New Feminist Criticism*, London, Virago, 1986, p. 5.
7. Showalter, p. 7.
8. Adrienne Rich, *Of Woman Born: Motherhood as Experience and Institution*, London, Virago, 1977.
9. T. H. White, *The Once and Future King*, London, Fontana, 1958. All references are to this edition. Gillian Bradshaw, Down the Long Wind, London, Methuen, 1984. All references are to this edition.
10. Alfred Tennyson, *Idylls of the King, in The Works of Tennyson*, London, Macmillan, 1907. All citations from this edition.
11. Norris J. Lacey and Geoffrey Ashe,. *The Arthurian Handbook*, Lond on and New York, Garland, 1988.
12. Mary Condren, *The Serpent and the Goddess, Women, Religion and Power in Celtic Ireland*, New York, Harperand Row, 1989, p. 25.
13. Condren, p. 43

14. Thomas Mallory, *Le Morte d'Arthur*, 2 vols, Harmondsworth, Penguin 1986; vol.1, p. 194. All references are to this edition.
15. Mallory, vol. 2, p. 426.
16. Mallory, vol. 2, p. 458.
17. White, p. 541.
18. White, pp. 626-7.
19. Stephen Greenblatt, *Learning to Curse: Essays in Early Modern Culture*, London and New York, Routledge, 1990, p. 170.
20. Roger Ascham, *The Scholemaster.* London, John Daye, 1570.
21. Catherine Belsey, *The Subject of Tragedy: Identity and Difference in Renaissance Drama*, London, Methuen, 1985, p. 194.
22. Leodogran, the King of Cameliard
    Had one fair daughter, and none other child;
    And she was fairest of all flesh on earth,
    Guinevere, and in her his one delight.
23. Françoise Barret-Ducrocq, *Love in the Time of Victoria*, London, Verso, 1991.
24. William Morris, 'The Defence of Guinevere', in *The Works of William Morris*, ed. with prefaces by May Morris, 24 vols, London, Longmans Green, 1910-15.
25. Marion Praz, *The Romantic Agony*, Oxford, Clarendon Press, 1933.
26. Prawer, p. 101.
27. H. R. Jauss, 'Literary History as a Challenge to Literary Theory', *New Literary History*, no2, 1970, pp. 11-19.
28. See: *The Princess: A Medley, The Works of Alfred, Lord Tennyson*, London, Macmillan, 1907, pp. 165-218.

CHAPTER 7. FROM COMPARATIVE LITERATURE TO TRANSLATION STUDIES

1. Hilaire Belloc, *On Translation*, Oxford, Clarendon Press, 1931.
2. Itamar Evan-Zohar, 'Translation Theory Today', *Poetics Today*,

2, no.4. Summer/Autumn 1981, pp. 1-7.
3. Lori Chamberlain, 'Gender and the Metaphorics of Translation', in Lawrence Venuti(ed.), *Rethinking Translation*, London, Routledge, 1992, pp. 57-74.
4. Barbara Johnson, 'The Surprise of Otherness: A note on the Wartime Writings of Paul de Man', in Peter Collier and Helga Geyer-Ryan(eds), *Literary Theory Today*, London, Polity Press, 1990 pp. 13-23.
5. Itamar Evan-Zohar, 'The Position of Translated Literature within the Literary Polysystem', *Papers in Historical Poetics*, Tel Aviv, 1978.
6. Maria Tymoczko, 'Translation as a force for literary revolution in the twelfth century: the shift from epic to romance', *New Comparison,* no.1, Summer 1986, pp. 7-27.
7. Lawrence Venuti (ed.), *Rethinking Translation: Discourse, Subjectivity, Ideology*, London, Routledge, 1992, pp. 5-6.
8. Vladimír Macura, 'Culture as Translation', in Susan Bassnett and André Lefevere(eds), *Translation, History and Culture*, London, Pinter, 1990, pp. 64-70.
9. José Lambert and Rik Van Gorp, 'On describing translations', in Theo Hermans(ed.), *The Manipulation of Literature*, London, Croom Helm, 1985, pp. 42-53.
10. Edward Sapir, *Culture, Language and Personality*, Berkeley, Los Angeles, University of California Press, 1956, p. 69.
11. Theo Hermans, 'Images of Translation: Metaphor and Imagery in the Renaissance Discourse on Translation', in *The Manipulation of Literature*, pp. 103-35.
12. Perrot d'Ablancourt, preface to the *Annals of Tacitus, in Lettreset Préfaces critiques*, Roger Zuber(ed.), Paris, 1972.
13. John Dryden, Dedication to *The Aeneid, 1697, in Of Dramatic Poesy and Other Critical Essays*, G. Watson (ed.), 2 vols, London/New York, Dent/Dutton, 1962.

14. Madame de Gournay, *Versions de quelques piéces de Virgile*, Paris, 1619.
15. Michel Foucault, *The Order of Things*, London, Tavistock, 1970, p. 43.
16. André Lefevere, 'What Is Written Must Be Rewritten, Julius Caesar: Shakespeare, Voltaire, Wieland, Buckingham', in Theo Hermans (ed.), *Second Hand: Papers on the Theory and Historical Study of Literary Translation*, Antwep, ALW-Cahierno. 3, 1985, pp. 88-106.
17. See Armin Paul Frank, 'Translation Anthologies: An Invitation to the Curious and a Case Study', Target 3:1,1991, pp. 65-90; Harald Kittel and Armin Paul Frank (eds), *Interculturality and the Historical study of Literary Translations*, Erich Schmidt Verlag, Berlin, 1991.
18. André Lefevere, 'Translation Studies: The Goal of the Discipline', in J. Holmes, J. Lambert and A. Lefevere (eds), *Literature and Translation*, Leuven, ACCO, 1978, pp. 234-5.
19. Susan Bassnett and André Lefevere (eds), *Translation, History and Culture*, London, Pinter, 1990, p. 12.
20. John Dryden, Preface to the *Life of Lucian*, 1711, in G. Watson (ed.).
21. Ezra Pound, Letter to Iris Barry, 20 July 1916, in D. D. Paige (ed.), *The Letters of Ezra Pound 1907-1916*, London, Faber and Faber, 1961.
22. Ezra Pound, Letter to A. R. Orage, April 1916, in Paige, (ed.).
23. Jacques Derrida, 'Des Tours de Babel', in Joseph F. Graham (ed.), *Difference in Translation*, Ithaca, Cornell University Press, 1985.
24. Walter Benjamin, 'The Task of the Translator', in *Illuminations,* London, Fontana, 1973, pp. 69-83.
25. See Andrew Benjamin, *Translation and the Nature of Philosophy*, London, Routledge, 1990.
26. See: Roger Ellis (ed.) *The Medieval Translator*, vol.1, Wood bridge,

D. S. Brewer, 1989; Roger Ellis (ed.) Translation in the Middle Ages, New Comparison 12, Autumn 1991.

27. Bill Ashcroft, Gareth Griffiths, Helen Tiffin, *The Empire Writes Back*, London, Routledge, 1989, pp. 195-6.

28. See: Else Veira, *Por uma teoria pos-moderna da traduçao*, unpublished PhD thesis, University of Minas Gerais, The first chapter of this thesis was presented as a doctoral seminar paper in the Graduate School of Comparative Literary Theory and Translation Studies at the University of Warwick. I am immeasurably grateful to Else Veira for introducing me to the work of Brazilian translation theorists.

29. Oswald de Andrade, *Manifesto Antropófago*, in A. Candido and J. A. Castellor, *Presençã da Literatura Brasiliera*, vol. III, Modernismo, São Paolo, Difusão Européia do Livro, 1968, pp. 68-74.

30. Randal Johnson, 'Tupy or not Tupy: Cannibalism and Nationalism in Contemporary Brazilian Literature', in John King (ed.), *Modern Latin American fiction: A Survey*, London, Faber and Faber, 1987, pp. 41-59.

31. Again I am grateful to Else Veira for pointing this out to me.

32. Veira, as above.

33. Haraldo de Campos, *Deus e o diabo no Faustode Goethe*, Sao Paulo, Perspectiva, 1981. See also 'Mephistofaustian Transluciferation', in Dispositio, vol.7, nos 19, 20, 21, 1982, pp. 42-60.

34. De Campos, p. 208.

35. Veira, as above.

36. Hélène Cixous, 'La Rire de la Méduse', L'Arc61, 1975, pp.39-54, English translation by Keith and Paula Cohen, 'The Laugh of the Medusa', *Signs*, I, Summer 1976, pp. 875-99.

37. Nicole Ward-Jouve, 'To fly/to steal; no more? Translating French feminisms into English', in *White Woman Speaks with Forked Tongue: Criticismas Autobiography*, London, Routledge, 1991, p. 47.

38. Kathy Mezei, 'The Reader and the decline . . .' *Tessera: L'Écriture comme Lecture*, September, 1985, pp. 21-31.
39. George Steiner, *After Babel,* London and New York, Oxford University Press, 1975.
40. Barbara Godard, 'Theorizing Feminist Discourse/Translation', in Bassnett and Lefevere (eds), pp. 89-96.
41. Suzanne de Lotbinière-Harwood, 'About the her in other', Preface to Lise Gauvin, *Letters from An Other*, Toronto, Women's Press, 1989, p. 9.
42. Henri Meschonnic, 'Propositions pour une poétique de la traduction', in *Pourla Poétique*, vol.II, Paris, 1973, p. 308.
43. André Lefevere, *Translation/History/Culture: A Source Book*, London, Routledge, 1992. p. 2.
44. Bassnett and Lefevere, p. 12.
45. Heidi Hartmann, 'The Unhappy Marriage of Marxism and Feminism: Towards a More Progressive Union', in Lydia Sargent (ed.) *Women and Revolution*, London, Pluto Press, 1981, pp. 1-42.

선별 참고문헌(Select Bibliography)

이 참고문헌의 목적은 이 책을 뒷받침하는 아래 세 가지 주요한 영역의 연구에 대한 안내를 제공하기 위한 것이다. 전공 논문과 비교문학 그리고 문학 이론에 관한 에세이집들: 탈식민 이론의 일반적인 표제에 따라 모아진 업적들; 번역연구의 분야의 업적들. 이 아래 책들의 대부분은 유용한 참고문헌을 포함하고 있다.

COMPARATIVE SITERATURE: GENERAL INTRODUCTORY

Aldridge, A. Owen, (ed.), *Comparative Literature: Matter and Method*, Urbana, University of Illinois Press, 1964.

Brandt-Corstius, Jan, *Introduction to the Comparative Study of Literature*, New York, 1967.

Collier, Peter and Geyer-Ryan, Helga, *Literary Theory Today*, London, Polity, 1990.

Deeney, John, *Comparative Literature from Chinese Perspectives*, Shenyang, Liaoning University Press, 1990.

Eagleton, Terry, *Literary Theory: An Introduction*, Oxford, Blackwell, 1983.

Etiemble, René, *Comparaison n'est pas raison: la Crise de la littérature comparée*, Paris, Gallimard, 1967.

Gifford, Henry, *Comparative Literature*, London, 1969.

Guillen, Claudio, *Entre lo uno y lo diverso: Introducción a la literatura comparada*, Barcelona, Editorial Critica, 1985.

Guyard, Marius-François, *La Littérature comparée*, Paris, 1951.
Harari, J. V., (ed.), *Textual Strategies: Perspectives in Postmodernist Criticism*, London, Methuen, 1980.
Jefferson, A. and Robey, D., (eds), *Modern Literary Theory: A Comparative Introduction*, London, Batsford, 1982.
Jost, François, *Introduction to Comparative Literature*, Indianapolis, Bobbs-Merrill, 1974.
Koelb, Clayton and Noakes, Susan, (eds), *The Comparative Perspective on Literature. Approaches to Theory and Practice*, Ithaca and London, Cornell University Press, 1988.
Lefevere, André, *Translation, Rewriting and the Manipulation of Literary Fame*, London, Routledge, 1992.
Levin, Harry, *Refractions. Essays in Comparative Literature*, Oxford, 1972.
Majumdar, Swapan, *Comparative Literature, Indian Dimensions*, Calcutta, Papyrus, 1987.
Nicholls Jr., Stephen G. and Vowles, Richard B, (eds), *Comparatists at Work: Studies in Comparative Literature*, Waltham, Mass., Blaisdell, 1968.
Pichois, C. and Rousseau, André-M., *Lalittérature comparée*, Paris, 1967.
Porta, Antonio, *La letteratura comparata nella storia e nella critica*, Milan, Mondadori, 1951.
Prawer, Siegbert, *Comparative Literary Studies: an Introduction*, London, Duckworth, 1973.
Rice, Philip and Waugh, Patricia, (eds), *Modern Literary Theory: A Reader*, London, Edward, Arnold, 1989.
Schultz, H. J. and Rhein, P.H., (eds), *Comparative Literature: The Early Years*, Chapel Hill, University of North Carolina Press, 1973.
Stallknecht, N. P. (ed.), *Comparative Literature: Method and Perspective*, Carbondale, Southern Illinois University Press, 1961.
Van Tieghem, Paul, *La Littérature comparée*, Paris, Colin, 1951.
Warren, Austin and Wellek, René, *Theory of Literature*, New York,

Harvest, 1968.
Weisstein, Ulrich, *Comparative Literature and Literary Theory*, Bloomington, Indiana University Press, 1974. This book contains a useful bibliography.
Wellek, René, *Concepts of Criticism*, New Haven, Yale University Press, 1963.
Wellek, René, *Discriminations: Further Concepts of Criticism*, New Haven, Yale University Press, 1970.
Wrenn, C. L., *The Idea of Comparative Literature*, London, Modern Humanities Research Association, 1968.
Zhouhan, Yang and Daiyun, Yue, Literatures, *Histories and Literary Histories*, Shenyang, Liaoning University Press, 1989.

Useful periodicals:
Revue de littérature comparée 1921 -
Comparative Literature 1949 -
Comparative Literature Studies 1943 -
Yearbook of Comparative and General Literature 1952 -
Comparative Criticism 1979 -
New Comparison 1986 -

POST-COLONIAL THEORY

Amuta, Chidi, *The Theory of African Literature*, London, Zed Books, 1989.
Ashcroft, Bill, Griffiths, Gareth and Tiffin, Helen, *The Empire Writes Back: Theory and Practice in Post-Colonial Literatures*, London, Routledge, 1989. This book contains a useful bibliography.
Balibar, Etienne and Wallerstein, I., *Race, Nation, Class: Ambiguous Identities*, London, Verso, 1988.
Bhabha, H., (ed), *Nation and Narration*, London, Routledge, 1990.

Bitterlee, U. *Culturesin Conflict: Encounters Between Europe and non- European Cultures 1492-1800*, London, Polity, 1986.

Calderon, H. and Saldivar, J. D., (eds), *Criticismin the Border lands: Studies in Chicano Literature, Culture and Ideology*, Durham, North Carolina, Duke University Press, 1990.

Cheyfitz, E. *The Poetics of Imperialism: Translation and Colonization from the Tempestto Tarzan*, New York and Oxford, Oxford University Press, 1991.

Crabb, P., (ed.), *Theory and Practice in Comparative Studies: Canada, Australia and New Zealand*, Sydney, AMSACZ, 1983.

Fanon, F., *Studies in a Dying Colonialism*, Harmondsworth, Penguin, 1959.

Fanon, F., *The Wretched of the Earth*, Harmondsworth, Penguin, 1961.

Fanon, F., *Black Skin, White Masks*, New York, Grove Press, 1967.

Gates Jr., Henry Louis, (ed.), *Black Literature and Literary Theory*, London and New York, Methuen, 1984.

Gates Jr., Henry Louis, *"Race", Writing and Difference*, Chicago, University of Chicago Press, 1986.

Fuentes, Carlos, *Myself and Others: Selected Essays*, London, André Deutsch, 1988.

Griffiths, Gareth, *A Double Exile: African and West Indian Writing Between Two Cultures*, London, Marion Boyars, 1978.

Harasym, S., (ed.), *Gayatri Spivak: The Post-colonial Critic. Interviews, Strategies, Dialogues*, London, Routledge, 1987.

Harris, Wilson, *Explorations: A Selection of Talks and Articles, 1966-1981*, ed. Hena Maes-Jelinek, Aarhus, Dangaroo, 1981.

Harris, Wilson, *The Womb of Space: The Cross-Cultural Imagination*, Westport Connecticut, Greenwood, 1983.

Holst-Petersen, K. and Rutherford, A., (eds), *A Double Colonialization: Colonial and Post-Colonial Women's Writings*, Aarhus, Dangaroo, 1985.

Hulme, Peter, *Colonial Encounters*, London, Routledge, 1986.

Hyam, R., *Empire and Sexuality: The British Experience*, Manchester, Manchester University Press, 1990.

Janmohammed, A., *Manichean Aesthetics: The Politics of Literature in Colonial Africa*, Amherst, University of Massachussetts Press, 1983.

Lamming, George, *The Pleasures of Exile*, London, Michael Joseph, 1980.

Lazarus, N., *Resistance in Post-Colonial African Fiction*, New Haven and London, Yale University Press. 1990.

McDougall, R. and Whitlock, G., *Australian/Canadian Literatures in English: Comparative Perspectives*, North Ryde, Methuen, 1987.

Mahood, M. M., *The Colonial Encounter*, London, Rex Collings, 1977.

Mannoni, O., *Prospero and Caliban: The Psychology of Colonization*, New York, Praeger, 1964.

Mills, Sara, *Discourses of Difference: An Analysis of Women's Travel Writing and Colonialism, London*, Routledge, 1991.

Minh-ha, T. T., *Women, Native, Other: Writing, Postcoloniality and Feminism*, Bloomington, Indiana University Press, 1989.

Ngugi wa Thiong'o, *Homecoming: Essays on African and Caribbean Literature*, Culture and Politics, London, Heinemann, 1972.

Ngugi wa Thiong'o, *Decolonising the Mind: the Politics of Language in African Literature*, London, Currey, 1986.

Ridley, Hugh, *Images of Imperial Rule*, London, Croom Helm, 1983.

Said, E., *Orientalism*, New York, Pantheon, 1978.

Said, E., *The World, the Textand the Critic*, London, Faber, 1984.

Said, E., *Culture and Imperialism*, London, Chatto and Windus, 1993.

Soyinka, Wole, *Myth, Literature and the African World*, Cambridge, Cambridge University Press, 1976.

Sommers, J. and Ybarra-Frausto, T., *Modern Chicano Writers*, Englewood Cliffs, N. J., Prentice-Hall, 1979.

Spivak, G., *In Other Worlds: Essays in Cultural Politics*, London, Methuen, 1987.

Young, Robert, *White Mythologies: Writing, History and the West*, London, Routledge, 1990.

TRANSLATION STUDIES

Arrowsmith, W. and Shattuck, R., (eds), *The Craft and Context of Translation*, Austin, University of Texas Press, 1961.

Bassnett-McGuire, Susan, *Translation Studies*, revised edn, London, Routledge, 1991. first Publ. 1980.

Bassnett, S. and Lefevere, A., *Translation, History and Culture*, London, Pinter, 1990.

Brower, Reuben, (ed.), *On Translation*, Cambridge, Mass., Harvard University Press, 1959.

De Beaugrande, Robert, *Text, Discourse and Process*, London, Longman, 1980.

Benjamin, Andrew, *Translation and the Nature of Philosophy*, London, Routledge, 1989.

Berman, Antoine, *Les Toursde Babel: Essais sur la traduction*, Maurezin, Editions Trans-Europ-Repress, 1985.

Biguenet, John and Schulte, Rainer, (eds), *The Craft of Translation*, Chicago, University of Chicago Press, 1989.

Bly, Robert, *The Eight Stages of Translation*, Boston, Rowan Tree Press, 1983.

Catford, J. C., *A Linguistic Theory of Translation*, London, Oxford University Press, 1965.

Delisle, Jean, Translation: *An Interpretive Approach*, Ottawaand London, University of Ottawa Press, 1988.

Evan-Zohar, Itamar, *Papers in Historical Poetics*, Tel Aviv, The Porter Institute for Poetics and Semiotics, 1978.

Gaddis Rose, M., (ed.), *Translation Spectrum: Essaysin Theory and Practice*, Albany, State University of New York, 1981.

Gentzler, E., *Contemporary Translation Theories*, London, Routledge, 1993.

Graham, J. F., *Difference and Translation*, Ithaca and London, Cornell University Press, 1985.

Hatim, Basil and Mason, Ian, *Discourse and Translation*, London, Longman, 1990.

Heylen, Romy, *Translation, Poetics and the Stage: Six French Hamlets*, London, Routledge, 1993.

Hermans, Theo, (ed.), *The Manipulation of Literature*, London, Croom Helm, 1985.

Holmes, J., (ed.), *The Nature of Translation: Essays on the Theory and Practice of Literary Translation*, The Hague, Mouton, 1970.

Holmes, James, Lambert, J. and Lefevere, A., (eds), *Literature and Translation*, Louvain, ACCO, 1978.

Holmes, J., *Translated! Papers on Literary Translation and Translation Studies*, Amsterdam, Rodopi, 1988.

Kelly, L. G., *The True Interpreter: A History of Translation Theory and Practice in the West*, Oxford, Blackwell, 1979.

Kittel, Harald and Frank, Armin Paul, *Interculturality and the Historical Study of Literary Translation*, Berlin, Erich Schmidt Verlag, 1991.

Lefevere, A., *Translating Poetry: Seven Strategies and a Blueprint*, Assen and Amsterdam, Van Gorcum, 1975.

Lefevere, A., (ed.), *Translation/History/Culture: A Sourcebook*, London, Routledge, 1992.

Lefevere, A., *Translation, Rewriting and the Manipulation of Literary Fame*, London, Routledge, 1992.

Newmark, Peter, *Approaches to Translation*, London, Pergamon, 1981.

Newmark, Peter, *A Textbook of Translation*, London, Prentice-Hall, 1988.

Nida, Eugene, *Towards a Science of Translating*, Leiden, E. J. Brill, 1964.

Nida, Eugene and Taber, E., *The Theory and Practice of Translating*,

Leiden, E. J. Brill, 1969.

Schulte, Rainer and Biguenet, John, (eds), *Theories of Translation. An Anthology of Essays from Dryden to Derrida*, Chicago, University of Chicago Press, 1992.

Schonicova, Hanna and Holland, Peter, (eds), *The Play out of Context: Transferring Plays from Culture to Culture*, Cambridge, Cambridge University Press, 1989.

Snell-Hornby, Mary, *Translation Studies: An Integrated A pproach*, Amsterdam, John Benjamin, 1988.

Steiner, George, *After Babel. Aspects of Languege and Translation*, London, Oxford University Press, 1975.

Steiner, T. R., *English Translation Theory 1650-1800*, Amsterdam and Assen, Van Gorcum, 1975.

Toury, Gideon, *In Search of a Theory of Translation*, Tel Aviv, The Porter Institute for Poetics and Semiotics, 1980.

Venuti, Lawrence, *Rethinking Translation. Discourse, Subjectivity, Ideology*, London, Routledge, 1992.

Warren, Rosanna, *The Art of Translation: Voices from the Field*, Boston, Northeastern University Press, 1989.

Weissbort, Daniel, (ed.), *Translating Poetry: The Double Labyrinth*, Iowa City, University of Iowa Press, 1989.

Wilss, W., *Translation The oryandits Implementation*, Tübingen, Narr, 1984.

Wollin, Hans and Lindquist, Hans., (eds), *Translation Studies in Scandinavia*, Lund, CWK Gleerup, 1986.

Zlateva, P., *Translationas Social Action*, London, Routledge, 1993.

Zuber, Ortrun, (ed.), *The Language of the Theatre: Problems in the Translation and Transposition of Drama*, London, Pergamon, 1980.

Zuber-Skerritt, Ortrun, (ed.), *Page to Stage: Theatre as Translation*, Amsterdam, Rodopi, 1984.

주요 저작자 찾아보기

ㄱ

ㄴ

ㄷ

ㄹ

ㅁ

ㅂ

ㅅ

ㅇ

ㅈ

ㅎ

■ 옮긴이

송진한

전남대학교 사범대학 국어교육과 교수

주요 편저서

≪조선조 연의소설의 세계(2003)≫
≪한국 고소설의 창작방법 연구(2005)≫ 등이 있다.

Comparative Literature

비 교 문 학

인쇄 | 2012년 5월 15일
발행 | 2012년 5월 25일

역 자 | 송진한
발행인 | 김윤수
발행처 | 전남대학교출판부

등 록 | 1981. 5. 21. 제53호
주 소 | 500-757 광주광역시 북구 용봉로 77
전 화 | (062) 530-0571~2
마케팅 | (062) 530-0573
팩 스 | (062) 530-0579
홈페이지 | http://www.cnup.co.kr

값 12,000 원

ISBN 978-89-97620-37-1 (93800)

이 도서의 국립중앙도서관 출판시도서목록(CIP)은 e-CIP홈페이지(http://www.nl.go.kr/ecip)와 국가자료공동목록시스템(http://www.nl.go.kr/kolisnet)에서 이용하실 수 있습니다.
(CIP제어번호: CIP2012003567)